群众文化建设

探索

梁建华 ◇ 著

吉林文史出版社
JILIN WENSHI CHUBANSHE

图书在版编目（ＣＩＰ）数据

群众文化建设探索 / 梁建华著 . -- 长春 ：吉林文
史出版社，2023.10
　　ISBN 978-7-5472-9887-9

　　Ⅰ．①群… Ⅱ．①梁… Ⅲ．①群众文化－文化工作－
研究－中国 Ⅳ．①G249.2

中国国家版本馆 CIP 数据核字（2023）第 192399 号

群众文化建设探索

QUNZHONG WENHUA JIANSHE TANSUO

著　　者：梁建华
责任编辑：王　新
封面设计：四川悟阅文化传播有限公司
出版发行：吉林文史出版社有限责任公司
地　　址：长春市福祉大路 5788 号　　邮编：130117
电　　话：0431-81629357
网　　址：www. jlws. com. cn
印　　刷：三河市华东印刷有限公司
经　　销：全国新华书店
开　　本：170mm×240mm　1/16
印　　张：12.75
字　　数：222 千字
版　　次：2024 年 1 月第 1 版　2024 年 1 月第 1 次印刷
书　　号：ISBN 978-7-5472-9887-9
定　　价：68.00 元

目　录

绪　论

一、研究的缘起

当代中国大众文化，随着改革开放的现代化进程和市场经济的确立而兴起和发展。大众文化在中国的兴起和发展，打破了中国长期以来文化发展的一元格局，形成了与主流文化、精英文化、民间文化等共存的现代文化系统。影视、流行文学、流行音乐、广告等大众文化通过大众传播媒介的传播，尤其是通过智能手机的多样化运用，已成为广大民众日常文化生活的主要消费内容和文化生活方式，并深刻影响和塑造着广大民众的价值观，而且这种影响作用远远大于主导文化和精英文化的塑造作用。

大众文化的普遍流行和发展，虽然在总体发展上向社会公众呈现出健康、积极、向上的文化风貌，促进了社会进步，但是我们不得不正视部分大众文化表现出的价值混乱、错位、扭曲，是非善恶美丑不分，浮躁粗俗，娱乐至上，唯市场导向等不良问题。这些问题对民众的精神文化生活、国家文化秩序、民族复兴和人的发展等方面带来了不可小觑的负面影响，迫切需要对其进行价值引领。中共中央、国务院印发《新时代公民道德建设实施纲要》（2019）规定，"用健康向上的文艺作品温润心灵、启迪心智、引领风尚……引导互联网企业和网民创作生产传播格调健康的网络文学、网络音乐……让正确道德取向成为网络空间的主流……维护网络道德秩序"[①]。面对这个人们无法回避而又充满争议的大众文化，中国学界对大众文化及其相关问题进行理性反思和深入研究，并取得丰硕成果。

因此，为促进大众文化的精神提升和价值理性维度的意义追求，培养奋发进取理性平和开放包容的社会心态，增强人的本质力量，笔者对大众文化秉持开

---

① 中共中央、国务院印发《新时代公民道德建设实施纲要》[EB/OL].2021—11—15，www.xinhuanet.com/politics/2019—10/27/c_1125158665.htm.

放、辩证的态度，从价值论的价值生成和价值实现的角度，研究大众文化价值取向的主要问题与不足，引导其超越"娱乐至死""浮躁盲目""唯市场化"的现状，实现大众文化育人化人的价值引领功能。

二、研究目的和意义

（一）研究目的

本选题的研究对象是当代中国大众文化。关于"当代中国"的理解，在国内主要有三种：第一种指的是 1949 年 10 月以后的中国；第二种指的是 1956 年底社会主义基本制度建立以后的中国；第三种指的是 1978 年底十一届三中全会召开后的改革开放的中国，即改革开放以来的中国[①]。本文要研究的"当代中国大众文化"语境中的"当代中国"，取"改革开放以来的中国"之意。因为我国大众文化以马克思主义为根本指导原则，其中马克思主义中国化形成的理论成果包括毛泽东思想和中国特色社会主义理论体系。而后者被我们称为当代中国马克思主义，它正是改革开放以来才逐渐形成的理论成果。因此本选题中的当代中国大众文化，特指改革开放以来的中国大众文化。

当代中国大众文化是现代意义上的大众文化，是作为流行于当代中国的商业化的消费文化，属于社会文化生活交往领域，突出社会的文化自主性，拥有广泛的受众。从外在表现上看，虽然 20 世纪二三十年代以上海为中心，就有工业化生产的具有商业性、娱乐性和消费性的文化产品，但是其消费主体不是广大民众，而是当时的社会名流和权贵富翁名媛等，因而不是本文要研究的大众文化。而且作为本研究对象的当代中国大众文化，也不同于文化大众化中的"人民大众的文化"——延安时期至中华人民共和国成立后 30 年的社会主义革命群众文化。这里的"人民大众的文化"具有很强的政治属性和国家意识形态性质，并不通过商业化运作，故而不具商业性。因此，20 世纪二三十年代以上海为中心的"大众文化"和"人民大众的文化"，都不是本文的研究对象。本文要研究的当代中国大众文化，是中国改革开放以来通过商业化运作和现代传媒传播的，以众多人群参与消费的通俗性文化。该文化与我国社会主义初级阶段的国情紧密相联。这

---

① 陈培永. 当代中国马克思主义为什么是对的 [M]. 北京：人民出版社，2018：3.

就决定了我国大众文化具有不同于西方大众文化的特殊性和功能价值，而具有中华民族特殊的人文精神和价值。另外一个方面，大众文化的形式繁多而复杂，如若从其表现形式如电影、电视、网络等方面进行研究，恐因大众文化形式的罗列不够而影响研究的科学性，并且如若那样研究也将造成行文量大而无法保障研究的深入。

鉴于此，本文拟从文化的价值创造（价值生成）和价值实现的角度进行考察，并结合当今中国国情和大众文化实际情况进行系统思考。作为改革开放之后兴起与发展的中国大众文化，主流是好的，它促进了文化民主化和多样性发展，实现了人的感性解放和自我主体性的增强等。但我们也不能忽视如下问题：格调低下、暴力与色情倾向、追求感官刺激的庸俗、媚俗、低俗的"三俗"产品。这些格调低下、品位不高的大众文化产品背离我国社会价值导向，如若在社会广泛传播开来，既不利于凝聚社会共识，提升公共道德水平，又不利于增强人的理性、提高人的本质力量、实现人的现代化[①]。因此，要为广大人民提供好的精神食粮，促进人的自我实现和社会进步，迫切需要对大众文化进行价值引领。

（二）研究意义

1. 理论意义

第一，有利于深化和拓展大众文化价值的基础理论研究。从"中国知网"（CNKI）对大众文化价值研究的统计来看，虽然学界对大众文化价值方面的研究，比以往更加自觉，但是研究成果较少。研究的视角和内容，主要从意识形态的政治价值方面或文化经济学的经济价值方面进行研究，从伦理学或美学角度进行大

[①] 《北京日报》在 2018 年 8 月 23 日刊登了孙正聿先生在《对人生价值观的期待究竟应是什么》一文。该文认为，中国社会已从熟人社会转变为陌生人社会。在这个社会环境中，我们的现代化，是指日常经验科学化，日常交往社交化，日常消遣文化化，日常行为法治化，农村生活城市化。其中，日常交往社交化是最重要的。足可见，孙正聿先生强调的现代化，已深入到中国社会的日常生活中。如果说，"文化是生活的样法"成立的话，那么此种现代化，就是包括农村生活在内的全国国民的文化生活的现代化。而这个现代化，体现了当今中国的时代精神和风貌，其核心，应该是人的现代化，尤其是人的价值观的现代化转化是其关键。这也正如孙正聿先生在这篇文章中所言，"在价值观问题里面，主要矛盾是社会的价值理想、社会的价值规范和社会的价值导向，与我们每个人的价值期待、价值认同和价值取向之间的矛盾。……在个人价值观与社会价值观这对主要矛盾当中，矛盾的主要方面是社会的价值理想、价值规范和价值导向，所以我们要树立、培养、践行社会主义核心价值观，从而树立起马克思主义的人生观、价值观"。

众文化价值研究，而对大众文化价值从价值论的价值生成和价值实现视角进行综合研究的成果较少。因此，本文对大众文化价值从价值论的价值生成和价值实现视角进行综合研究，有利于推动该领域研究向纵深发展。

第二，有利于深化文化大众的主体性研究。人是文化的主体与客体，人创造了文化，实现了人的本质力量的对象化；同时又被文化塑造，不断增强人的本质力量。然而在理论界，文化大众通常被学界作为文化受众来研究的，因此，大众是被动的，甚至是被人操纵的受体。随着人的主体性实践活动的增多，以及费斯克等西方学者的大众文化理论的引入等，大众在大众文化方面表现出来的自我意识显著增强。这种显著增强的自我意识，通常表现为感性的自我膨胀，欲望的无限增长，出现自我价值的无根状态，僭越人的社会主体性、社会公共理性等精神价值。因此，如何实现人自身的和谐发展和全面发展？人的发展如何与社会发展和谐共生？笔者认为，这是研究大众文化必须要思考的问题。因此，通过对本选题的研究，有助于人们对文化大众主体性的研究。

2. 现实意义

从实践的角度而言，本选题有一定的现实意义。第一，通过对大众文化的价值引领研究，有助于贯彻落实党和国家有关公民道德建设增强提高国家文化软实力和国民素养的文化自觉意识。

第二，有助于在大众文化的人文提升基础上，为培育大众积极进取、开放包容、理性平和的国民心态[①]、提升国民文化素质和文明素养提供借鉴，因而具有一定的社会价值。文化即人化，是属人的世界，体现了人的价值追求和价值理想，并通过人的感性实践活动创造的。换言之，文化是人的价值追求和价值理想的载体；人的价值追求和价值理想引领和驱动着文化的发展，当然也引领和驱动着大众文化的发展。理论上讲，文化最主要的功能和价值是育人、化人，增强人的主体性，实现人的全面发展。大众文化虽然具有消费与娱乐功能，但也拥有文化的一般属性，必然承载着文化的教化功能，至少不能与文化的教化功能相抵触，有害人性的完善和社会发展。因此，研究大众文化的价值引领，有一定的社会价值。

---

① 新华社.中共中央、国务院印发《新时代爱国主义教育实施纲要》[EB/OL].2021—11—15，
http://www.gov.cn/zhengce/2019—11/12/content_5451352.htm.

三、国内外研究现状述评

（一）关于国外对大众文化及其价值引领的研究

西方学者马修·阿诺德最早进行大众文化研究，此后，人们对大众文化的理解各有千秋，形成了不同的大众文化理论和视角。总览西方大众文化研究，主要从负面效应与积极作用两个方面展开。

马修·阿诺德对大众文化持反对态度，认为大众文化具有某种破坏性的特质，威胁着社会和社会权威[①]，瓦解着社会和社会秩序。真理和知识总是被少数人掌握，而大多数人，即人类的绝大多数，是不可能获得的，他们从来没有足够的热情去探究事物的本来面目，他们仅仅满足于一点点知识。同阿诺德相似，利维斯对大众文化持批判态度，大众文化将使传统价值观瓦解，因此，引发了利维斯主义的大规模文化批判，由此，利维斯号召主动反击大众文化的猖獗传播。

法兰克福学派也是站在反对大众文化立场上。文化工业体系自上而下地整合其作为客体的消费者，应付、生产和控制消费者的需求，俘获大众的心灵和意识，甚至将娱乐全部剥夺，以"点头称是"的快乐，让大众在享乐中"主动"接受这种控制，从而实现防范社会的功能。从《启蒙辩证法》中可以得出，文化工业的特点主要有：复制性（模式化）、标准化、商业性、消遣娱乐性、欺骗性、伪个性化、失去主体性、失去意义性，审美极端贫困和野蛮，文化腐朽等[②]。马尔库塞称大众文化向大众提供了一种"虚假需要"，是对大众精神的麻醉与操控，否定了大众的创造力和辨别力，人们沉浸在大众文化的消费中而乐此不疲。这种单向度的需要，模塑的是一种单向度的人，导致人的主体性丧失。总之，法兰克福学派对大众文化的批判有余，而价值引导不足甚至缺失。

英国伯明翰学派热衷于工人阶级文化和青年亚文化分析，是与法兰克福学派齐名的文化批评学派，但其批判态度较为积极乐观。作为奠基人的霍家特在《识字的用途》一书中，将自己在 20 世纪 30 年代所体验到的工人阶级的文化，表述为基本上由人民自己创造的、"活生生"的、现实生活的文化，是大众可以享受

① [英]约翰·斯道雷.文化理论与大众文化导论[M].常江译.北京：北京大学出版社，2010：22.
② [德]霍克海默，阿多诺.启蒙辩证法（哲学片段）[M].渠敬东、曹卫东译.上海：上海出版集团、上海人民出版社，2005：107—151.
　参见：赵勇.整合与颠覆：大众文化的辩证法[M].北京：北京大学出版社，2005：42—47.

的日常生活的文化，是最富生命力的文化。而 20 世纪 50 年代兴起的商业化的大众文化，如通俗小说、漫画、电影、电视、流行音乐等，尤其是在美国大众文化产品的熏陶下，形成大众高度的被动接受性，使得青年成长为"没有目标，没有抱负，没有保护，没有信仰"[①]的大众。工人阶级虽然被商业化的大众文化装模作样地讨好和操纵，但是他们有属于自己的特殊抵制方式，比如，通过工人俱乐部、铜管乐队等进行嬉笑怒骂。与霍家特不同，伯明翰学派的代表人物霍尔充分肯定了受众的重要性，霍尔认为，观众可以以自己的解读方式对大众文本进行解码，这种解码过程不过是观众与主流话语的谈判协商而已。

20 世纪 70 年代后期，西方马克思主义充分运用葛兰西的"文化领导权"[②]理论来阐释大众文化。文化领导权理论实质是一面强调维护自身职能的旗帜[③]，文化领导权理论强调，大众文化是被统治者的反抗力与统治者的压迫力斗争的文化场所。

与后现代主义相伴，大众文化亦向后现代转向。以费斯克为代表，对大众文化持积极乐观的肯定态度。美国学者费斯克认为，文化活动是意义的生产与重组的过程，在这个过程中，大众的消费方式决定了意义的生产。费斯克主张，"大众文化是大众创造的，而不是加在大众身上的"[④]。大众文化"只存在于日常生活的实践中，而并不存在于稳定、自足的文本里面"[⑤]。可见，费斯克充分认识到受众的积极主动性，从而，大众文化理论研究从生产向阅读实践转移。但是以贝尔、詹姆逊等人为代表，对大众文化持否定态度，并进行了猛烈的批评。大众文化"就是尽一切办法让大伙儿高兴"[⑥]，消费主义与享乐主义在大众文化中盛行，它虽然助长了人的自我意识和自由精神，但这种自我中心模式却导致了人的欲望的泛滥，腐蚀着传统的道德价值观和价值体系。詹姆逊认为，大众文化就是低级

---

① John Storey (ed.), Cultural Theory and Popular Culture: A Reader, p.46.
② 所谓文化领导权，就是指这样一种社会统治方式，社会统治集团通过"精神和道德领导"的手段来赢得社会被统治集体的赞同，以此来达到对大众的统治和领导，而不是通过武力或强制的手段来实现自己的目的。如葛兰西所言，领导者要维护被领导者的利益，获得他们的同意，而且这种同意不是消极的和间接的，而是积极的和直接的。
③ 朱立元.当代西方文艺理论第 2 版（增补版）[M].华东师范大学出版社，2005：458.
④ [美]约翰·费斯克.理解大众文化 [M].王晓珏、宋伟杰译.北京：中央编译出版社，2001：25.
⑤ [美]约翰·费斯克.理解大众文化 [M].王晓珏、宋伟杰译.北京：中央编译出版社，2001：208.
⑥ [美]丹尼尔·贝尔.资本主义文化矛盾 [M].赵一凡，等译.北京：生活读书新知三联书店，1989：91.

品位的"蹩脚货色"。

另外，西方国家尤其是美国，利用大众文化对人们日常生活的价值和影响，将大众文化作为实施文化霸权的工具，积极进行对外文化扩张，相关学者对此进行了研究，比如布热津斯基的《大棋局》等。总之，西方大众文化理论，都体现了西方社会的实际情况。虽然我们不能照搬其理论成果，但这些成果对本选题的研究有一定启发和借鉴意义。

（二）关于国内对大众文化及其价值引领的研究

中国学界从最初的独篇摘译[①]到零星研究，从大规模研究再到今天运用多视角（如现代性视角、批判性视角、社会人类学视角、女性主义视角等）多学科（如文艺学、文化学、传播学、文化哲学、伦理学、美学、社会学、思想政治教育等学科）对大众文化及其相关问题进行了理性反思和深入研究。截至 2022 年 3 月，在中国知网（CNKI），用"精确"方式查找，仅含篇名或题名"大众文化"的中文文献就有 5883 篇，其中核心期刊、CSSCI 文章 1316 篇；含篇名或题名"大众文化"且关键词"价值"或"价值观"的中文文献，共有 76 篇，其中期刊文章 54 篇（核心期刊、CSSCI 文章 15 篇）；含篇名或题名"大众文化"、并含"价值观"的中文文献，共有 284 篇，其中期刊文章 85 篇（核心期刊、CSSCI 文章 32 篇）、硕博士论文 21 篇（博士论文 0 篇）；含篇名或题名"大众文化"、并含"价值观""引领"的中文文献，共有 13 篇，其中期刊文章 11 篇（核心期刊、CSSCI 文章 4 篇）、硕博士论文 1 篇（博士论文 0 篇）；含篇名或题名"大众文化"、并含"价值引领"的中文文献，共有 3 篇，其中期刊文章 3 篇（核心期刊、CSSCI 文章 1 篇）、硕博士论文 0 篇。从中国知网（CNKI）的统计来看，我国最早以"大众文化"为篇名进行研究的是《大众文化和中学生社会化问题》（傅铿．《社会》，1985 年第 3 期）；到了新世纪，出现首次以"大众文化""价值取向"冠名的论文是《大众文化批评及其价值取向》（熊黎明．《云南社会科学》，2003 年第 3 期）；近年来，出现了研究大众文化价值或价值观的专著，比

---

① 张新梅摘译的苏联 T. 阿申的《资产阶级的"大众文化"：70 年代》一文，载于《国外社会科学》（1980 年第 2 期），被称为中国关于大众文化最早的一篇文献。见：毕日生．大众文化与文学理论知识生产的"合法性"危机 [J]. 社会科学论坛，2018（6）。

如《当代中国大众文本价值考：兼从商业杂志变迁管窥文化产业前途》（宋革新，2013）、《当代大众文化价值观研究：社会主义与大众文化》（陶东风等，2014）、《大众文化研究：从审美批评到价值观视野》（陶东风等，2015）和《大众文化价值论：以伦理学为视角》（贾雪丽，2017）等。可见，学界对大众文化的研究成果中，虽然以"价值"或"价值观"冠名的理论成果占得少数，但是正如袁贵仁所讲，"研究文化就是研究价值"[①]，学者们对大众文化的价值问题有所涉及，并开展了道德审美批判和人性批判等；尤其是 2000 年以后，中国学界对大众文化的文化价值问题研究越加自觉，并结合中国国情，对大众文化的价值引领提出了一定建议和措施，但研究的广度和深度还不够，需要拓展、深化和系统化。

1. 关于大众文化的概念和特征研究

第一，平移西方观点对大众文化进行的研究。根据目前掌握的资料来看，20 世纪 80 年代大众文化产品进入中国大陆后，最早对大众文化进行研究的学者是傅铿，他以社会学分析为视角，认为大众文化具有广泛的普遍性、自发的流行性和社会麻醉作用[②]。之后很多学者借用法兰克福学派的大众文化批判理论对大众文化进行研究。其中有代表性的观点如下：陶东风认为，大众文化作为工业化产品，提供的是虚假性的精神满足，使大众丧失了批判性，从而维护了统治者的权威；快餐式的大众文化文本使得受众没有批判性，无法进行积极性的阅读与体验，是统一的标准化的个人[③]。盖生认为，大众文化是以利润为价值取向、以表达感官欲望和身体愉悦为特征的文化产品。它的属性是拒绝思想、放弃意义、逃避责任、追求时尚，用简单的震撼取代深刻的美学魅力，它提倡的是放纵欲望的享乐主义、轻松时尚的现实主义、自私自利的金钱崇拜等等[④]。

第二，结合中国国情和民情，对中国大众文化开展了本土化的研究。学界普遍认为中国大众文化不同于主流文化等其他文化形态。王一川认为，大众文化具有大众媒介性、商品性、流行性、娱乐性、双向互动性和文化性[⑤]。邹广文认为，大众文化受市场规律制约，是平面化和模式化的文化表达，其最高原则是满足大

① 袁贵仁. 价值学引论 [M]. 北京：北京师范大学出版社，1991：85.
② 傅铿. 大众文化和中学生社会化问题 [J]. 社会，1985（3）.
③ 陶东风. 欲望与沉沦——大众文化批判 [J]. 文艺争鸣，1993（6）.
④ 盖生. 大众文化：小众的带菌文化 [N]. 文艺报，2003（27）.
⑤ 王一川. 大众文化导论（第3版）[M]. 北京：高等教育出版社，2015：9—11、1—5.

众消费。^①金民卿强调，当代中国大众文化的特殊性在于社会主义性、人民性、民族性等。^②郭凤志认为，中国大众文化建设必须从中国实际出发，注重中国特色：大众文化中的"大众"，是包括市民和农民在内的大众；在文化运作方式上，坚持中国先进文化方向，不能完全市场化和无政府性；文化建设内容上，是开放性的、健康的和民族性的。除此之外，大众文化还具有文化性、感性、经验性与日常生活性^③。赖大仁对大众文化进行了比较宽泛的理解，认为它是一适应大众审美文化需要的文化形式，它具有大众性、商品性、娱乐性等特征^④。

2. 关于大众文化的作用研究

学界普遍认为大众文化有如下作用：第一，促进文化的普遍化和民主化^⑤；第二，促进人性的解放^⑥；第三，拓展了人的现代化生活空间^⑦；第四，在发展实践中为主流价值观提供了积极因素^⑧；第五，关于大众文化的国际传播带来的消极影响，我国学者主要从西方文化霸权和国家文化安全的视角展开相关研究^⑨。

3. 关于对大众文化的价值引领研究

第一，关于价值学、伦理学、美学视角下的大众文化价值研究。

从价值论视野观察中国的大众文化内容研究，主要是从其主体性（人性）、道德价值、审美价值等人文价值方面进行研究，尤其是对大众文化的"三俗"现

---

① 邹广文. 当代中国大众文化论 [M]. 沈阳：辽宁大学出版社，2000：3—4.
② 金民卿. 文化全球化与中国大众文化 [M]. 北京：人民出版社，2004：211.
③ 郭凤志. 中国特色大众文化研究 [J]. 东北师范大学学报（哲学社会科学版），2002（6）.
④ 赖大仁. 当代文学批评的价值观 [M]. 北京：社会科学文献出版社，2013：224.
⑤ 赵甲明. 大众文化给精神文明建设提出的课题 [J]. 社会科学辑刊，1997（3）对大众文化促进文化的民主化方面，已是学界的共识：陶东风、周宪、邹广文、李彬等学者都有相关研究。
⑥ 王彬. 大众文化对青少年的影响 [J]. 青年研究，2001（1）.
⑦ 王涛. 当代中国大众文化的实践研究 [D]. 清华大学硕士论文，2005.
⑧ 蒋述卓. 流行文艺与主流价值观关系初议 [J]. 文学评论，2013（11）.
⑨ 具体可参阅：韩源等. 国家文化安全论：全球化背景下的中国战略 [M]. 北京：社会科学文献出版社，2013年版；孟繁华. 传媒文化与文化领导权：当代中国的文化生产与文化认同 [M]. 济南：山东教育出版社第2003年版；韩源. 从电脑游戏"红色警戒"看美国的文化渗透 [J]. 思想理论教育导刊，2004（7）；王晓德. 美国大众文化的全球扩张及其实质 [J]. 世界经济与政治，2004（4）；王晓德. 软实力与美国大众文化的全球扩张 [J]. 历史教学，2007（10）；曾庆瑞. 国家文化安全必须重视：从进入WTO前后的影视动态看文化安全的迫切性 [J]. 朔方，2003（1）；陈春萍. 网络文化的道德维度 [J]. 湖南科技大学学报（社会科学版），2005（2）等。

象开展的批判研究[①]。从大众文化的形式价值来看，突出表现为"泛娱乐化"的批判研究上[②]。也有学者对大众文化价值进行了系统化的研究。

《当代中国大众文化论》（邹广文，2004）一书，针对大众文化表现出来的价值取向及相关问题进行了分析，并从主流文化和精英文化以及文化工作者方面着手，对大众文化进行规范、引导、改造、同化，促进大众文化的人文提升。《当代中国大众文本价值考》（宋革新，2013）一书，从价值学角度对当代中国大众文化的文化文本进行了经济价值和文化价值（尤其是意识形态）方面的系统研究[③]。该书以马克思的劳动价值论为基础，分析了大众文本的社会必要劳动赋予的经济价值和自由劳动赋予的意义、快乐和社会身份的文化价值，梳理了中国和西方对大众文本的相关评价理论。该书采用个案研究的方法，对当代中国大众文本的价值观模式与分布规律进行了意识形态的分析，对当代商业杂志在文化经济层面的价值提升进行了研究。《当代中国大众文化研究》（孙占国，1999）一书，从价值效用的角度对中国大众文化进行了价值透视，分析了大众文化对社会、文化和人的积极效用；同时揭露并分析了大众文化所含的技术理性和商业理性方面造成的文化蜕化和审美困境等负面效应；并专章分析了中国大众文化的人文重建问题[④]。贾雪丽从伦理学的角度系统探讨了大众文化在道德方面的主要问题：人性问题、道德价值问题和道德责任问题，该著作同时探讨了社会主义核心价值观

① 参阅：朱相远. 三析"三俗"[N]. 团结报，2010—09—18（5）；周宇. "三俗"文化社会根源及根除"三俗"对策分析[J]. 今传媒，2011（2）；张九海. 当前十大"三俗文化"现象评析[J]. 编辑之友，2014（9）；李占伟. 论文艺"三俗"的界定、成因及救赎之途[J]. 文艺评论，2015（7）；花建. 从提升中国文化软实力的高度抵制"三俗"[N]. 文汇报，2010—09—14；李德顺. 为什么精神生产要按规律办事[N]. 北京日报，2010—08—23（17）；肖鹰. 大众品味低俗化？[N]. 人民日报，2013—02—05（14）；肖鹰. 文化生产不可失去底线坚守[N]. 辽宁日报，2011—08—22（11）；王娜. 大众文化的"三俗"现象研究[D]. 西南财经大学，2012；尹辉. 当代大众传播视域下的我国意识形态安全研究[D]. 兰州大学博士学位论文，2015。

② 韩升、毕腾亚. 大众文化发展的"泛娱乐化"倾向及其批判[J]. 思想教育研究，2020（2）；靳琰、孔璐璐. 新媒体语境下的网络泛娱乐化机理探究[J]. 现代传播，2016（12）；隗辉、严语、白玉洁. 网络直播泛娱乐化乱象解读与有序治理[J]. 湖北社会科学，2018（2）；张恂、吕立志. 祛魅与消解：网络泛娱乐主义的资本逻辑批判[J]. 思想教育研究，2020（6）；王娟、刘文雅. 泛娱乐主义的审视与超越[J]. 思想教育研究，2020（11）；陈开和. 跳出"网络泛娱乐"怪圈[J]. 人民论坛，2019（20）；邢国忠. 泛娱乐主义对青年价值观的影响研究[J]. 中国特色社会主义研究，2018（6）；豆勇超. 泛娱乐主义的基本症候、生成机理与治理路径[J]. 西北民族大学学报（哲学社会科学版）.2021（12网络首发）；张爱凤. "泛娱乐化"批判的多维背景[J]. 前言，2009（3）；肖飞、徐慧萍. 媒体功能泛娱乐化与社会责任的反思[J]. 新闻界，2008（8）。

③ 宋革新. 当代中国大众文本价值考：兼从商业杂志变迁管窥文化产业前途[M]. 北京：社会科学版社2013：1.

④ 孙占国. 当代中国大众文化研究[M]. 长春：吉林人民出版社，1999：175—209.

引领下的大众文化①。《重塑人性》（李西建，1998）一书，对 20 世纪 90 年代以来大众文化和大众审美的人性嬗变过程及其表现出的种种人性误区进行了系统分析，提出塑造新人性的论断。学者邹智贤撰文，对当代中国大众文化的资本逻辑悖论、快乐逻辑悖论、消费逻辑悖论进行了研究，深入分析了大众文化的价值引领原因和相应对策②。

国内很多学者主要从道德审美的角度对大众文化进行了相关的文化价值分析。比如周宪从美学的审美角度，运用康德、韦伯、哈贝马斯的相关理论，分析了大众传媒技术的工具理性凌越和压制审美的表现理性，充满工具理性的技术对人的"主体能力压抑和控制"③，运用布迪厄的趣味习性的理论讨论大众文化对大众审美趣味的影响以及由此带来劣币驱逐良币的"格雷欣现象"的影响等。

围绕大众文化的价值问题，我国 1993 年掀起一场声势浩大的"人文精神"大讨论④。讨论主要以一种精英主义的文化立场，强调人的终极关怀和终极价值，认为大众文化妨碍了文化发展的正常秩序，扰乱了人们对文化价值的追求，不利于在人们的日常生活中弘扬主流文化价值观。与此同时，大众文化作为取悦与媚俗大众的单面文化，使大众在感性文化消费中淡化德性修养和价值重建，导致公众文化素养普遍下降，因此必须对大众文化进行适当抑制。虽然当时对什么是"人文精神"的看法不一，但相关论说对本选题的研究有重要借鉴。

第二，关于大众文化价值引领研究。

首先，以什么价值为引领的研究。

（1）以主流文化和精英文化为基础对大众文化进行引导，注重意识形态的领导和人文价值的提升。有学者侧重从主流文化引导方面进行研究⑤，也有学者强

---

① 贾雪丽. 大众文化价值论：以伦理学为视角 [M]. 北京：中央编译出版社，2017：49—61.
② 姜正君、邹智贤. 当代中国大众文化的逻辑悖论与价值引领 [J]. 伦理学研究，2017（4）.
③ 周宪. 中国当代审美文化研究 [M]. 北京：北京大学出版社，1997：290. 从道德审美的角度对大众文化进行了相关的文化价值分析的专著还有潘知常的《反美学：在阐释中理解当代审美文化》（学林出版社，1995 年版）和《美学的边缘：在阐释中理解当代审美观念》（上海人民出版社，1998 年版），黄会林的《当代中国大众文化研究》（北京师范大学出版社，1998 年版）、孙占国的《当代中国大众文化研究》（吉林人民出版社，1998 年版），等等。
④ 详见：王晓明. 人文精神寻思录 [M]. 上海：文汇出版社，1996 年版。
⑤ 王庆、廖继超、唐山请. 关于以主流文化引导大众文化健康发展的思考 [J]. 学术论坛，2012（6）.

调人文精神的引导①、人文价值——真善美的引导②、道德价值理性的引导，从而提升大众道德素质和大众道德行为③。

（2）以社会主义核心价值观为引导。蒋述卓认为，大众文化的"超越性"价值的实现，应该建立在对主流价值观（社会主义核心价值观）的互动融合的基础上。④李明认为，社会主义核心价值观与大众文化作品的融合，可以彰显人性的真善美；可以使其兼顾经济效益和社会效益；可确保大众文化市场健康发展⑤。梅萍等学者认为，"引领"与"强制"不同，引领是一种价值观的平等对话与民主协商行为，并从引领方向、根基和渠道方面进行了分析⑥。

其次，关于大众文化的引领机制研究。

关于大众文化的引领机制方面的研究成果较少，王丽提出建立价值引导机制、理性启蒙机制、平等对话机制和"和而不同"机制。⑦梅萍等学者提出健全宣传引导机制，健全制度保障机制，健全实践养成机制，实现以文化人、以文育人⑧。

再次，关于当代中国大众文化价值引领的科学路径的研究。

针对20世纪90年代以来大众文化和大众审美所表现的种种误区，李西建提出：第一，重建人文精神，培养自觉的价值意识，实现理想价值和现实价值的内在统一，实现对人的真实的尊重和承认。第二，培育大众健康、文明的文化消费心理，倡导和普及科学的文化消费意识；创造文化精品，改善消费环境，培养文化趣味，提高认知水平；加强人文精神的启蒙和引导，重新塑造国民心理和人格；重视社会规范作用的引导。第三，加强文化批判，实现人的主体性启蒙和人

① 童庆炳.人文精神：为大众文化引航[J].文艺理论研究，2001（3）.
② 周思明.价值引领是视听文艺不可缺失之魂——以近年央视大型综艺文化节目为例[J].长江文艺评论，2018（4）.
③ 贾雪丽.大众文化价值论：以伦理学为视角[M].北京：中央编译出版社，2017：199—222.
④ 蒋述卓、李石.当代大众文化的发展历程、话语论争和价值向度[J].杭州师范大学学报（社会科学版），2019（2）.
⑤ 李明.以社会主义核心价值体系引领我国当代大众文化价值观建设[J].天府新论，2014（1）.
⑥ 梅萍、张艳斌、韩静文.论社会主义核心价值观对大众文化的有效引领[J].思想理论研究，2016（10）.
⑦ 王丽、辛全明、夏莹.应对大众文化精神缺失的对策探讨：基于人学视角[J].山西省委党校学报，2012（1）.
⑧ 梅萍、张艳斌、韩静文.论社会主义核心价值观对大众文化的有效引领[J].思想理论研究，2016（10）.

的现代化。^①邹智贤提出要：高位吸引，提升文化品位：打造大批主流文化精品，改进主流文化传播方式，提升主流文化整合能力。底线阻击，阻塞下滑通道：筑牢政治纪律底线，筑牢法律法规底线，筑牢道德伦理底线。"情感"疏导，开辟认同新径：打通"利益诉求"路径，利用"普适"话语路径，运用"感性表达"路径。"立体"渗透，确保落地生根，完善社会主义核心价值观实践化机制^②。

第三，相关研究述评。

国内外对大众文化价值引领的研究，已经取得较大的基础理论研究成果，并运用于相关文化实践活动中。国内学界从 20 世纪 80 年代就开始研究大众文化及其价值。学界对大众文化的研究，由最初挪用法兰克福学派的理论，围绕西方人文精神的失落，对中国大众文化采取完全批判的态度；之后发现大众文化价值的积极作用而不断接受；再到运用众多西方理论对中国大众文化现实进行理性、自觉的分析。虽然相关研究成果颇丰，有的研究也很有学理意义和现实意义，但是从整体而言，中国学界对大众文化的研究总是亦步亦趋地追赶国外大众文化的相关研究成果。理论和现实的不合拍，产生部分误读大众文化的现象。现今的大众文化研究，主要是针对某一大众文化现象比如某电影、某电视剧、某小品、某广告、某短视频等进行的具体研究，缺乏相应的跨学科研究。

其次，中国大众文化，是在中国的社会经济土壤中兴起和发展的。因此，它必然带有中国文化的个性，而具有区别于西方大众文化的特殊性。随着社会主义核心价值观的提出，研究者开始重视其在大众文化中的主导作用，但其引领的重心强调政治性的意识形态，而非人文性的道德审美价值等。

再次，从方法论上，西方大众文化理论注重运用经济学、文化学、社会学、心理学等方法，自始至终注重大众文化价值引领研究，这是值得我们借鉴的。国内学界在运用西方相关理论的同时，也综合运用了各学科知识研究我国大众文化，产生诸多跨学科研究的系统理论。同时在研究中也对大众文化价值导向方面的问题进行相关研究，但这些研究成果还不系统，有的研究成果也只是一笔带过，停于表面研究。近年来更加关注具体的大众文化现象，进行相关个案研究，运用多学科的综合研究较少。但不论怎么样，马克思主义方法论始终是研究中国问题的根本指导思想，在此基础上，结合中国大众文化产生的土壤，借鉴西方大

① 李西建 . 重塑人性：大众审美中的人性嬗变 [M]. 武汉：湖北人民出版社，1998：250—262.
② 姜正君、邹智贤 . 当代中国大众文化的逻辑悖论与价值引领 [J]. 伦理学研究，2017（4）.

众文化研究理论成果，有针对性地分析中国大众文化现象，深刻阐释藏匿于后的价值观及其运行机制，引导大众文化健康发展。

最后，以什么价值为引领以及引领机制和路径方面，还有待继续深化和系统化。对当代中国大众文化价值引领的研究，主要从文化生态方面进行引领研究，比如，精英文化的引领、主流文化的引领，偏重意识形态，而从价值论的视角对文化的社会价值即真善美的价值理想方面的引领研究甚少。即使是研究社会主义核心价值体系和社会主义核心价值观的引领及其机制，并取得了一些重要研究成果，但这些引领机制还不够全面和深入，引领的路径也有待拓展。学界对大众文化研究虽然有许多批判性研究，但对其进行批判性的价值引领研究还需要继续深化。

四、研究思路、研究内容和方法

（一）研究思路

本论文以马克思主义文化理论为指导，借鉴西方马克思主义大众文化理论，结合马克思主义哲学、价值学、文化哲学、法学、传播学、思想政治教育学等多学科的综合知识进行交叉研究，分析大众文化的理论内涵及其在当代中国的特殊性与价值取向方面的诸多问题表现，深入分析其中的缘由，揭示出引领当代中国大众文化发展的迫切性与必要性，以及引领的原则、机制和路径，以促进大众文化的健康发展，促进人的自由自觉地发展和社会进步。

（二）研究内容

本文除了绪论外，包括以下七个方面的结构和内容：

第一章大众文化价值引领的基本概念和相关内容。本章分别界定了文化、大众文化、价值、价值观、价值取向、价值导向、价值引领、大众文化价值和大众文化价值观的概念，分析了文化、价值和价值观的关系，大众文化的特点和中国大众文化的特殊性，阐述了我国大众文化价值取向关于真善美的理想目标和大众文化价值引领的必要性与重要性。

第二章大众文化价值引领研究的理论基础和理论借鉴。本章主要介绍马克思主义文化理论中的马克思恩格斯的文化理论、列宁的无产阶级文化和文化革命思想、中国化马克思主义文化理论和西方马克思主义大众文化理论。

第三章当代中国大众文化的兴起和发展。本章认为,当代中国大众文化经历了从自发逐步演进到自觉的历史发展过程,主要经历了如下五个阶段:自发传入和引进模仿阶段(70年代末到80年代中后期)、本土化大众文化开始发展阶段(80年代中后期到90年代初)、大众文化的迅猛扩张阶段(1992—2002)、大众文化的产业化发展(2002—2012)、大众文化建设开启新时代(2012—),并阐述其兴起和发展的特点与取得的成就。

第四章当代中国大众文化价值取向存在的主要问题。本章首先分析了大众文化产品价值方面的诸多问题,分析了大众文化生产突破真善美的价值底线、资本逻辑导致人格物化的价值取向问题,揭示其有违人的本质力量对象化的文化生产本质。然后分析了大众文化传播的价值导向弱化、虚化和泛娱乐化以及文化主体的自我迷失问题。最后对大众文化中的非理性消费、娱乐和消费的后现代式"自由"、符号消费中思考阙如的旁观和参与问题进行了分析。

第五章当代中国大众文化价值取向问题的致因分析。本章认为,其原因集中表现如下:第一,文化全球化方面存在多元文化影响和旧的国际文化格局中西方文化霸权扩张;第二,文化生产力的提升与人民对美好生活的向往不能协调发展,存在注重经济价值创造能力,忽视社会公共责任,文化创造力不足影响优秀文化产品的供给,在文化产品生产观念上存在服务大众变成迎合大众、艺术来源生活变成复制生活的误区;第三,引导和规范大众文化的内部自律约束机制不充分、外部强制约束机制不健全、引导机制不科学等因素。

第六章新时代中国大众文化价值引领的方向和原则。本章在价值引领方向方面,本章重点分析了新时代中国大众文化价值引领,应坚持中国特色社会主义先进文化的指引。同时本章对以马克思主义为指导的根本原则,党管媒体的原则,社会效益首位、两个效益相统一的原则,包容多样和文明互鉴的原则也进行了充分阐述。

第七章新时代大众文化价值引领的实现机制和途径。本章认为,新时代中国大众文化价值引领的机制应该包括:文化认同机制、道德自律约束机制、制度规范约束机制、批评引导机制、舆论引导机制等。接下来从文化生产者、传播者、消费者、管理者等四个方面重点分析了文化生产者要扎根生活实践,自觉为人民群众提供最好的精神食粮;大众文化传播者要自觉增强文化主体性,积极履行文化公共责任；大众文化消费者要自觉提高道德审美素养，养成健康文明的文化消费心理；大众文化管理部门要加强文化治理，促进文化事业和文化产业协调发展。

五、研究方法

（一）文献研究法。通过搜集、整理、研究文献，形成对事实的科学认识。本文通过对大众文化研究文献的搜集和分析，厘清当代中国大众文化发展的脉络，发现当代中国大众文化研究的理论盲点，确定本文的研究思路和主要创新点，探究当代中国大众文化的时代特殊性以及相关价值取向问题和问题产生的缘由。

（二）跨学科研究方法。大众文化研究本身就是一个综合性很强的研究，涉及多学科的一系列理论问题。本文综合运用马克思主义哲学、价值学、文化哲学、法学、传播学、思想政治教育学等学科知识对本选题进行深入研究。

（三）历史和逻辑相统一的方法。本文通过该方法，回顾分析当代中国大众文化的来龙去脉，以期准确把握当代中国大众文化健康发展的内在发展规律，找出其中的主要价值取向问题和产生问题的原因，进而探究当代中国大众文化价值引领主体、引领方向、引领原则、引领机制和引领路径。

（四）规范分析和实证分析相结合的方法。通过规范分析，研究当代中国大众文化"应该是什么"，从而分析其主要价值取向问题，揭示当代中国大众文化价值引领的必要性，促进大众文化健康发展，从而积极培育大众的进取、开放、包容、理性、平和的国民心态，实现文化育人的价值引领作用。通过实证分析，研究当代中国大众文化"是什么"，把握其规律，为研究其"应该是什么"找到事实依据和理论铺垫。

六、研究重点、难点及创新和不足

（一）研究重点

本论文重点分析当代中国大众文化需要价值引领的必要性和价值引领的原则、机制和路径，探索当代中国大众文化健康发展的规律，揭示其价值取向与社

会价值导向之间的矛盾和相关问题以及产生问题的原因，深刻分析大众文化健康
发展需要社会主义核心价值观的引领和真善美的引领，增强国民素养，塑造良好
的社会风貌。

（二）研究难点

本文从文化价值的角度探讨大众文化的主要价值取向问题、产生问题的原因
及其价值引领的原则、机制和路径。以往虽然有"人文精神"讨论，为本文的研
究奠定了基础，但"人文精神"的精英主义立场，不是要促进大众文化的发展，
而是对大众文化进行抵制和扼杀，这是不符合大众文化发展实际的，同时也不符
合大众文化给大众带来的积极价值。但如今的大众文化，的确不同程度地表现出
了诸如追求经济价值大于文化价值甚至虚化文化价值的发展趋向、边缘化社会
主义核心价值体系和社会主义核心价值观的趋向、感官娱乐泛化的低俗化发展趋
向，驱除人的理性思考，弱化人的道德判断，影响人的价值选择，颠覆人的价值
创造性等。面对大众文化发展中存在的种种弊端，的确需要有内在超越的动力与
机制，进行价值引领，进而促进人的精神世界的健康。可是对大众文化价值引领
研究还非常薄弱，在学界是一个需要不断深入，但又是相对困难的研究。

（三）创新之处

第一，研究的视角和内容创新。本文从价值论的价值生成（价值创造）与价
值实现的视角，综合研究了当代中国大众文化的主要价值取向问题和相关原因，
从而深刻分析我国社会主义核心价值观和真善美的人文道德审美价值对大众文化
进行价值引领的必要性、引领的原则、机制和路径。

第二，研究方法创新。本文综合运用马克思主义哲学、价值学、文化哲学、
法学、传播学、思想政治教育学等学科知识对本选题进行深入研究。

（四）主要不足

虽然阅读了很多文献资料，也看了很多影视节目、网络视频、网络小说、听
了很多流行歌曲等大众文化，但是还有很多大众文化作品没有关注到，因此，对

大众文化作品的了解没有做到面面俱到，影响了对大众文化特征的全面把握。而且，本文从价值生成（价值创造）和价值实现的角度，对当代中国大众文化价值引领开展学术性研究，还只是一个初步尝试。其中观点和论证不乏浅薄与不足。

第一，对新时代中国大众文化的特征方面的提炼，还需要进一步思考和研究。

第二，对大众文化价值取向方面的问题查找不全面，相关原因分析不深入、不系统，导致相关的价值引领途径不全面、不系统。

第一章 群众文化建设概述

真善美作为一个价值论命题，通常被认为是最根本的价值和人生的奋斗目标，而且在不同的学科领域广泛应用。人们通常说哲学求真、道德求善、艺术求美。真善美的统一则达到了更高的精神境界——自由。大众文化价值引领，从发生的角度和功能的角度看，就是要以社会主义核心价值观和真善美的现代人文道德审美价值引领大众文化，从而促进新时代中国大众文化的积极健康向上发展，并实现当代中国大众文化的化人育人作用，促进人的发展和社会进步。鉴于此，我们需要对当代中国大众文化价值引领的相关概念（比如文化、大众文化、大众文化价值、大众文化价值观、大众文化价值引领等概念），中国大众文化价值取向的理想目标、当代中国大众文化价值引领的必要性和重要性进行简要介绍，以期对本论题研究做到有的放矢。

一、文化与价值、价值观

一切价值都是文化价值，价值是文化组成的要素，存在于文化中。[①] 文化概念，是一个外延非常宽泛、包容性非常强的复杂概念。古往今来，对文化内涵的界定见仁见智，争论不休，至今也没有达成普遍性的共识观念。

（一）文化的内涵

在我国古代典籍中，"文化"一词早有记载，只是分而用之，且含义分殊。中国古代的文化概念，大体属于精神文明范畴，是人文化成、文治教化的总和。近代中国，对"文化"的理解发生了变化，其中，对"文化"定义影响最大的

---

① 袁贵仁. 价值学引论 [M]. 北京：北京师范大学出版社，1991：79.

当属梁漱溟。梁漱溟认为："文化不过是一个民族生活的种种方面。"① 到了现代，随着"文化热"的不断升温，对文化的研究越来越深入，对文化的定义见仁见智。冯天瑜从文化的主体精神方面进行理解并认为，文化是人的价值观念在社会实践中对象化的过程与结果，包括外在的文化产品的创制和内在心智、德性的塑造②。袁贵仁认为，文化有三层含义。文化的第一层含义是对人体之外的自然以及人自身的自然的开发及其成果。③ 文化的第二层含义是指人的行为模式、活动方式④。文化的第三层含义是指一系列有机组织起来的价值观念，即价值观念体系⑤。袁贵仁进一步从发生学和文化功能的角度，认为文化是人化、化人及其统一⑥。

在西方的知识体系中，英文中的"culture"，是与自然存在的事物相对而言的一个概念，后逐渐转化为培养、教育、信仰等含义。欧洲的中世纪，文化具有宗教崇拜的倾向。经过文艺复兴时期，启蒙运动思想家们把文化与教养联系了起来，开始了对文化的主体性理解。康德认为，文化是"一个有理性的存在者一般地对随便什么目的的这种适应性的生产过程"⑦。随着人类社会进程的发展，人们对文化的理解越加丰富多彩。爱德华·泰勒认为：文化是一个"包括知识、信仰、艺术、道德、法律、习俗以及作为社会成员的人所掌握和接受的任何其他的才能和习惯的复合体"⑧。显然，泰勒的文化定义除了物质内容以外，包容了人类生活的其他各个方面，为人类共同享有。雷蒙德·威廉斯认为，文化是人类完善的一种状态或过程，文化是理性和想象作品的主体，文化是一种特定生活方式的

---

① 梁漱溟全集（第1卷）[M]. 济南：山东人民出版社，1989：339.
② 冯天瑜. 文化守望 [M]. 武汉：武汉大学出版社，2006：28.
③ 袁贵仁. 价值学引论 [M]. 北京：北京师范大学出版社，1991：80.
④ 袁贵仁. 价值学引论 [M]. 北京：北京师范大学出版社，1991：81.
⑤ 袁贵仁. 价值学引论 [M]. 北京：北京师范大学出版社，1991：84.
⑥ 袁贵仁认为，"从发生学的意义上说，文化就是人的实践活动，就是通过人的实践活动对人的自然存在和自然对象的客观存在加以改造，把人的社会特质客观化在物质生产、精神生产及其产品中，以生产出客体的'属人的性质'、生产出主体'他的全面性'，生产出人与自然、主体与客体之间的价值关系，从而实现人的目的和价值。"即"文化是'人化'、人的本质力量的对象化"。"文化的主要功能之一是'化人'，即教化人，或者说是塑造人和熏陶人。""文化对人的作用突出地表现在人的社会化过程中，即人接受文化、适应文化，形成自我的过程。其核心是社会文化的内在化，社会化的程度是个人对社会文化的认同和适应的程度，社会化的结果是从生物的个体转化为具有社会文化特质的个人。"综上，"文化的本质是'人化'和'化人'的统一，是人的本质力量的外化和人的存在物的内化的统一，也就是主体客体化和客体主体化的统一。"详见：袁贵仁. 价值学引论 [M]. 北京：北京师范大学出版社，1991：81—84.
⑦ [德] 康德. 判断力批判. 转引自邹广文. 当代文化哲学 [M]. 北京：人民出版社，2007：13.
⑧ [英] 爱德华·泰勒. 原始文化 [M]. 连树声译. 上海：上海文艺出版社，1992：1.

描述。[①] 美国学者弗雷德里克·杰姆逊在"耕耘""农作"之外对文化进行了三个方面的定义：第一，文化是指个性的形成；第二，文化是人类进行的一切活动；第三，文化是指日常生活中的娱乐活动。其中，第三种是一种新的"文化文本"，是"文化工业"，与工业的现代化和生活的现代化相联系[②]。亨廷顿认为，文化是"一个社会中的价值观、态度、信念、取向以及人们普遍持有的见解"[③]，其实指的是社会中占主导地位的、具有普遍性的价值观。

通过对文化的上述概念的简单罗列可以看出，文化虽然无所不包，但是人们对文化的理解都体现了不同时代的特征，且对文化的每个定义都是根据自身的研究需要进行裁剪的。与此同时，人们对文化内涵的知识和价值观念体系则是长久以往的共识，体现了文化与人的主体性关系。尤其是在当代的文化研究理论中，文化定义与人的生存方式和人的价值实现紧密联系起来，凸显了文化的主体性特征和人的本质力量。为研究需要，本文主要采用的是袁贵仁对文化的理解。但不论是中国学者对文化的理解，还是西方学者对文化的论述，都可以被我们借用来分析中国大众文化，论述中国大众文化价值引领。

（二）价值和价值观的内涵

根据王玉樑等学者的考察，价值首先是由 18 世纪的英国哲学家休谟提出的[④]。休谟提出要重视"是"与"应该"的区别，认为从"是"能否推出"应该"，还需加以证明。而"是"什么与"应该"如何的区别，实质上是"事实"与"价值"的区别。康德认为，事实是知性的经验知识，而价值是先验的理性知识。德国哲学家洛采（H. Lotze，1817—1881）把世界划分为三个领域：第一个领域是事实领域，第二个领域是普遍规律的领域，第三个领域是价值领域。由此很多人就想到，要把价值理论当作哲学的新的科学基础。与此同时，尼采

---

① [英] 奥利弗·博伊德—巴雷特、克里斯·纽博尔德. 媒介研究的进路：经典文献读本 [M]. 汪凯、刘晓红译. 北京：新华出版社，2004：408.
② [美] 弗雷德里克·杰姆逊. 后现代主义与文化理论 [M]. 唐小兵译. 西安：陕西师范大学出版社，1987：2—3.
③ [美] 塞缪尔·亨廷顿、劳伦斯·哈里森. 文化的重要作用——价值观如何影响人类进步 [M]. 程克雄译. 北京：新华出版社，2002：前言 3.
④ 参阅：王玉樑. 当代中国价值哲学 [M]. 北京：人民出版社，2004：13—26；邹吉忠. 制度与价值观 [M]. 北京：北京出版社，2008：3—4.

(F.Nietzsche，1844—1900) 宣告"上帝死了"，尼采认为，价值是人创造的，一切文明生活都依赖于此文明所具有的价值。因此，人们将洛采和尼采视为价值学的两大真正创始人。[①] 其后，文德尔班（W•Windelband，1848—1915）、李凯尔特（H•Richert，1863—1936）将价值问题当作哲学的核心，并企图建立一种哲学的新形态即价值哲学。但价值在西方很多思想家眼里，是一种带有很强主观性的观念、观点和看法。

马克思主义认为，"'价值'这个普遍的概念是从人们对待满足他们需要的外界物的关系中产生的"[②]。换言之，价值既不是纯粹的主观性的观念看法或观点，也不是某个孤立的客观存在物本身所具有的属性，而是需要在主体客体的相互关系中加以确定的。价值离不开人，也离不开文化，一切价值都是人创造的价值，都是对于人的价值。价值的本质应该从人的实践活动中去寻找。总之，"马克思主义的价值学，是实践论的价值学，是主客体统一论的价值学"[③]。

我国 20 世纪 30 年代就有学者开始研究价值哲学，真正广泛而深入研究价值和价值观是从 20 世纪 70 年代末 80 年代初开始的。到 90 年代初，学界主要从认识论角度介入价值问题，以讨论真理与价值的关系问题为契机，着重探讨了价值的本质、创造、实现等问题。从 90 年代初期至今，学者们除了继续在评价论的旗帜下深化价值问题的认识研究之外，更多的是关注价值问题的主体方面，将价值问题从认识论推进到人学层次，着重讨论了价值观的人学基础问题，还涉及价值观与世界观和人生观的关系，价值观与文化，制度与价值观，价值观教育、评价等问题。关于价值的界定，不同哲学体系有不同的回答。王玉樑将"价值"归纳为六个方面："需要说""意义说""功能属性说""劳动赋出说""主客关系说"和"效应或功效说"[④]。在《〈文化价值论〉总序》中，李德顺认为，价值是一个通过社会实践而"人化"和"为人"的世界。[⑤] 可见，国内学界主要是在马克思

---

① 袁贵仁 . 价值学引论 [M]. 北京师范大学出版社，1991：18—19.
② 马克思恩格斯全集（第 19 卷）[M]. 北京：人民出版社，1963：406.
③ 袁贵仁 . 价值学引论 [M]. 北京：北京师范大学出版社，1991：3—5.
④ 王玉樑 . 价值哲学新探 [M]. 西安：陕西人民教育出版社，1993：127—141（六种界说分别是：一是"需要说"，价值是"客体能够满足主体的一定需要"；二是"意义说"，"价值是客体对主体的意义"；三是"功能属性说"，"价值就是指客体能够满足主体需要的那些功能和属性"；四是"劳动赋出说"，"哲学的价值凝结着主体改造客体的一切付出"；五是"主客关系说"，价值就是"客体与主体之间的一种特定（肯定或否定）关系"；六是"效应或功效说"，价值"是客体属性与功能满足主体需要的效应"，是"客体对主体的功效"。）
⑤ 孙美堂 . 文化价值论 [M]. 昆明：云南人民出版社，2005：总序 2.

主义价值论的基础上认识价值的。价值是一个揭示客观事物满足人和社会需要的关系范畴，价值的本质是在实践基础上的人的本质力量的确证、实现、提高的统一。

什么是价值观？从严格的意义上讲，指的是"人们关于基本价值的观念系统"，即学说系统；而社会上通常讲的价值观，不是指理论化的学说系统，而是指价值观念，即"人们内心深处的价值取向或态度情感"。^①本文的价值观取后者，即价值观念，具体而言，是关于如何区分真假对错、善恶美丑的总体观念。价值观念贯穿于人们的认识和实践活动过程中，应当说，凡是社会生活中的人都会有一定的价值观念，也就是都会具有某种对周围事物进行价值评判的观点或观念。因为人的活动是在认识事物特点和规律性基础上，根据自身生存享受和发展的需要，形成一定的价值观念和价值判断，而进行的有目的的能动的实践活动。在这个能动的实践活动中，人们的价值观念和价值判断起着关键作用，因为它决定着人们实践活动的目标和方向，使人的实践活动摆脱自发盲目性，成为真正的自由自觉的活动。作为实践活动的文化活动，其文化价值观必然起着非常重要的作用。

（三）文化、价值与价值观的关系

文化与价值、价值观密切相连。价值与价值观构成文化的核心，为人们提供了判断对错、美丑的核心标准。正如拉兹洛所言，"文化是受价值引导的体系"^②，人们需要文化，实质上是需要价值观念。人们接受并适应一定的社会文化，即接受并消化文化中蕴含的价值观念，进而实现价值观念对人的精神灵魂的引导和铸造。

价值和价值观的实质，都是人的问题，具有极强的主体性，它们会因主体不同而表现出每一主体的特殊性和个性，而具有丰富的个体性和无限多元性特点。但人们需要交往和沟通，需要一定的社会秩序做保障，以维护人类社会的生存和发展。这就决定了人们对事物的认识和看法有共同之处，需要社会价值共识进行相关协调，由此突显了价值和价值观的社会性和共性。具有社会性的价值共识，

---

①　李德顺. 价值论（第 2 版）[M]. 北京：中国人民大学出版社，2007：199.
②　[美]E.拉兹洛. 文化与价值 [J]. 哲学译丛，1986（1）.

既有底线型的价值共识，又有理想型的价值共识。当某一文化突破人类的底线价值共识，人身上的固有潜能将不能充分发挥出来，甚至会被淹没、扼杀而遭到枯竭。只有建立在底线价值共识的基础上的文化价值多样性，才能推进人的多样化的发展和人的多样性潜能的开发和实现。因为文化最根本的功能就是化人和教化人，帮助人们作出价值判断和价值选择，进而实现人的社会化。从文化的角度看，人的社会化就是文化接受的过程，这个过程也是促进人的自我实现的过程。所谓自我实现，正如拉兹洛所认为的那样，就是指"我们每个人身上固有的潜能在现实中发挥出来。实现，既指身体健康，又指精神健康"[①]。这是人化和化人相统一的能动过程，同时又是主体客体化和客体主体化的过程[②]。这个过程体现了文化的本质内核，是文化生产、传播、消费和评价活动及其成果的生动体现。

因此，从价值生成的角度而言，文化生产的过程是某一或某些价值被赋予文化产品的过程，这些价值本质上是文化创作主体价值判断、价值选择、价值追求和创造的结果。文化创作者在这一过程中，将审美价值具体化在文化产品中，形成文化产品的价值和形象。与一般事物的价值不同，文化产品的价值本质上是一种审美价值，是人的本质力量的实现和确证。"审美价值以摆脱直接物质需要的某种自由为前提"[③]，它是一种目的性的价值，而非工具性的价值。但是这种被赋予审美价值的文化产品，一旦被创造和生产出来，就成为独立的存在。人们在消费它的时候，因为消费者自身的价值观、受教育程度和所处的环境等因素，促成了文化产品价值实现的复杂多样性。但是那些具有真善美价值的文化产品对人是有吸引力和感召力的。这些产品内含的真善美价值，文化消费者通过各自的自由选择，将丰富的文化信息转化成主体的审美经验，从而重塑消费主体的人格力量，促进文化价值的实现。大众文化作为当代文化的一大类型，其文化价值的生成和实现也概莫能外。

---

① [美]E.拉兹洛.文化与价值[J].哲学译丛，1986（1）.

② 袁贵仁.价值学引论[M].北京：北京师范大学出版社，1991：83—84.

③ [爱沙尼亚]斯托洛维奇.审美价值的本质[M].凌继尧译.北京：中国社会科学出版社，2007：89.

二、群众文化的一般分析

（一）大众文化的内涵

大众文化的内涵，正如文化一样，不论东方还是西方，其界定都是繁多而复杂，超过我们的想象。"大众文化"这一术语，据说最早由麦克唐纳提出[①]，时至今日，其含义在西方仍无定论。总体而言，西方对大众文化主要有"mass culture"和"popular culture"两种表述。其中，"mass culture"是一个带有贬义色彩的否定性用语，指的是那些缺乏教养的人即"乌合之众"的文化。法兰克福学派倡导"Mass Culture"，并把大众文化称为"文化工业"，认为整个世界在文化工业的笼罩下演变成了一个无个性的整体，社会个体也逐渐原子化。可见，法兰克福学派强调了大众文化对人的否定性作用，他们对大众文化也同时持否定态度。"mass culture"现在一般不常用。而"popular culture"则是针对"mass culture"而提出的另一种对大众文化的表述，表示的是大众文化的肯定性用法，有时翻译为"流行文化"。这一表述充分肯定了普通民众在大众文化中的积极作用，认为大众文化应该是一种为社会大多数民众所喜爱并且由普通民众创造的文化形态。英国伯明翰学派的雷蒙德·威廉斯从三个方面的内容理解上述大众文化的内涵：一是大众文化的来源问题，即大众文化究竟是来自民众自身的情感和生活表达，还是统治者强加于民众的社会控制力量；二是文化商品化和文化产业化对大众文化的影响问题，即衡量大众文化产品的真正尺度究竟是文化产品的艺术内涵，还是利润和市场；三是大众文化在社会中的功能问题，即大众文化究竟是统治阶级对大众进行价值观统治的工具，还是社会大众对现存秩序的叛逆和反抗，或者是二者兼具。

本文的大众文化概念，主要是从西方移植过来的概念，主要在"popular culture"意义上使用大众文化，同时也适当吸收"mass culture"的若干内涵。即使是"popular culture"的定义，几乎与关于文化的定义一样多，其用法在

---

① 赵勇. 大众文化理论新编 [M]. 北京：北京师范大学出版社，2016：4.

西方仍然存在不同用法。斯道雷关于大众文化的六种定义[①]，表明西方所研究的大众文化是社会工业化和城市化的产物，是现代社会和后现代社会所特有的文化形态，其受众为广大的社会民众；他们的每一个定义既有自己的合理性和片面性，也突出了大众文化概念的丰富性和复杂性。对大众文化的界定与理解，通常与研究者的理论视野和立场有关。但不论怎么样，大众文化在西方世界中是指文化产业部门商业化生产的消费文化。

但是，大众文化在当代中国语境中，却是一个更加宽泛的概念。它起初主要是针对受众群体而言，即为最广大人民群众服务的文化，是意识形态的一部分，既没有自己的独立性，也不具商业性。20世纪90年代以后，随着大众社会的兴起，大众文化逐渐超越了政治意识形态属性，获得了商业化的大众文化含义。

本文所要研究的大众文化正是这种具有商业化性质的大众文化，并且文中提及的大众文化若没有特别说明，都指的是这种具有商业性质的大众文化。我国"大众文化"概念自西文翻译过来开始，学界就对其进行了多种多样的界定，且为此一直争论不休。但学者们言说的对象正如陶东风所言"则是相同或基本相同的"[②]，主要是指以报纸、广播、电影、电视、网络等媒体为载体的文化形态。

---

① （1）大众文化是"广受欢迎，或者众人喜好的文化"。该定义强调受众在数量上的绝对优势，但没有考虑价值判断。（2）大众文化是在确定了高雅文化（high culture）之后所"剩余的文化"，是一种低等文化，是满足乌合之众而批量生产的商业文化。该定义虽然道出了与高雅文化的区别，但忽略了二者之间的复杂关系。（3）将大众文化等同于"群氓文化"（mass culture），是一种欺骗性的、营养贫乏的文化。这种观点主要是从批判或否定意义上理解大众文化，无视它可能的积极意义。（4）大众文化来源于"人民"的文化，等同于民间文化，是一种民治、民享的文化（culture of the people for the people）。这个定义强调大众文化是人民自己创造的，但未能指出这种创造的来源问题，即他们的创造所依赖的原材料仍然是商业提供的。此定义，明显地把前现代的那些自发的非商业化的流行文化排除在大众文化之外了。（5）大众文化来自安东尼奥·葛兰西的政治分析。"葛兰西派"的学者认为大众文化是一个富含冲突的场所。在这里，被统治集团之"抵抗"力量与统治集团利益对被统治集团的"收编"力量进行着斗争。但这种定义与斗争相对地协调。（6）大众文化是后现代意义上的文化。这种大众文化指的是那种消融了"高雅文化"与"大众文化"之间的、艺术与商业之间界限的文化类型。但有可能因此而抹杀他们之间的差异。详见：[英]约翰·斯道雷.文化理论与大众文化导论[M].常江译.北京：北京大学出版社，2010：6—15.

② 陶东风.大众文化教程[M].南宁：广西师范大学出版社，2008：17.

2010 年金元浦归纳、列举了 14 种以上的大众文化定义①。透过大众文化复杂而多样的定义，他结合中国当代文化发展的实际情况，从文化生产和文化消费的角度认为，大众文化是指与当代工业密切相关的，崛起于当代大都市的，并以现代传媒为中介的大批量生产、时尚化消费的文化形态。②邹广文认为，大众文化"是工业社会背景下与大众群体相伴而生的、受市场规律支配的、平面的、模式化的文化表现形态，其最高原则是极大地满足大众消费"③。王一川认为，大众文化是指："以大众媒介为手段，按商品规律运作，旨在使普通市民获得日常感性愉悦的体验过程。"④随后，王一川在该书还特别强调了大众文化的"文化性"⑤。蒋述卓等人从文化产品角度认为，现代意义上的中国"大众文化"是一种文化产品，以满足人们日常生活的精神需求以及对当下世俗生活的肯定，主要"以通俗小说、网络文学、流行音乐、影视剧、综艺节目等为主"的文化产品。⑥李明以文化产品和文化活动的角度认为，"现代意义上的大众文化是工业化的产物，是在工业化、市场化、商业化、城市化的过程中为普通民众所创作与生产，借助现代大众媒介广泛传播和流通，满足民众多样化的精神文化需求，被众多人群所参与

① 金元浦.回到起点：恶魔还是福音——大众文化 30 年再思考 [J].中国中外文艺理论学会年刊 [J].2010（4）该文在 2001 年基础上增加了一项，为 "大众文化是不断变换、风行一时的时尚潮流，它常常背离传统，不断求新求异，是以青少年为主体的、波浪式起伏的一种青年亚文化"。2001 年的归纳包括：（1）广受欢迎或者众人喜好的文化；（2）一切来自广场而非庙堂的民间的文化；（3）无产阶级的、革命的、普及的、面向工农兵的大众文化；（4）资产阶级的国家意识形态，一种以标准化、陈腐老套、保守主义、虚伪、满足浮华幻想的、受操纵的文化工业产品为标志的文化；（5）次标准文化或剩余文化，即去除了高雅文化之后剩余的那部分文化；（6）商业消费文化，即那种用于大量消费的，为商业目的"有意迎合大众口味"而大批量生产的消费品，是"商人雇佣技术人员创造的"；（7）美国通俗艺术的意识形态或美国文化的代名词；（8）社会统治集团通过精神和道德领导的手段赢得被统治群体赞同而形成和产生的文化；源自葛兰西的文化霸权或文化领导权的理论；（9）来自于人民的文化，人民群众积极创造的他们所需要的一种民间文化；（10）伴随着城市化、工业化的出现而产生的城市工业文化；（11）在后现代消弭了高雅文化和通俗文化差异之后形成的当代文化形式；（12）以当代电子高新科技为传播媒介的，在时间和事件上同步的，全球化的文化，即是以电子媒介传播的大众文化；（13）等等。详见：金元浦.定义大众文化 [N].中华读书报，2001—07—25（020）。
② 金元浦.回到起点：恶魔还是福音——大众文化 30 年再思考 [J].中国中外文艺理论学会年刊 [J].2010（4）该定义，另见：金元浦.定义大众文化 [N].中华读书报，2001—07—25（020）。
③ 邹广文.当代中国大众文化论 [M].沈阳：辽宁大学出版社，2000：4.
④ 王一川.大众文化导论（第三版）[M].北京：高等教育出版社，2015：8—9.
⑤ 王一川.大众文化导论（第三版）[M].北京：高等教育出版社，2015：1.
⑥ 蒋述卓、李石.当代大众文化的发展历程、话语论争和价值向度 [J].杭州师范大学学报（社会科学版），2019（2）.

消费的文化产品和文化活动。"①

本文为研究需要，结合当代中国文化实际，从中国学者对大众文化的多样化理解中，主要选取学者李明的"大众文化"概念关于"文化活动和文化产品"一说，同时吸纳学界的其他"文化形态"和"文化产品"等观点。综合来看，本文所研究的"大众文化"，是现代意义上的与精英文化和主导文化等相并存的文化形态，主要是指伴随全球化、工业化、城市化、市场化、数字化和网络化进程出现的，为满足普通民众日常生活的精神文化需求进行生产，并通过商业化运作和现代传媒传播，由众多人群消费的通俗性文化产品和相关文化活动。

从大众文化的产生发展和文化结构上看，它是伴随工业化、城市化、市场化、数字化和网络化进程出现的，不仅包括大众报刊、流行音乐、通俗影视剧、综艺节目、广告、网络游戏、网络小说、微信、抖音等大众文化产品，还包括大众文化生产、大众文化传播、大众文化消费等主要环节的文化活动。

从大众文化活动方面来看，大众文化是一种可以被人们共享的文化。大众文化生产的目的是"满足普通民众日常生活的精神文化需求"。这首先意味着大众文化必须面向大众生活，是一种与大众日常生活密切相关的通俗性文化，反映了普通民众的日常生活经验和情感等，是容易被普通民众所认知、理解和接受的文化，具有享受文化的低门槛性，进而能够促进文化的民主化，实现文化共享。其次，文化的核心是价值观，反映在大众文化上，就是大众文化必须面向大众，尊重和弘扬人们普遍敬守的价值观，歌颂真善美、鞭挞假恶丑的价值标准。再次，民众日常生活的精神文化需求具有多层次性和多样性，这种需求决定了大众文化不仅是具有多样性特征的文化形态，在价值实现（价值功能）上还应该有多样化的功能，比如娱乐功能、教化塑造功能等，但最根本的是大众文化的文化化人育人的价值引领功能，即塑造健全人格，培育大众奋发进取、理性平和、开放包容的社会心态，为人的自由全面发展创造条件。大众文化价值功能的实现，需要依靠大众文化生产、传播和消费等文化活动来实现，尤其是大众通过消费高质量的文化产品来实现。作为当今中国的现实，大众文化是产量最大、受众最多、影响最广的文化形态，甚至可以说"几乎没有人可以逃脱大众文化的影响"②。由此得

---

① 李明.当代大众文化建设研究：基于科学发展观的视角 [M].北京：中央编译出版社，2018：70—71.
② 陶东风.当代大众文化价值观研究：社会主义与大众文化 [M].沈阳：辽宁教育出版社，2014：104.

出第四点则是，参与大众文化消费的人群众多。换言之，大众文化的接受群体和参与群体（统称"受众"）比较广泛，并不仅仅限于普通民众，还包括各类精英人群等。大众文化成为众多人群共有的、可以共同交流的公共场域，成为人们的共享性文化。

（二）大众文化的表现形式

大众文化的表现形式，即大众文化的外延。可以说，大众文化是一个多样的、具体的、丰富的、复杂的系统。不同的学者根据自身的研究需要，按照不同的分类标准，把大众文化分成为不同的形式。按大众媒介出现的先后顺序来分，大众文化大致可以分为书刊、通俗文学、电影、电视、流行歌曲、网络游戏、网络小说、微博、微信、抖音等文化样式；从生活方式的角度而言，大众文化大致可以划分为衣、食、住、用、行方面的大众文化形式，比如，流行服装文化、饮食快餐文化、家装文化、广场舞、旅游文化等。在文化活动方面包括大众文化生产、大众文化传播和大众文化消费等环节。大众文化本身的复杂性导致学界对大众文化的形式进行科学划分存在着很大的困难，要将大众文化的所有形式予以穷尽似乎根本不可能。因此，学界也主要是对日常生活中那些比较普遍的某个或某几个大众文化类型进行深入研究的。但是，如若本文也以这些形式一一进行研究，存在论题太大，不符合研究实际，也不可能对大众文化所有类型进行研究。因此，本文从哲学价值论的角度，对大众文化从价值本质即人化和化人方面进行跨学科的综合研究。

（三）大众文化的主要特征

本文为研究需要，从当今中国文化的角度观察上述大众文化概念所表现的一般特征，进而更深入了解我们的大众文化这个研究对象。这些特征主要包括：商业性、文化性、娱乐性、日常生活性、通俗性、大众媒介性、流行性和时尚性、全球性。

第一，商业性。大众文化产品从一开始就是为满足大众的精神文化需求，依靠现代文化产业大批量生产出来的、通过商业化运作的商品。大众文化的商品属性驱使着生产者不断地将文化产品推向市场，获得文化产品的交换价值并不断扩大再生产，获取更多的商业价值。不仅如此，大众文化的商品属性也驱动着大众文化传播、消费等各个环节的商业化发展。

大众文化对经济利益的追逐，推动了文化产业的迅速发展。大众文化的商品属性为市场经济的发展提供了重要的文化力量，实现了文化商品化和商品的文化化，为推动大众文化的发展提供了重要的经济保障。但是，大众文化对市场盈利的过分追逐，甚至成为市场的奴隶，势必产生大众文化产品的庸俗、媚俗和低俗倾向，降低大众文化产品的文化属性和价值属性，影响人的精神健康，阻碍人的自我实现和发展，从而为大众文化的发展自掘坟墓。

第二，文化性。在西方，不论是在阿诺德、利维斯还是法兰克福学派那里，大众文化并没有真正被纳入文化范畴，不具有文化性。但是，大众文化的文化性，正如王一川所言，"它是一种人类符号表意系统，人类用它来表达生活的意义"[①]。大众文化的文化性，从某种程度上而言，是实现大众文化持续健康发展的重要条件。大众文化的生产一方面要遵循市场供求规律，另一方面要生产出满足大众消费者文化需求的文化产品，才能拥有大众文化市场，实现价值增值和自身的和谐健康发展。那些满足大众消费者文化需求的文化产品，是具有文化属性和价值属性的文化产品，文化性是大众文化的一个重要特征，否则拥有市场的大众文化产品也终将因为其缺乏文化性和特定的文化价值观而丢掉市场。大众文化的文化性，正如王一川所言，"它是一种人类符号表意系统，人类用它来表达生活的意义"[②]。但问题是，该系统是表达谁的生活意义？赋予该系统的价值判断是否处于正确的价值体系之中？从文化的角度而言，在多元多样的文化发展中，我们的"文化精神空间"在哪里？文化的地域性和主权性，决定了大众文化不只是要实现自己的资本增值，还要有自己的价值追求，有连接我们本土文化的"地气"和国家形象，有能够被公众普遍认同和敬守的价值取向，实现自己的文化增值和本民族人的精神健康，并滋养人的精神，增进社会效益。

第三，日常生活性和通俗性。大众文化不仅具备文化的一般特性，同时还有

---

① 王一川.大众文化导论（第3版）[M].北京：高等教育出版社，2015：5.
② 王一川.大众文化导论（第3版）[M].北京：高等教育出版社，2015：5.

其自身的特性，即日常生活性和通俗性。大众文化面向的是大众的世俗生活，是反映大众世俗的日常生活实践为内容的文化形态，表达的是日常生活中的那些尚未进行理论加工的大众心态和社会心理，是容易被普通民众所认知、理解和接受的文化，本质上讲是一种具有通俗性的市民文化。具体而言，大众文化把反映了人们在日常生产生活、交往活动中，形成的与其个体生命直接相关的一系列经验、观念、感受、情感、价值观等，通过电视、网络等大众媒介向人们的私人生活空间拓展，供人们进行消费。于是，大众文化占领了在精英文化和主导文化长期忽略甚至排斥的大众日常生活领域，将大众的日常生活及由此形成的情感、经验等作为主要反映对象，满足并滋养大众感官愉悦的精神需求，在一定程度上促成了人的主体性的生成。比如，20世纪80年代初由台湾传来的"靡靡之音"，唱遍中国大江南北，不但极大改变了当时中国老百姓十分单调贫乏的文化生活，而且唤醒了人的主体性复苏。

另一方面，大众文化在很大程度上是以向私人生活空间拓展为存在形式的，以个人转变成大众为存在逻辑，表现为一种中性的大众消费，容易产生滥情、媚俗与低俗。比如，电视访谈节目、相亲节目、娱乐节目等充分展现人的个人化和个性化的倾向，甚至频频曝光人的隐私，将隐私公开化、公共化，而真正的共同关怀和公共话语却被淡漠、隐去；出现靠身体写作的通俗文学，宣扬人的欲望和享乐，不顾人的责任和沉重的生活美学等。

第四，娱乐性。大众文化作为人们日常生活经验和情感的表达的文化形式，以感性愉悦为主要追求。因此，快乐原则是大众文化的一项重要原则和重要特征。大众文化似乎不引人发笑就不是成功的作品。大众文化作品总是追求娱乐效果，使大众获得轻松愉悦的精神满足。大众文化育人功能的实现，也需要依靠娱乐，在娱乐中达到"寓教于乐"的目的。人们在娱乐的大众文化环境的熏陶和沐浴下，人们的消遣娱乐需要得到满足，在现代社会环境中形成的精神压力得到缓解和释放，使人们在一定时间内获得了精神上的享受和相对自由，为人的自我展示、自我实现以及人的现代化提供了条件。从某种程度上讲，大众文化的娱乐性，也为社会稳定提供了帮助。

但是，大众文化的"娱乐"在摆脱"教化"的依附地位而获得独立地位时，很容易步入享乐，导致只关心如何花钱，如何享受，为社会发展进步带来隐患，造成享乐主义蔓延，产生"垮掉的一代"。这也是当年贝尔对20世纪50年代的美国文化矛盾的揭示和批判。大众文化的娱乐性导致的享乐主义负面趋向，遮蔽了人们对真善美的追求，将不利于人的自我实现和发展。因此，在注重大众文化娱乐功能的同时，不仅要建立预防机制，抵制"娱乐至死"；还需要进行正确的价值观引领，防止过度娱乐化和低俗化倾向。

第五，大众媒介性。大众文化以大众媒介为主要传播载体。随着大众传媒娱乐功能的不断增强，大众文化获得了显著的发展，人们的文化生活随之不断丰富和活跃。但是，大众媒介在传播大众文化产品的同时，媒体的价值导向出现了严重的偏差，娱乐功能被无限放大，为娱乐而娱乐，不断激发人类的动物性一面和人的恶的一面，出现泛娱乐化倾向。而且媒体以市场经济的名义，追求收视率、票房率、点击率、畅销数，突破道德底线，培养大众审美消费的低度化。相反，那些健康向上的文化，却不无遗憾地被某些媒体在传播时选择性地过滤掉了。在此种情况下，被大众媒介文化环境包围的大众，将被塑造成什么是不言自明的。

第六，技术性和全球化性。随着文化生产力的不断提高，交通的便利，尤其是大众传媒技术的发展和更新换代，互联网和以智能手机为代表的移动网络技术的显著推进，大众口味和需求的变化速度随之不断加快且日益国际化，大众文化向全球的拓展速度和范围也随之加快加大。换言之，随着大众传播技术的更新换代，大众文化借助大众传播媒介实现跨时空的加速传播，形成大众文化在全球文化消费市场上的迅速流行和发展。大众文化的全球化，加深了民族之间的相互往来，推动了不同文化之间的交往合作与融合，深化了各国人民对人类共同利益的认识，有利于人们开放包容的社会心态的培育和人类利益共同体的创建。

但是，文化全球化的不可逆转，隐藏着世界强权国家利用其大众文化优势侵犯他国文化主权和文化利益的危险，由此衍生文化全球化和本土化之间的矛盾，尤其是文化美国化和本土化之间的矛盾。"文化全球化是一种文化层面上的多元化的挑战：原先被认为是不成问题的传统如今陷于崩解，信念、价值观和生活方式上出现了多种选择"[①]。美国的大众文化对中国社会生活和普通人的日常生活有影响最大。布热津斯基认为，美国主宰的全球通信、美国技术优势、全球的军事作用、大众文化的影响等加强了其全球霸权体系的有效统治，美国大众文化对全球的年轻人具有吸引力，它的吸引力可能来自它宣扬的生活方式[②]。

① [美] 塞缪尔·亨廷顿等.全球化的文化动力：当今世界的文化多样性 [M].康敬贻等译.北京：新华出版社，2004：1.
② [美] 兹比格纽·布热津斯基.大棋局——美国的首要地位及其地缘战略 [M].中国国际问题研究所译.上海：上海人民出版社，1998：34.

总之，从大众文化的上述特征可以看出，大众文化是由诸多矛盾性特征组成的文化活动和文化产品。但这种矛盾性正说明大众文化要获得健康发展，需要价值引领；并且通过对大众文化的价值引领，实现文化化人育人的价值引领功能。

（四）当代中国大众文化与精英文化、主导文化、民间文化的区别和联系

要更好把握当代中国大众文化的特征，还需要进一步了解和把握与它并存的其他文化形态的特点，知晓大众文化与精英文化、主导文化、民间文化的区别与联系。

主导文化，或者称为主流文化、官方文化，是表达国家意识形态的文化，具有强烈的政治色彩。相对于其他文化类型，主导文化更多地关心思想的正确导向性、伦理的纯洁性与正面效果，注重教化、训导和规范，强调服从、统一和自身的威严。主导文化在当代中国整个文化系统中起到引导、规范和控制文化发展总体方向的作用。主导文化具有一定的交融性，善于吸收大众文化的娱乐元素和日常生活元素来增强自身的吸引力。在我国，大众文化常常以主导文化为导向，不得违背、抵制主导文化。可见，大众文化与主导文化之间，相互区别，相互依存，相互促进。

精英文化，是生产与消费的主要群体为知识分子，更多地表达了一种理性、反思、批判和提高，追求个性建构、社会人文关怀和审美的永恒价值，具有较高的文化内涵、精神性和理想主义气质。精英文化必须经过刻苦地学习和训练才能领会，因而他们的人数不多，仅限于有共同旨趣的知识分子小团体内部，是普通民众很难接受和分享的文化形态。由知识分子主导的精英文化担当着教化任务，是人文精神与社会理想的重要载体。精英文化中的道德审美价值理想为大众文化的发展提供了价值引领，且其高雅文化因子，常常被大众文化征用，产生优秀大众文化产品。大众文化为精英文化提供相应的研究素材，其传播方式常常被精英文化借鉴而获得发展，二者呈现出相互渗透的趋势。

大众文化，相对于主导文化和精英文化而言，它是满足人们日常感性娱乐需求的感性文化，是借助人们的感官尤其是视听觉而不是理性思维进行传播，并内含感性刺激内容的文化形态，因此又被称为"视听文化"。大众文化与主导文化、精英文化尽管长期共存，但大众文化在一定程度上对主导文化进行消解，调侃主流意识形态叙事，挑战主流道德价值观。然而大众文化的传播方式也值得主导文

化和精英文化借鉴，从而促进主导文化和精英文化的发展。大众文化的接受群体比较广泛，换言之，不论你是工农群众还是市民阶层，不论你是打工者还是白领族，都属于"大众"。因为在中国，大众的概念本来就比较宽泛，包含不同的社会阶层和所有的平民百姓。

民间文化。金民卿认为，民间文化是群众自己创造的、在一定区域流行的、反映群众生活的文化类型[1]。因此，民间文化，极具地域性和民族性。但是，大众文化是在市场经济迅速发展的条件下发展起来的文化，当前的"大众文化"不同于民间文化。正如孟繁华所言，民间文化属于传统意义上的民族性文化，而大众文化是"一种新兴的文化产业"[2]。由此可见，大众文化虽与民间文化不同，但与传统民间文化相通。民间文化通常可以作为文化资源被大众文化吸收和运用，满足大众通俗的审美趣味。

综上所述，从中国的大众文化、精英文化、主导文化和民间文化的上述关系可以看出，它们共同促进了中国文化的多样化发展和民主化趋势。不仅如此，从其联系和区别中，深深地蕴含着中国大众文化具有一般大众文化不同的内涵和特点，是一种符合当代中国国情特征的文化形态。

（五）当代中国大众文化的特殊性：社会主义性和人民性

当代中国大众文化是"民族性和时代性在社会主义大方向下的统一"[3]，具有与西方大众文化根本区别的本质特征：社会主义性和人民性。这也是文艺"二为"方向的内在要求。

首先，当代中国大众文化的根本目的是为社会主义与为人民服务。胡惠林充分认识到意识形态、价值观、生活方式的内在关系，认为"在中国，这三者是有机统一的"[4]。坚持为社会主义服务、巩固社会主义在我国文化领域的主导地位和领导权，是包括中国大众文化在内的所有中国特色社会主义文化的重要目标。而

[1] 金民卿.全球化与中国大众文化[M].北京：人民出版社，2004：173.
[2] 孟繁华.众神狂欢：世纪之交的中国文化现象（最新版）[M].北京：中国人民大学出版社，2009：116.
[3] 朱效梅.大众文化研究：一个文化与经济互动发展的视角[M].北京：清华大学出版社，2003：8.
[4] 胡惠林.文化产业发展的中国道路：理论·政策·战略[M].北京：社会科学出版社，2018：331.

社会主义本身就是为了人，实现人的平等、自由和解放为目的。可见，为社会主义服务和为人民服务之间，是相互贯通的。

其次，当代中国大众文化的内容上具有社会主义性和人民性。当代中国大众文化作为反映我国社会主义现代化实践过程的文化活动及其产品，是我国人民的社会生活实践及其心理感受、情感、价值取向和精神需求的凝聚与表达，体现了中国人民的生活方式和价值观，具有社会主义性和人民性。

再次，从当代中国大众文化的发展来说，当代中国大众文化具有浓厚的社会主义性和人民性。当代中国大众文化在中国大陆兴起的那一刻起，就紧紧围绕国家的基本路线前行，促进了国家经济结构的调整，推动了我国经济的发展。不仅如此，兴起的当代中国大众文化还让人民获得了感性的解放，人们不仅高扬了理想信念，还直面现实的感性人生。让人们全面占有自己的本质，这本身就是马克思主义指导下的文化建设的目的所在。虽然当代中国大众文化在发展过程中存在一些不合理的现象，但是在"新发展理念"[1]的指引下，为满足人民群众对美好生活的向往积极提供文化支持，中国大众文化会走向健康的发展道路。人民对美好生活的向往，内在地要求大众文化具有超越资本主义的社会主义性质，超越资本的宰制和动物的本能，实现人的自由解放和美好生活。对社会主义初级阶段的大众文化来说，通过"新发展理念"的指引，让人民共享大众文化建设成果，并激发全民族的创造活力，促进大众文化有机融入社会主义先进文化建设的洪流，形成雅俗共赏的艺术品格和美学风貌，从而促进人自由自觉地发展。由是观之，新发展理念指引下的大众文化发展，与西方大众文化截然不同，具有社会主义性和人民性。

三、群众文化价值分析

文化是受价值引导的体系，它无时无刻不受价值的引导。人的行为与活动都是在一定的目的和价值标准指引下进行的。人在实践活动中不断地追求真善美，不断地增强人的主体性、自主性和内在的自律性，不断发挥自己潜能促进自我实现和社会进步。真善美的统一，是人类主体心理需要而非生理需要的一种价值形

---

[1]　"新发展理念"是中国共产党的十八届五中全会提出的，包括"创新、协调、绿色、开放、共享"。

式。2018 年 7 月 2 日首映、7 月 6 日各大院线公映的电影《我不是药神》，不仅赢得超过 30 亿元的超高票房，还引发社会公众对进口药品、健康、医保等话题的持续热议，形成舆论热点；在影片首映不到半个月的时间，有关部门加快落实抗癌药降价保供等措施，这些措施随后持续受到社会公众积极评价点赞。此类影视剧的成功，隐含着一个非常重要的原因就是，影视剧以其独特的视听艺术魅力，表达了观众内心深处对真善美的向往与追求，以及对现实生活中假恶丑的憎恨。换言之，从价值论的角度而言，《我不是药神》(2018) 等具有审美价值的大众文化产品满足了人们追求真善美的价值需要，同时也激发了人们对真善美的向往与追求。

（一）大众文化价值及其多样性

大众文化价值和价值一样，是一种价值关系中的存在，是人们所从事的大众文化活动反映出来的一种价值属性。大众文化价值，一般指大众文化的意义或功效，表达的是大众文化满足人和社会需要的主客体关系范畴，大众文化与大众文化主体的关系存在于大众文化价值创造、价值认识和价值实现的价值活动过程中。马克思认为："艺术创造和欣赏都是人类通过艺术品来能动地现实地复现自己。"[①] 由此观之，大众文化价值的创造和实现，都与文化主体自身的条件及其价值选择有关。但是，要培养出有"音乐感的耳朵"，就需要通过实践提高人的素质，提高其欣赏能力，实现"文化化人"的客体主体化倾向，最终促进人的全面发展。用马克思的观点则是，"那些能成为人的享受的感觉，即确证自己是人的本质的力量的感觉，才一部分发展起来，一部分产生出来"[②]。

大众文化具有不同的文化表现形式，不同表现形式的大众文化具有不同的审美价值。比如，就算同是电影类作品也会因为反映不同的题材和年代以及受不同的电影制作人的价值观等影响，各类电影作品的具体价值也有所不同，更何况这些作品还会遇到不同的受众群体。因此，大众文化价值具有多层次、多方面的价值因素和价值内涵，呈现出丰富多样的特点。大众文化价值的多样性，决定了大众文化产品中精华与糟粕、健康与低俗交织其间。具有假恶丑价值倾向的大众文

---

① 转引自：赖大仁. 当代文学批评的价值观 [M]. 北京：社会科学文献出版社，2013：26.
② 马克思恩格斯文集（第 1 卷）[M]. 北京：人民出版社，2009：191.

化对人和社会起到负面影响，那些具有真善美价值倾向的大众文化产品对人和社会具有积极作用。所以，要保障人的健康发展，培养向上向善的价值观，需要有健康的大众文化作为精神食粮。换言之，鱼龙混杂的大众文化需要价值引领，增强人们对真善美的价值认同，才能保障自己的健康发展，促进人的发展和社会进步。

（二）大众文化价值观

文化价值观是"一个民族、一个国家、一种文化所体现的关于生活方式、社会理想、精神信仰的基本取向"①，是人们在社会生活与文化生活中对价值作出的判断，是判断是非的"共同基准线"②。具体而言，"什么样的东西值得珍惜，什么样的东西不值得珍惜？什么样的生活有意义，什么样的生活没有意义？都与人们的价值取向密切相关"③。文化价值观，是在一个国家、民族范围内，体现该国民族精神的具有普遍性和共识性的价值观，是被社会大多数成员认同和遵守的价值观。有了人们普遍认同和遵守的文化价值观才能保障一个稳定的国家和民族文化秩序。

大众文化价值观相对文化价值观而言，更具有多元多样性。但多元多样的大众文化价值观需要遵守文化价值观统领下的文化价值秩序，不得违背真善美的价值取向目标。何谓大众文化价值观？就是大众文化中所弥散、折射出的价值取向④。作为面向社会大众并反映其日常生活的文化形态，"它的确又包含一种表达基本的、普遍的民众精神和情感的内涵"⑤，因此，具有一定的文化性。换言之，大众文化作为人们日常生活的文化表达，体现着人们丰富的文化需求和文化想象，寄托着人们多元多样的文化态度和价值取向。大众文化价值观是人们的价值取向在大众文化中的体现。人们的价值取向不同，对事物的认识、选择就有差

① 贾磊磊. 中国电影的文化价值观 [N]. 人民日报，2013—11—01（024）.
② 贾磊磊，何晓燕. 历史光影中的波诡云谲：当代中国古装历史影片的文化价值观 [J]. 电影艺术，2013（4）.
③ 贾磊磊. 中国电影的文化价值观 [N]. 人民日报，2013—11—01（024）.
④ 李明. 当代大众文化建设研究：基于科学发展观的视角 [M]. 北京：中央编译出版社，2018：198.
⑤ 肖鹰. 中国文化的问题在精英文化取向的下滑——兼论精英文化与大众文化的互动 [J]. 探索与争鸣，2012（5）.

异。正如湛蓝的天空和繁星闪烁的夜晚，相对今天的绝大多数人来说是一道美丽的风景，并刷爆当天微信朋友圈等网络社交平台；但相对以往饥肠辘辘的部分人来说，是没有用的，因为他们更关注食物以满足他身体的需要，而不是对他的精神的满足。于是由多种多样价值取向汇成的大众文化百花园里，受着不同文化价值观的引导。积极向上的价值观是大众文化健康发展的精神支柱，催人奋进，促人向上。反之，消极低下的价值观是大众文化走向媚俗、庸俗和低俗的魔杖，进而损毁人的精神，不利于人的自我实现和社会发展。因此，大众文化要实现健康发展，需要积极向上的价值观的引领；在此基础上吸引大众、感染大众，让其接受、认同积极向上的价值观，进而整合社会多元多样的价值观，形成社会价值共识，促进大众文化的社会效益和经济效益的充分实现。

四、群众文化需要引领的必要性

（一）价值导向与价值取向

价值导向与价值取向是具有内在关联的范畴。价值取向是主体根据价值观念在价值选择过程中所期求的目标价值。当主流文化在引导人们作出自己的价值判断时，这种价值取向就称之为价值导向[①]。价值导向对人的认知和行为都有一定的导向功能，即引导人们应该做什么。但价值导向是社会性的，代表社会提出的价值要求，是指由一定的社会集团所倡导而纳入主导价值体系、成为追求方向的价值取向。社会主义核心价值体系和社会主义核心价值观是当今中国的主导价值体系。社会主义核心价值观既是个人的德，又是国家和社会的德，是一种大德。社会主义核心价值观既是我国主流意识形态的核心，同时也是我国人文精神的核心，具有鲜明的人文道德价值内涵。因此，在当代中国，发展大众文化应当坚持社会主义核心价值观的价值导向。

价值导向和价值取向之间是普遍与特殊、一元和多元的关系。社会中的每个人是异质性的多样化的个体，不同的人有不同的价值诉求，这就决定了社会中的价值取向具有多元多样性和复杂丰富性。人的价值取向与个人情绪、愿望、兴趣甚至嗜好等密切相关，因而价值取向带有明显的主观随机性、任意变动性。但众

---

① 金盛华，辛志勇. 中国人价值观研究的现状及发展趋势 [J]. 北京师范大学学报，2003（3）.

多的价值取向不可能离开价值导向，要受到价值导向的指导、规范和约束[①]。具有多元价值取向的中国大众文化，要获得健康向上的发展，需要坚持正确的价值导向，传递真善美和向上向善的价值观，实现文化化人育人的价值引领功能。

（二）中国大众文化价值取向以求真、向善、尚美为理想目标

"任何文化形态的价值取向的理想目标概括起来不外三种：真、善、美"[②]。大众文化向真善美靠近的过程，就是文化进步的过程，也是人类向自由迈进的过程，实现真善美对大众文化的价值引领。将真善美引入大众文化的价值引领中来探讨，需要我们理解清楚深藏在大众文化中的具体价值内涵。

第一，求真的价值取向。

何谓"真"？不同学者有不同的阐释。西方文化哲学中，"真"即真实，与虚假相对，既指与客观事实相符合；又指真知，是真实的道理，从属于理念世界。"求真"即"求知"，就是超越一般性的真实而达到对真理的把握。求真的过程就是运用理性思维的过程，"求知是所有人的本性"[③]。古希腊时期，围绕着文艺中的"真"的问题，柏拉图和亚里士多德经过了一场激烈的论战。柏拉图提倡抽象的理念的真，反对具体的现实的假，并从理念来思考文艺与现实的关系。柏拉图认为文艺是对现实世界的模仿，而现实世界是模仿理念世界的，因此文艺与"真"相去甚远。文艺在功能上并不能增强人的理性，相反只能对其损毁。柏拉图的抽象的理念遭到亚里士多德的反对，并被亚里士多德认为是一种虚假的存在。亚里士多德将活生生的现实和人生看作为真实的存在，认为模仿是文艺的本质。文艺是模仿现实中的人，文艺既要模仿现实中的感情事实、人的性格、遭遇和人的行为，也应该超越现实，创造出"比实际更理想"的真善美。据此，亚里士多德反对消极的摹写，主张文艺创作应当是一种创造，而不是拘泥于事实，只要合情合理就能产生理想的艺术效果。因此，文艺模仿现实和人生一定会提供生活的真谛，启迪人的理性和智慧。

在中国古代，人们普遍认为真与之相对应的则是道家的"道"和儒家的

① 孙正聿. 人的精神家园 [M]. 南京：江苏人民出版社，2014：170.
② 邹广文. 当代中国大众文化论 [M]. 沈阳：辽宁大学出版社，2000：185—186.
③ 亚里士多德. 形而上学 [M]. 苗力田译. 载亚里士多德全集（第7卷）[M]. 北京：中国人民大学出版社，1991：27.

"诚"。强调"修辞立其诚"(《易·乾》),即著文要抒情言志,表达真情实感,做到文以载道、传道等,表现文艺的认识作用。其实在中国古代也强调"真",比如《庄子·渔父》中就写道:"真者,精诚之至也,不精不诚,不能动人。"可见,文艺中的"真"应当说是对象的规律性和主体的真理观("真诚""真情""真知"和"真感")这两方面的有机融合与和谐统一。

赖大仁通过研究对上述两个方面进行拓展,真包含:"一是反映真实,这就是看文艺作品是否真实描写人生的真正面目。二是表现真情,这就是看文艺作品是否表现了作者的真切体验。三是揭示真理,这就是看文艺作品是否能够表现生活本质,给人以深刻的思想启示。"①可见,"真"在文艺中既包含理性的"真",又包括情感的"真"。这种情感的"真"和理性的"真"通过感性的形态和方式结合起来,达到"真"的和谐统一。正如乔山先生所言,"只有将文艺中的'情感'的'真'同'理性'的'真'通过'直觉'和'感性'的形态和方式结合起来,达到和谐与统一,才能给作品带来强烈的感染力和巨大的说服力。"②由是观之,"真",追求文化产品的合规律性,向人们提供的是一种认识的内在价值和精神价值,是对本能的升华和指向未来的超越意义的"真知"。

第二,向善的价值取向。

东西方文化中,"善"都属于伦理道德范畴,强调文化作品的合目的性,是狭义的价值观,具有道德价值(精神价值)。在西方文化传统中,苏格拉底认为,理性的目的就是善,苏格拉底主张美善的简单同一。柏拉图认为好文章是"把真善美的东西写到读者心灵里去,只有这类文章才可以达到清晰完美"③。贺拉斯提出"寓教于乐",使人在"娱乐中得到教益"④。这里实际上提出了文艺的双重价值:教育功能和娱乐功能,即文艺在给人快感的同时,承担教化的使命。

在中国文化传统中,"善"主要是伦理道德意义上而言的,与"恶"相对,通常指善良、友善等。文艺坚持表现道德的内容,尤其是政治道德的内容。孔子的文艺观中,强调"思无邪",即思想"归于正"的"仁"和"礼",没有邪念。孔子把"礼"作为最高的伦理道德标准,以伦理道德平衡文学。文化知识再多,文学修养再好,最后还得用"礼"来调和、平衡、约束。除此之外,孔子还坚持

① 赖大仁.当代文学批评的价值观[M].北京:社会科学文献出版社,2013:77.
② 乔山.文艺伦理学初探[M].北京:高等教育出版社,1997:59.
③ [古希腊]柏拉图.文艺对话集[M].朱光潜译.北京:人民文学出版社,1963:174.
④ [古罗马]贺拉斯.诗艺[M].杨周翰译.北京:人民文学出版社,1962:152.

以善的内容平衡美的形式，强调尽善尽美。

从中西方的文化传统中对善的理解可以看出，善是道德意义上的对他人和社会有益，给人提供教益。大众文化产品表现的"善"，既要帮人形成善念，又要教人形成正义感，协调人们彼此间的相互关系，以求和谐相处、互补共生，促进社会进步。

第三，尚美的价值取向。

在中西文化传统中，美和善基本上是统一的。苏格拉底坚持美善的简单统一，认为有用的就是善的和美的。在苏格拉底看来，"任何一件东西如果它能很好地实现它在功用方面的目的，它就同时是善的又是美的，否则它就同时是恶的又是丑的"[①]。相反，在柏拉图看来，美不是有用或者有益，而是"美本身""美的理念"。柏拉图非常重视文艺的社会价值，反对淫秽放荡的作品，要求文艺必须有益于社会，为人们提供优美健康的文化环境，否则相关诗人和艺术家就不得在所在城邦开业。柏拉图强调"诗不仅能引起快感，而且对国家和人生有效用，诗不但是愉快的，而且是有益的"[②]。亚里士多德强调美的愉悦作用，如音乐可以使人感到轻松舒畅，获得精神方面的享受[③]。而美之所以引起快感，正因为它是善。

在中国古代，最早的审美观是美善合一。孔子提出美善统一、尽善尽美，有时还强调美善通用，美就是好的品德和好事善事。可见，孔子的审美观，着重强调的是善，认为善是美的基础、内容和目的。换言之，离开了道德要求的善，美就不能成为真正的美，而变成一个空壳。孟子在继承孔子的美善统一基础上，提出"善、信、美、大、圣、神"的人格发展六阶段说，其中，善和信是个体人格善的内容，人格美是人格善的必要发展。庄子认为，美的本质特征是自然无为，他崇尚自然本色之美，将天籁看作是最美的音乐，认为只有自然本色的艺术才是最高最美的艺术。

可见，不论中外，文艺中的美，既包括自然环境的美，也包括社会生活中的美好事物和现象，尤其是以善为核心的人的内在美或称为人格美，还包括美的形式、结构和叙事方式等。正如刘锋在分析审美愉悦的三个层次时指出的那样，悦耳悦目是感官层次的低层次的审美状态，悦心悦意和悦志悦神是一种伦理美感的

---

① 凌继尧. 西方美学史 [M]. 北京：北京大学出版社，2004：21.
② 李醒尘. 西方美学史教程 [M]. 北京：北京大学出版社，1994：26.
③ 北京大学哲学系美学教研室. 西方美学家论美和美感 [M]. 北京：商务印书馆 1980：45.

高层次的审美状态，将起到净化情感和使心灵高尚的作用[①]。"美的特点并非刺激欲望把它点燃起来，而是使它纯洁化"[②]。由此看来，文化中的"美"，并不只限于人的感官层面的美，而是一种升华，一种内在的精神价值，将人类不断推向解放和超越，实现人的本质力量的提升。

综上所述，文艺中的"真""善""美"虽然各有其独特的价值取向，但三者又不可能完全脱离和相互独立开来。作为文艺内在精神价值的真善美，是从古至今的不变追求，是人类文化和人类发展的核心价值。因此，我们有必要了解传统的真善美的价值内涵，又要结合新的时代精神，对大众文化中的内在精神价值进行探讨，批判、抵制其中的假恶丑的价值倾向，实现大众文化价值引领，最终实现文化化人、育人的价值引领功能。

（三）中国大众文化价值引领的必要性和重要性

当今中国，大众文化既反映人们的日常生活，又深深嵌入和影响人们的日常生活，引导和塑造着国民的精神世界。在塑造国民价值观方面，大众文化的影响和作用远远超过主导文化和精英文化。面对当今大众文化价值观多元多样且部分大众文化陷入价值观迷乱、扭曲和低迷的状况，如何引导大众文化的价值观？问题的解决，尤其需要重视先进价值观或社会主义核心价值观的支撑和引领作用。从价值论的价值创造层次看，大众文化生产、传播要将社会主义核心价值观和真善美的道德审美价值融入大众文化产品，形成正确的价值导向，促进大众文化沿着先进文化的前进方向积极健康向上发展。在此基础上，实现大众文化塑造人、提升人的育人化人作用。

1. 大众文化价值引领概念分析

关于引领，邱仁富从内涵、主观意愿和价值理性三个方面进行了理解。第一，从内涵上看，引领更加强调引导者自身的先进性和引领能力，即用先进的方面（而并非一定是主要或主导的方面），引导、带领其他方面朝一定的方向发展。第二，从发生学的角度看，引领是先进的事物在多样性事物竞争中脱颖而出，成

---

① 刘锋. 伦理美学：真善美研究 [M]. 天津：百花文艺出版社，1998：58.
② 北京大学哲学系美学教研室. 西方美学家论美和美感 [M]. 北京：商务印书馆 1980：231.

为其他事物的引领者，呈现的是一种自然而然的过程。引领的方式不靠强制，而是自愿地接受和认同。第三，从价值理性上看，引领强调的是一种价值理性，反映出人文精神和时代精神的辩证统一。其中，引领有意识形态的引领，也有非意识形态的引领，是引导、牵引和批判的辩证统一[①]。

根据邱仁富对引领的理解，本文认为，在当代中国，大众文化价值引领，就是要将反映人文精神的时代性和时代精神的人文性相结合的，社会共同认可的先进文化价值观或社会主义核心价值观引导、规范、整合大众文化，批判、抵制假恶丑的价值倾向，促进中国大众文化向先进文化方向靠拢和升华，积极在取悦人、适应人的过程中塑造人、提升人，从而达到育人化人作用。大众文化价值引领包括两个层次。

大众文化价值引领的第一个层次是价值创造层次的价值引领，即大众文化生产、传播要将社会主义核心价值观和真善美的道德审美价值融入大众文化产品，引导、规范、整合大众文化，批判、抵制假恶丑的价值倾向，促进中国大众文化向先进文化方向靠拢和升华，实现大众文化的积极健康向上发展。文艺是当今中国民族精神和时代精神的人文性表达，以人的发展为目的，是能够被社会广大民众认可和践行的先进价值观。因此，社会主义核心价值观和真善美（上文对真善美有相关论述，此处不予赘述）是能够引领中国大众文化沿着先进文化前进方向积极健康向上发展的。

大众文化价值引领的第二个层次就是价值实现层次的价值引领，即大众通过消费大众文化，实现大众文化在积极取悦人、适应人的过程中被人们心甘情愿地接受和认同，从而达到塑造人、提升人，实现文化化人育人的作用。因为大众文化不是其他文化形态，娱乐性、通俗性是其内在属性，它要求大众文化取悦于人，并适应人的文化接受心理和成长规律；同时作为我国文化体系中的一员，大众文化的文化性胜于其商业属性，以确保社会效益首位，因而大众文化在塑造人中必须提升人，不断丰富人的精神世界、塑造健全人格、开发人的潜能、提升人的本质力量，实现文化化人育人的价值引领功能。

大众文化两个层次的价值引领是相互联系、相互统一的。第一个层次的价值引领的直接目的，即促进大众文化向先进文化方向靠拢和升华，实现大众文化积极健康向上发展；其根本目的是实现大众文化丰富人的精神世界、塑造健全人

---

① 邱仁富.引领：社会主义核心价值体系的关键词 [J].中国特色社会主义理论研究，2009（1）.

格、开发人的潜能、提升人的本质力量的化人育人作用。可见，第一个层次的价值引领是第二个层次价值引领的前提，第二个层次的价值引领是第一个层次价值引领的目的和归属，它们都统一于人的发展和社会进步。我国大众文化两个层次方面的价值引领的实现，都要求我们坚持真理尺度和价值尺度，即坚持尊重我国大众文化的生产传播规律和人们的消费接受规律，坚持真善美的价值尺度，实现大众文化价值引领的合目的性与合规律性的统一。

2.大众文化价值引领的必要性和重要性

大众文化价值引领的价值生成和价值实现两个层次，要求我们在研究中，善于辨别大众文化的价值观，明晰大众文化有什么样的价值取向，才能在价值引领中做到有的放矢。我国绝大部分大众文化的价值观是契合我国主流文化精神的，在日常生活中能够承担价值引领的责任。但还是有部分大众文化片面追求文化商品的功利价值取向，过于追逐经济利益，忽视其文化价值的真善美取向，一味迎合娱乐需求，故意"适应""激发"部分人的低级审美趣味，炮制庸俗、媚俗、低俗的文化产品，造成娱乐泛化，降低文化格调。因此充盈着"三俗"现象和泛娱乐化的大众文化，不能承担大众和社会价值取向的引领之责。与此同时，处于全球化发展过程中的大众文化，有的文化产品不顾中国实际和民族精神，以洋为美，照搬、模仿具有西方文化价值的大众文化，造成中国大众文化在价值方面的失真状态，在精神家园中迷失了价值方向和文化自我。如何引导、规范大众文化的操作，牵引它向更加健康积极向上的方向发展，这就要求我们在实践中回答人类是否还需要对自身命运与精神的终极关怀[1]。文化的发展也就是人的发展，因此，大众文化的发展，需要着眼于提高人的素质、塑造健全人格、提升人的本质力量的目的，实现大众文化的育人化人功能。

面对大众文化领域的问题，需要有积极向上充满正能量的价值进行引领，给人们提供积极健康的大众文化环境，实现大众文化的价值引领责任：化人育人功能。而引领的前提，不只是要求自身正确，而且要符合人自身的精神文化满足需求和发展需求，适应社会文化心理可接受的程度。这就要求我们的大众文化不只是要适应大众文化心理，还要提高大众审美文化素养，实现大众文化的审美教育

---

① 金元浦.回到起点：恶魔还是福音——大众文化30年再思考[J].中国中外文艺理论学会年刊，2010（4）.

功能，增强人的自由创造的本质力量。因此，注入大众文化中的价值是大家公认的共享性的公共价值，是能给大家带来公共的文化利益的价值，具有价值引领的本领和能力。正如仲呈祥所言："只有通过以文化人，把人的素质'化'高，才能使人民基本文化权益得到更好保障。"[①] 这就要求中国大众文化的发展必须坚持社会主义核心价值观和真善美的道德审美价值的引领，在此基础上塑造健全人格、提高人的素质，提升人的本质力量，实现文化化人育人的价值引领作用。

① 仲呈祥，张金尧. 以先进文化引领大众文化 [N]. 人民日报，2011—08—02（024）.

第二章　群众文化建设研究的理论基础和借鉴

　　文化是化人素质、养人心境、引领风尚的重要精神资源。在新时代，人们接触最多的是大众文化，几乎可以说，人们是被大众文化包围着的。在当今中国，大众文化已经成为人们的重要生活方式，是人们精神力量的重要构型者。然而，面对"正风光无限地走秀在中华文化的 T 型台上"[①]的大众文化，能实现对社会的价值引领吗？怎样才能实现对社会的价值引领？这是新时代文化建设面临的一项重要任务。

　　因此，要做好本论题的研究，需要我们明白大众文化价值引领的理论溯源，发掘经典马克思主义和中国化马克思主义关于文化和文化建设的相关理论及其当代价值，充分借鉴西方马克思主义关于大众文化价值引领理论的有益成分，并创造性地开辟适合中国大众文化健康发展的理论资源，增强我国文化自信，是新时代的理论工作者必须思考的紧要问题。

一、马克思主义经典作家的文化理论

　　从观赏性的角度看，大众文化在中国本土呈现勃勃生机的繁荣局面；但从思想性、艺术性和价值取向的有机统一而言，我国部分大众文化还存在价值混乱与价值错位、是非善恶美丑不分、浮躁粗俗、娱乐至上、唯市场化等不良问题，价值引领任务艰巨紧迫。该问题的出现，在某种程度上突显了大众文化理论发展的不足。这的确需要我们从当代中国文化发展的进路，挖掘马克思主义经典作家的文化理论，为新时代中国大众文化健康向上的发展奠定坚实的理论基础。

---

① 彭松乔．"当代性"：建构当代形态马克思主义文艺学的核心命题 [J]．学术论坛，2010（8）．

（一）马克思恩格斯的文化理论

"马克思主义思想体系的最大弱点在于没有文化理论"[①]。的确，在马克思主义经典作家那里，既无一本系统的文化专著，也无清晰明确的文化定义，甚至很少提及"文化"一词[②]，但不能认为他们不重视文化问题。其实他们非常重视文化问题，在他们那里，"文化"一词在特定语境下是可与"文学""哲学""艺术""意识形态""精神生产""文明"等词互释互用。在马克思恩格斯那里，社会劳动是"财富和文化的源泉"[③]，人的社会劳动创造了文化，即"人化"。换言之，文化是"按照'人'的标准和理想改变人自身及其世界，使之美、善、雅、文明，等"[④]。文化的本质，从哲学上讲就是实践基础上主体人的客体化和客体主体化的辩证统一。由此可以看出，文化"是人的一切活动领域和社会存在领域中内在的、机理性的东西"[⑤]。正是从人的生存方式出发，马克思恩格斯站在历史唯物主义的高度，深刻阐述了其文化理论。

马克思说："我们首先应当确定一切人类生存的第一个前提也就是一切历史的第一个前提，这个前提就是，人们为了能够'创造历史'，必须能够生活，但是为了生活，首先就需要衣、食、住以及其他东西。"[⑥]在这里，马克思恩格斯把包括文化史在内的一切历史产生和发展的前提认为是物质生产实践，而不是观念。这是马克思批判与他同时代的德国文化人类学关于从心灵方面进行文化发展史论述的基本立场。这也说明了马克思恩格斯在文化方面坚持的是一种实践基础上的以现实的人为出发点的唯物史观，而不是唯心史观。"哲学家们只是用不同的方式解释世界，问题在于改变世界。"[⑦]人类改变世界和人本身的劳动实践是观念、文化得以产生的源泉。其中改变世界首先是改变物质世界，"生产物质生活本身"。现实的物质世界和物质资料的生产是文化产生的源泉和基础。"物质生活

---

① [美]丹尼尔·贝尔.资本主义文化矛盾[M].严蓓雯译.南京：江苏人民出版社，2012：354.
② 有学者曾做过相关文献学意义上的统计工作，以《马克思恩格斯全集》中文第一版（共50卷）为例，"文化"一词在全集中分布状况是：7卷零状态（14%），34卷有1—5处（68%），7卷有6—9处（14%），2卷有13—15处（4%），零状态与极少量状态占82%。详见：黄力之.马克思主义与资本主义文化矛盾[M].开封：河南大学出版社，2010：64—65.
③ 马克思恩格斯文集（第3卷）[M].北京：人民出版社，2009：430.
④ 孙美堂.从价值到文化价值——文化价值的学科意义与现实意义[J].学术研究，2005（7）.
⑤ 衣俊卿.文化哲学十五讲[M].北京：北京大学出版社，2004：38.
⑥ 马克思恩格斯文集（第1卷）[M].北京：人民出版社，2009：531.
⑦ 马克思恩格斯文集（第1卷）[M].北京：人民出版社，2009：502.

的生产方式制约着整个社会生活、政治生活和精神生活的过程"①，即使是物质资料的再生产，也同样是文化发展的条件和基础，并且改变了人本身。马克思说："在再生产的行为本身中，不但客观条件改变着……而且生产者也改变着，炼出新的品质，通过生产而发展和改造着自身，造成新的力量和新的观念。"②可见，物质资料的再生产，不仅改变了物质世界；而且人通过再生产方式生产出更为广泛的社会交往形式、更为强大的生产力和人的精神力量。换言之，"人的文化发展及其形态的变更，归根到底依赖于现实的个人及其物质生产实践，人的生命存在和实际生活便获得了文化理论本体的确认"③。文化的本质就是主体人的客体化和客体的主体化的辩证统一。

但是，文化的发展呈现出"或慢或快"的不同步性与自身的规律性。文化自产生以后，就具有一定的自足性和相对独立性。马克思明确表示文化等上层建筑虽然也会随着经济基础的变更而发生变化，但其变化与经济基础的变化并不同步，呈现为"或慢或快"。进一步来说，马克思认为文化的变革发展不同于物质生产的变革发展。文化的变革发展，是不能用自然科学的精确性来表示的，而是以自身的文化的、意识形态的方式感知、认识，并力求克服社会革命和因全部庞大的上层建筑因或快或慢的变革而产生的一系列冲突。可见，文化、意识形态对社会发展的推动作用并不下于经济基础。且相对于物质生产变革，文化的变革发展表现出了自身的内在规律和发展逻辑，具有一定的自足性和相对独立性。

此外，文化的自足性还体现在文化生产与物质生产的发展之间的不平衡性。马克思通过对希腊艺术和史诗的研究，阐述了这种"不平衡"关系，认为经济基础在社会生活中固然发挥着决定性作用，但是精神文化生产的自足性，不仅仅反映了一个时代，一种社会生活，它具有穿越时空、超越历史和国界的文化价值。马克思对古希腊黄金时代形象的古典文化想象，可以远高于现代资本主义的物质文明。换言之，资本主义的生产方式，并不是产生优秀文化的良好土壤。

资本主义生产方式，将一切神圣的事物变得不再神圣了，把家庭的温情和人的尊严等通过利己主义的算计，变成纯粹的、冷酷无情的金钱关系。医生、律师等人变成了被金钱招雇的雇用劳动者。他们的劳动连同所有人以及人与人之间的

---

① 马克思恩格斯文集（第2卷）[M]. 北京：人民出版社，2009：591.
② 马克思恩格斯文集（第8卷）[M]. 北京：人民出版社，2009：145.
③ 胡海波、郭凤志. 马克思恩格斯文化理论的革命性变革 [J]. 学术交流，2009（6）.

关系都被异化了。人们完全拜倒在满足动物性欲望的物质利益面前。人们超越性的精神和情感等被物欲奴役，精神文化生活被金钱奴役。资本的逻辑笼罩着整个世界，支配着物质生产和精神生产。此时，"资本主义生产就同某些精神生产部门如艺术和诗歌相敌对"①，物质的成分逐渐取代资本主义文化价值中的精神性部分。可见以资本逻辑驱动的资本主义文化生产，将人推向异化，并向动物方向退化，是一种典型的倒退的文化生产，危害人的主体性存在方式。

马克思认为："动物只是按照它所属的那个种的尺度和需要来构造，而人却懂得按照任何一个种的尺度来进行生产，并且懂得处处都把固有的尺度运用于对象。"② 由此可以看出，人与动物是有天壤之别的。人能够根据自身多样性的需求和不同事物的、精神的发展规律，在劳动实践中改变客观世界和主观精神世界，推动事物发展、文化进步，增强人的主体性。"从本源上说，人才是文化发展的最本质的原因"③。人创造了文化，同时文化也成就了人的发展，并以人的发展为最终目的。

由此可见，马克思恩格斯的文化理论，强调文化的本质是实践基础上主体人的客体化和客体主体化的辩证统一，是真理尺度和价值尺度的辩证统一，是价值创造和价值实现的统一。一句话，人创造了文化，同时文化也成就了人。当代中国大众文化作为文化的构成部分，在价值创造方面需要真善美的价值融入大众文化，才能促进大众文化的价值实现，发挥大众文化对人的塑造和提升作用。

（二）列宁的无产阶级文化理论

列宁的无产阶级文化理论，是在马克思主义指导下结合俄国革命建设实践产生的先进文化理论。该理论分别讲述了什么是无产阶级文化，无产阶级文化的价值引领方式和途径分别是"先进文化外部灌输"和"文化革命"，并充分发挥知识分子和无产阶级政党在先进文化中的价值引领作用，坚持社会主义性、人民性与党性的有机统一，以提高国民的先进文化意识和素质。

首先，什么是无产阶级文化。列宁将无产阶级文化视为先进文化的标志，认

---

① 马克思恩格斯全集（第33卷）[M]. 北京：人民出版社，2004：346.
② 马克思恩格斯文集（第1卷）[M]. 北京：人民出版社，2009：163.
③ 马晓燕，单连春. 论精神文化发展的动力 [J]. 东北师大学报（哲学社会科学版），2007（3）.

为是人类智慧的结晶。列宁在《关于无产阶级文化》一文给无产阶级文化进行了详细定义："马克思主义这一革命无产阶级的意识形态赢得了世界历史性的意义，是因为它并没有抛弃资产阶级时代最宝贵的成就，相反却吸收和改造了两千多年来人类思想和文化发展中一切有价值的东西。只有在这个基础上，按照这个方向，在无产阶级专政（这是无产阶级反对一切剥削的最后的斗争）的实际经验的鼓舞下继续进行工作，才能认为是发展真正的无产阶级文化。"[①] 在这里，可以分析看出列宁的无产阶级文化具有如下特点。它首先肯定是马克思主义的文化具有世界历史性意义。第二，它并非来自天国，亦非一种任意的杜撰，而是既往文化在无产阶级专政时代之下的，体现无产阶级时代精神的新形态，是对人类既往文化成果（包括资本主义文化成果）的继承、改造和发展，具有开放性；是通过反对以往的和现在的阶级压迫和一切剥削的实践运动的结果。第三，无产阶级文化是马克思主义和无产阶级专政的结合，是理论与实践的完美结合；也只有这样，无产阶级文化才能发展。换言之，列宁将具有无产阶级性质的社会主义文化，由以往马克思主义的理论阶段，推向了列宁时代的实践阶段，并继续在马克思主义指导下，在俄国的无产阶级专政的实际斗争中，不断推进无产阶级文化的发展。它也体现在列宁的"先进文化外部灌输理论"中。

其次，关于"先进文化外部灌输理论"与知识分子作用的论述。列宁提出社会主义理论不可能在工人阶级中自发产生，必须从工人运动实践中，坚持运用"先进文化外部灌输"的方法，输入阶级政治意识等。该理论同时也折射出了先进的知识分子作为价值引领者的历史担当。列宁说："阶级政治意识只能从外面灌输给工人，即只能从经济斗争外面，从工人同厂主的关系范围外面灌输给工人。"[②] 列宁还说："社会主义学说则是从有产阶级的有教养的人即知识分子创造的哲学理论、历史理论和经济理论中发展起来的。"[③] 在这里，列宁深刻意识到了，在阶级社会中，一切意识形态必定带有阶级的印记，任何时候也不能有非阶级或超阶级的意识形态。对当时的无产阶级来说，如果不向他们灌输社会主义意

---

① 列宁选集（第 4 卷）[M]. 北京：人民出版社，2012: 299. 还可参见：列宁在《青年团的任务》中提到，"只有确切地了解人类全部发展过程所创造的文化，只有对这种文化加以改造，才能建设无产阶级的文化，没有这样的认识，我们就不能完成这项任务。……无产阶级文化应当是人类在资本主义社会、地主社会和官僚社会压迫下创造出来的全部知识合乎规律的发展。"详见：列宁选集（第 4 卷）[M]. 北京：人民出版社，2012: 285.
② 列宁选集（第 1 卷）[M]. 北京：人民出版社，2012: 363.
③ 列宁选集（第 1 卷）[M]. 北京：人民出版社，2012: 317—318.

识形态，那么无产阶级的思想只能被资产阶级意识形态强化。因此先进文化的外部灌输理论，也是无产阶级政党行使文化领导权的重要表现。与此同时，即便是对无产阶级进行社会主义意识形态的外部输入，在其最初阶段还只得靠觉醒过来的资产阶级知识分子。由此我们可以看出，人的素质的提高，一方面需要先进文化的积极引导和塑造，另一方面还得有知识分子自觉担负起这个社会历史责任。否则，落后的不健康的文化将会影响人的素质的提高，甚至破坏人的精神健康。

第三，无产阶级文化要坚持布尔什维克的党性和国家与人民至上性统一，接受党的监督。列宁认为，无产阶级文化事业需要坚持社会主义思想，坚持布尔什维克的党性和国家与人民至上性统一，积极服务广大劳动人民，反对以物质、名位等私利为目的的功利性，以摆脱资本的控制和个人主义，实现提高劳动人民的文化水平的价值引领之责。列宁说："对于社会主义无产阶级，写作事业不能是个人或集团的赚钱工具。"① 无产阶级文化，"不是私利贪欲，也不是名誉地位，而是社会主义思想和对劳动人民的同情。这将是自由的写作"②。自由的写作摆脱了资产阶级金钱买卖关系的俘虏，从属于无产阶级事业，应接受党的监督③，以保障其党性和群众性（人民性）。在这里，"受党的监督"，实质上就是坚持党的领导。

此外，列宁积极开展教育推广，实施文化革命，提高工农阶级文化水平，提高国民素质。无产阶级政权建立之后，列宁根据俄国一穷二白的实际情况，突破阶级属性、超越阶级意识，在国内积极推行"文化主义"，实施文化革命和文化普及，提高识字率改变俄国的文盲状态，学习包括资本主义文化在内的一切先进文化，提高工人阶级和农民阶级的文化水平。列宁提出，要实现经济上的合作化，需要将文化主义由工人阶级扩大到农民阶级，在农民中开展文化革命，提高农民的文化水平和素质④。

通观列宁的无产阶级文化理论可以看出，在列宁心中无产阶级文化就是先进文化的标志。不论是"先进文化外部灌输"，还是"文化革命"，贯穿其始终的是文化的为人民服务、提高国民素质的价值取向和反对文化的物质功利倾向，都强调了先进文化的价值引领作用。在"先进文化外部灌输"理论中，也特别突出了

① 列宁选集（第1卷）[M]. 北京：人民出版社，2012：663.
② 列宁选集（第1卷）[M]. 北京：人民出版社，2012：666—667.
③ 列宁选集（第1卷）[M]. 北京：人民出版社，2012：665.
④ 列宁选集（第4卷）[M]. 北京：人民出版社，2012：773.

作为先进文化价值引领者的知识分子的作用。除知识分子作为价值引领的主体外，还有无产阶级政党，他通过文化领导权方式引导、监督文化活动及其发展。在文化发展过程中，要始终坚持社会主义性、人民性和党性的统一。无产阶级政权建立后，列宁打破阶级偏见，超越阶级意识，坚定文化自信，与时俱进地以文化主义的方式向工人阶级和农民推行教育，学习包括资本主义文化在内的一切先进文化，提高国民文化素质和水平。

二、西方马克思主义关于大众文化的理论

西方大众文化理论由西方工业文明演变而来，并先后形成各具特色的大众文化研究流派。其中在世界上影响力较大的有法兰克福学派和伯明翰学派等。总体来说，西方马克思主义关于大众文化的理论，经历了对大众文化的反思批判到为大众文化辩护并表达对启蒙以来的现代主义的不满。

（一）法兰克福学派的大众文化批判理论

法兰克福学派是西方马克思主义的重要流派之一。法兰克福学派认为，大众文化是一种泯灭个性的快感文化，对大众起到的是麻醉剂的作用，是用来维护社会权威的工具。

阿多诺坚持从文化的本义上使用文化，认为真正意义上的文化，是尊重人的，不只是满足人的需要，还要反抗对人的操控与宰制。因此，他不愿意用"大众文化"一词研究大众文化，而改换成了"文化工业"一词。在阿多诺心目中，文化工业"指的是事物的标准化，发行技术的合理高效化，而不仅限于制作过程"[①]。文化工业的手段和目的与工业生产方式相似，它是一种大批量生产的，具有标准性和复制性的工业社会的文化成果，以创造消费使用价值、获得经济效益。在垄断资本主义社会下，所有人都被大众文化无所不在地操控着。他们"从一开始，在工作时、在休息时，只要他还进行呼吸，他就离不开文化工业的产

---

① [德] 西奥多·W. 阿多诺. 文化工业述要 [J]. 赵勇译. 贵州社会科学，2011（6）.

品"[①]，被文化工业收编。所有大众都不是主体，而是被算计的对象和客体，正如文化工业的每一个产品都是整个运转机制的附属物。文化工业体系就这样以隐蔽的、微妙的方式，自上而下地整合其作为客体的消费者，应付、生产和控制消费者的需求，俘获大众的心灵和意识，哪怕是取消娱乐，也会让大众接受这种控制，从而实现防范危机、操控社会的功能。从社会公众的层面看，公众不但没有反对文化工业体系，反而全身心地支持该体系，维护着既有的社会权力。大众在心甘情愿地接受文化制造商提供给他的产品时，什么都不想，忘却忧伤，认同现实，逃避最后一丝的反抗观念。因此，文化工业破坏了自古以来艺术作品所秉持的个性，丧失了艺术的理想主义色彩，起到了反启蒙的社会效果，人的独立、自主、自由的发展受到极大阻碍，大众被大众文化随时麻醉和操控。

"精神的真正功劳在于对物化的否定。一旦精神变成了文化财富，被用于消费，精神就必定会走向消亡。"[②] 由此看来，文化工业批判理论，看到了经济价值的追求与文化的社会效益之间的矛盾，认为大众文化是反文化的。他们视金钱为粪土的文化批评，将艺术和产业对立起来。从某种程度上是受到了马克思恩格斯的商品拜物教文化思想的影响。可以说，文化工业为了追逐利润，不管不顾人类真正的文化精神需要和人的个性发展，从而抹杀他们感性的、社会的、历史的特征，妨碍个体自主、独立地进行有意识的判断和作出决定。他们认为，随着资本主义文化工业的发展和兴盛，文化艺术将蜕变为资本的俘虏。进而言之，在资本主义金钱算计的工具理性全面支配下，启蒙必然走向自我毁灭，理性最终走向了非理性。

从《启蒙辩证法》中可以得出，文化工业的特点主要有：复制性（模式化）、标准化、商业性、消遣娱乐性、欺骗性、操控性、伪个性化、失去主体性、失去意义性，审美极端贫困和野蛮，文化腐朽等[③]。马尔库塞称大众文化向大众提供了"虚假需要"，否定人的真正需要，进而否定了大众的创造力和辨别力，并使

① [德]霍克海默，阿多诺.启蒙辩证法（哲学片段）[M].渠敬东、曹卫东译.上海：上海出版集团、上海人民出版社，2005：118.
② [德]霍克海默，阿多诺.启蒙辩证法（哲学片段）[M].渠敬东、曹卫东译.上海：上海出版集团、上海人民出版社，2005：前言4.
③ [德]霍克海默，阿多诺.启蒙辩证法（哲学片段）[M].渠敬东、曹卫东译.上海：上海出版集团、上海人民出版社，2005：107—151.另参见：赵勇.整合与颠覆：大众文化的辩证法[M].北京：北京大学出版社，2005：42—47.

人们无从发觉而沉浸在流行于世的休闲、享乐、广告和消费中①。在马尔库塞看来，大众文化向大众提供"虚假需要"，造就了"单向度的人"，导致人的主体性丧失。

总之，法兰克福学派批判虽然深入，但批判过度，忽略了大众文化本身的批判性和创造性特征，甚至力图消灭文化的大众性，企望将大众文化改造为高雅文化。因此，法兰克福学派的大众文化理论价值引导不足甚至缺失，社会效果不明显。但是，法兰克福学派的批判理论，的确值得我们警醒：大家在享受大众文化的娱乐中是否还需要保持一份清醒？因此，它的批判理论对当代中国部分大众文化的感性泛滥、理性不足、价值缺失甚至错乱的现实而言，有很大的借鉴意义。

（二）伯明翰学派的文化主义研究

1964 年诞生于英国的伯明翰学派，是一个文化批判学派。但相较于与之齐名的法兰克福学派而言，其批判态度较为积极乐观。伯明翰学派自成立以来，该学派的大众文化研究经历了与英国传统文学研究的决裂，由起初的精英主义立场向底层大众立场的转向。伯明翰学派所在的当代文化研究中心，虽然在 2002 年被伯明翰大学解散，但该学派在世界的广泛影响力犹存，世界各国对该学派的研究还在不断升温中，并认为大众文化研究是该学派的理论内核。

1.利维斯主义传统

对于英国伯明翰学派的大众文化研究来说，可以追溯到英国的利维斯主义。利维斯主义的代表人物主要是阿诺德和利维斯。在阿诺德看来，文化就是追寻完美②，它只属于少数人。利维斯主义反对大众和大众文化，认为大众文化是一种无政府主义，具有很强的破坏性，威胁社会和社会权威③，瓦解着国家结构和社会秩序。因此，文化的责任，就是要消除"正在威胁我们的无政府倾向"④，将最好的思想发扬光大到世界的每一个角落，使人人都追求完美。但阿诺德的文化包

---

① ［美］赫伯特·马尔库塞.单向度的人：发达工业社会意识形态研究 [M].刘继译.上海：上海译文出版社，2014：6.
② ［英］阿诺德.文化与无政府状态 [M].韩敏中译.北京：三联书店 2002：8.
③ ［英］约翰·斯道雷.文化理论与大众文化导论[M].常江译.北京：北京大学出版社，2010：22.
④ ［英］阿诺德.文化与无政府状态 [M].韩敏中译.北京：三联书店 2002：51.

裹了种种异质的实践，忽略了人们生动的生活。

利维斯生活在一个大众文化盛行，传统价值衰落瓦解的时代。他为此深感忧虑，并着手进行利维斯主义的大众文化批判。在他看来，大众文化是一种被商业操控的低劣文化。在大众文化消费中，"群氓所获得的娱乐是自上而下赋予给他们的……除了这种千篇一律的娱乐，再也没有什么更好的了"①。由此可见，大众文化是被动消遣和娱乐，这样的休闲娱乐带给工人阶级的并不是再创造，而是创造无力。然而，少数人的文化是与大众文化相对立的，它是没有被商业利益沾染的最好的文化，但面临着大众文化带来的巨大危机。因而，利维斯呼吁社会中的少数人共同抵制大众文化。不仅如此，利维斯还竭力鼓吹要在学校教育包括从小学教育开始，就要加入抵制（群氓文化）的训练。

2. 英国伯明翰学派的文化主义研究

"改写阿诺德的精英主义文化定义"②，是英国伯明翰学派开张之初的目标之一。伯明翰学派超越了利维斯主义的文化传统，在研究对象上摈弃利维斯主义中的精英文化，热衷于工人阶级文化和青年亚文化，扩展了文化的内涵。作为奠基人的霍家特在《识字的用途》一书中，关注日常生活，认为自己在 20 世纪 30 年代所体验到的工人阶级的文化，基本上是由人民自己创造的、现实生活的、自娱自乐的文化，是最理想的、最富生命力的文化。到了 20 世纪 50 年代，如通俗小说、漫画、电影、电视、流行音乐等商业化的大众文化兴起。工人阶级在商业化的大众文化尤其是外来的美国产品的熏陶和征服下，形成大众高度的被动接受性，使 15 到 20 岁的小青年们成长为"没有目标、抱负和保护，没有信仰"③的大众。工人阶级虽然被商业化的大众文化装模作样地讨好和操纵，但却拥有自己的抵制方式，在工人俱乐部、铜管乐队等团体游戏中表达他们的嬉笑怒骂。

受霍家特影响，威廉斯提出"文化不仅限于精英艺术和审美领域，也表现在日常行为和现实生活中"④。在《文化与社会》一书中，威廉斯反对把人区分为不同的阶层，倡导文化"共同体"，取消高雅文化与大众文化的划分。汤普森从工

---

① [英] 约翰·斯道雷. 文化理论与大众文化导论（第 5 版）[M]. 常江译. 北京：北京大学出版社，2010：31.
② 陆扬. 马克思主义文化理论发展史 [M]. 南昌：百花洲文艺出版社，2018：324.
③ John Storey（ed.），Cultural Theory and Popular Culture：A Reader，p.46.
④ 贾磊磊. 确立文化产业评价的文化维度 [J]. 电影艺术，2010（5）.

人阶级的生活经验出发，认为工人阶级的文化是活生生的文化，但是汤普森的文化与早期代表人物的观点是有区别的。"汤普森坚持文化总是存在于冲突和斗争之中"[①]，视文化为斗争场所，在这里人们可以各抒己见，表达自己的生活经验。与霍家特不同，霍尔非常关注和肯定传媒，并进行了大量的传媒研究，认为传媒是被结构在统治支配之中的复杂的统一体。但与法兰克福学派大众文化批判理论中视大众为消极被动受众不同，又与威廉斯的"文化是普通平凡的"一脉相承。霍尔认为，"普通人并不是文化白痴"，观众有自己解码方式，但是观众的解码，"通常不过是统治代码内部的谈判协商而已"[②]。

总之，伯明翰学派摒弃精英文化的立场，坚持文化是普通人的文化，因而非常关注工人阶级及其日常生活，强调从其日常生活中发现和汲取意义。伯明翰学派也很重视大众的审美趣味，认为他们的审美趣味并非一种堕落的趣味，并向高雅趣味发难形成对高雅文化的挑战和解构。伯明翰学派注重民众的创造性和主动性，认为他们不是消极被动的受众，因而它可以抵御大众娱乐文化的消极影响。伯明翰学派看到了大众日常生活的重要性和大众的能动性有一定的积极意义，但不免对大众充满着浓烈的浪漫主义色彩。因为日常生活中的文化并非完全是真理，亦非完全是充满正义和美好，它也需要往先进文化方向发展，需要接受先进文化的价值引领。

（三）葛兰西的文化领导权研究

20世纪70年代后期，西方马克思主义的大众文化研究中，有一个重要转折，就是"转向葛兰西"，其核心就是运用"文化领导权"[③]理论来理解大众文化。葛兰西认为，霸权是指统治阶级通过精神的和道德的手段，让大众个人心悦诚服地积极参与并接受统治集团的道德、政治和文化价值。文化领导权的行使，总是通过统治阶级和被统治阶级之间民主对话、协商等达成高度的共识。它并非像法兰克福学派的文化工业所描绘的，是统治阶级自上而下强制贯彻下来，也不是被统治阶级自下而上生发的，而是双方抵抗和收编过程中相互协商的结果。详

---

① 陶东风.大众文化教程 [M].桂林：广西师范大学出版社，2008：35.
② 陆扬.大众文化理论（修订版）[M].上海：复旦大学出版社，2008：36.
③ "文化领导权"（"Culture Hegemony"）又译为"文化霸权"。

言之，霸权体现的是一个动态的不断协商、妥协、积极赞同、合作的往复运动过程，充满了柔性的文化力量，而不是强制性的暴力和控制。在文化领导权的行使过程中，将统治阶级的利益普遍化，并被表述为整个社会的共同利益。这个过程看上去都无比自然，没有人会提出任何质疑。统治集团通过市民社会和有机知识分子行使文化领导权职能，形塑和引导人们的道德和精神生活。

对个人而言，葛兰西认为，文化建构着人类个体的精神世界、道德个性、生活方式和行动准则，让人们明白自己在生活和历史中的地位与作用。对社会而言，文化建构着具有普遍性的、统一的社会共识和社会普遍价值，创造了具有一定同质性的"集体意志"。这正是葛兰西所讲的"具有异质目的的、多种多样的分散的意志，在平等的、共同的世界观基础上，怀着同一个目的而焊接在一起"[①]。

从文化领导权理论看，大众文化是人们在积极主动地消费文化工业的文本与实践之中被生产出来的，是反抗力与"收编"势力之间斗争的场所，是各种文化力量"交战的场所"。

（四）大众文化的后现代理论

与后现代主义相伴，大众文化亦向后现代转向。以费斯克为代表，对大众文化持积极乐观的肯定态度。但是以贝尔、詹姆逊等人为代表，对大众文化持否定态度。

1. 约翰·费斯克的能动受众研究

约翰·费斯克是当代文化研究转向的重要代表人物。费斯克关于大众文化的著作和论述，都试图超越文化精英主义和悲观主义，对大众文化进行了有别于法兰克福学派的理论阐释。在费斯克的研究中，常常把大众文化称为日常生活的文化，提倡大众日常生活中娱乐性的消费精神，积极开辟了一直被人忽视的受众研究领域，发出了不一样的替大众文化辩解的声音。

费斯克以"Popular Culture"命名大众文化，足以见他对大众文化研究的价值取向。在费斯克看来，大众文化不是消费，而是文化，是活生生的、积极的

---

① [意]安东尼奥·葛兰西. 狱中札记 [M]. 曹雷雨等译. 郑州：河南大学出版社，2014: 409.

意义与快感的生产和流通过程，在这个过程中，接受消费者及接受消费的方式在很大程度上决定意义的生产。由此，费斯克主张，"大众文化是大众创造的，而不是加在大众身上的；它产生于内部或底层，而不是来自上方"①。每个人都可以在商品系统所提供的资源之外，在日常生活实践中，创造自己的文化。在费斯克看来，大众文化的文本只是一种可以被大众"权且利用"的"他者"的文化资源，但并非所有的文本都会被大众照单全收而成为其"权且利用"的文化资源。费斯克说："大众对文化工业产品加以辨识，筛选其中一部分而淘汰另一部分。"②

可见，费斯克一方面将大众视作大众文化的真正生产者，具有能动性和主动性，它并非像法兰克福学派那样将大众视为"文化傀儡""乌合之众"等，完全受人操控的、被动无助的"文化笨蛋"。另一方面将大众文化视作日常生活的文化，是大众将文化工业提供的产品即文化商品和自己的日常生活经验和切身的社会情境之间建立相关性，找到积极的联系，从而创造出自己活生生的意义、快感的文化实践过程。由上观之，费斯克笔下的大众既消费文化商品，又生产文化意义，在创造大众文化中具有充分的主动性和创造性。费斯克的大众文化是弱者的文化，具有多样性和差异性，同时又充满矛盾冲突性，既有权力的宰制又有对权力宰制的抵制和反抗。但大众文化不但永远不会成为宰制性力量的一部分，而且将解构统治阶级意识形态的宰制，从而能够推动社会进步。

费斯克的文化受众能动性理论研究，以平民主义立场对待大众文化，"从大众文化中看到了快感、意义、身份认同等高度创造性因素"③。但该研究也存在一定的局限性。比如，费斯克将购物商场里顾客的顺手牵羊行为，提升到对整个权力集团的反抗，不仅拔高了大众的自主性，而且这种反抗也是不值得提倡的。对受众的能动性的夸大，在一定程度上会导致社会共同价值的解体，而影响文化自身的发展和人的发展。因此费斯克对大众文化的研究缺乏批判性和引领性。但从总体上看，该研究为我们充分理解大众文化的本质特征仍有重要启示和借鉴作

---

① [美]约翰·费斯克.理解大众文化[M].王晓珏，宋伟杰译.北京：中央编译出版社，2001：29—31.
② [美]约翰·费斯克.理解大众文化[M].王晓珏，宋伟杰译.北京：中央编译出版社，2001：154.
③ 蒋述卓，李石.当代大众文化的发展历程、话语论争和价值向度[J].杭州师范大学学报（社会科学版），2019（2）.

用。

2. 贝尔、詹姆逊等人关于大众文化的后现代理论

以贝尔、詹姆逊等为代表的思想家都对后现代大众文化持反对态度，并对这种"消极性的文化"进行了猛烈的批评。在贝尔心目中，大众文化是一种具有强烈享乐主义和消费主义的视觉文化或"反文化"，它虽然助长人的自我意识和自由精神，解放了自我，但这种以自我为中心模式导致了人的欲望的泛滥，及时行乐、穷奢极欲，甚至放浪不羁，丧失自我，并严重腐蚀着传统的道德价值观和价值体系，导致社会共同价值的分崩离析。但是贝尔的文化指的是经典的艺术和宗教，其道德是清教主义和新教主义道德观。可见，贝尔对大众文化的批判并没有触及资本主义的深层，而是立足宗教的道德价值，以经济上的清教伦理对抗文化中的消费主义。詹姆逊与贝尔不同，他对大众文化的批判，始终坚持了马克思主义的批判立场。詹姆逊认为，晚期资本主义的文化，是按消费原则进行文化生产的视觉文化，文化上具有反权威、无中心、无深度、零散化等特征。詹姆逊认为，大众文化就是低级品位的"蹩脚货色"。他们的研究，为我们认识大众文化价值取向方面的不足等提供了理论借鉴。

总之，西方大众文化理论，都体现了西方社会的实际情况，虽然我们不能照搬其理论成果，但对本选题的研究有一定启发和借鉴意义。

第三章 当代群众文化建设的兴起与发展的历程、特点和积极作用

现代意义上的中国大众文化，是伴随着改革开放开启的中国特色社会主义现代化建设过程而兴起和发展的。中国的现代化建设直接推动了当代中国大众文化实践。全球化的推进、市场经济的确立、媒介技术的进步等为大众文化兴起与发展提供了条件。中国大众文化的兴起和发展经历了从自发逐步演进到自觉的历史发展过程。中国大众文化的兴起和发展表现出了受资本影响、分众化和个性化趋势、差异化和多样化趋势、公共价值呈现不够等特征。大众文化在中国的兴起和发展，为推进我国文化和文化产业发展、丰富人的精神文化生活、提高国家治理水平、增强文化软实力、维护国家文化安全起到了积极作用。

一、当代群众文化兴起与发展的条件

当代中国大众文化是文化全球化和中国市场经济发展的必然产物，也是中国社会改革、文化产业化和市场化的必然抉择。即当代中国大众文化是世界全球化和中国现代化交织互动与市场经济发展的结晶。从某种程度上讲，文化的发展就是人的发展。中国大众文化的兴起和发展顺应了中国人民大众的文化需求，与此同时，中国人民大众的文化素质的提高也呼唤大众文化的科学发展和繁荣来满足其需求、提高其素质和能力。

（一）时代条件：全球化的发展趋势

当今时代是一个全球化的时代。处于全球化时代的人们，面对当今世界的客观现实和历史发展趋势，日益感受到了全球化带来的便捷生活，越洋电话、微信视频聊天、网络购物、网络影视、网络会议、网络课程，等等，应有尽有，世界

的确因此变小了。世界的和民族的、全球的和本土的文化场景就这样通过"时空压缩"，在全球范围内不断穿梭、交织和转换。从大众文化的角度而言，全球化把源起于西方的大众文化传播到了中国，促进了中国大众文化的兴起和发展。

全球化通常有西方文化冲击我国传统价值观念和文化主权、实现其文化殖民的危险。但是我国推行"洋为中用"的文化发展方针，学习借鉴世界各国创造的一切优秀文化成果，并促进了我国文艺和文化的发展。除此之外，我们可以利用西方大众文化扩张带来的压力，关注文化思想内容作用于人的方式和途径，从而为中国大众文化的兴起和发展提供内生动力，不断刺激我国提高国产文化产品的质量和水平。

比如大众商业电影广泛吸收社会民间资本和海外投资，从此改变了电影生产只由国有电影制片厂的投资模式；引进西方电影的商业运作机制，从此改变了以往的统购统销、垄断经营的发行体制。不仅是中国电影，我国其他大众文化也主要是在学习借鉴西方大众文化基础上，逐渐发展起来并形成特色。但是在发展壮大的过程中，我国大众文化比如电影领域所受的外来压力也是巨大的。但是，正是这个压力，不断刺激我国提高文化产品质量和水平的决心。中国文艺界不断在国际市场上交流互鉴，众多大众文化产品不断提高产品质量和水平，拥有了更强劲的市场竞争力，不仅顶住了西方的压力，还站稳中国市场，成功走向世界。

（二）思想文化基础：意识形态变革和多元文化并存

党的十一届三中全会会后，解放思想，实事求是的思想路线，在全国重新确立。文艺作品重新获得按照自身的特点和规律发展的文化空间，电视广告、卡拉OK、电子游戏等大众文化形式如雨后春笋般遍布大街小巷，丰富了广大民众的日常生活。从而为文化的多元化发展提供了条件，也为外国文化产品的大批量涌入提供了宽松的环境和改革开放的政策支持。

改革开放以后，以人的解放为目的的人文新思潮，由知识分子在全国掀起，人的价值在全国被重新肯定，这就在一定程度上为大众文化的兴起和发展提供了舆论上的准备。广大文艺工作者认识到文化不仅有教化功能，还有审美和娱乐功能。因此，文化可以作为提供感官快乐的满足，而且在市场经济条件下，文化欣赏成为一种文化消费。于是，各种文化形态在中国多元并存发展，形成了"百花齐放、百家争鸣"的格局。

（三）经济基础：社会生产力水平提高和市场经济体制的确立

邹广文教授曾言，中国式现代化建设是当代中国大众文化实践的最深厚的历史动因[①]。工业现代化必将推进文化的现代化建设。在一般情况下，社会生产力水平的提高，人们可支配的自由时间也会增加。根据马克思主义的观点，这个自由时间就是进行精神创造和精神享受的时间，是人的精神解放的首要条件。因此，社会生产力水平的提高，为大众文化的大规模生产和大规模消费提供了基础，促进了大众文化在改革开放后尤其是市场经济体制建立后的兴起和发展。

市场经济的逐步确立，推进了大众文化和相关文化产业的发展。改革开放，中国引进市场经济体制，商品经济日益发达，生产力得到逐步解放，中国经济加速发展，国内市场稳定。与之相伴，海外大众文化产品涌入，内地大批音像产业相继成立。据统计，1982—1987 年，内地共生产 3.1 亿盒录音带[②]，其中大部分属于流行音乐。电影业也收获红利，1982 年《少林寺》在内地播放时，曾以一张票 1 毛钱的价格出售，创下票房价值 1.6 亿元的奇迹，并让全国各地孩子为武术着迷，在全国掀起"功夫热"[③]。

1992 年之后，市场经济体制获得了主体地位，全中国的市场逻辑深入到人们的日常生活和精神文化领域。从消费者的角度而言，人们在追求效率的市场竞争中，不断调整适应快节奏的社会生活，精神压力随之而来，人们太需要放松精神、缓解心理焦虑、排解心里烦闷、释放现实压力。大众文化作为一种娱乐性的感性文化形态，正好能够满足人们上述精神需求。于是，消费大众文化，成为人们空暇时的首选。因此，市场经济体制的确立，为大众文化的兴起和发展提供了经济支撑。

---

① 邹广文.当代中国大众文化论 [M].沈阳：辽宁大学出版社，2000：25.
② 转引自：蒋述卓，李石.当代大众文化的发展历程、话语论争和价值向度 [J].杭州师范大学学报（社会科学版），2019（2）。
③ 38年前，这部堪称神作的电影以 1 毛钱票价，获得 1.6 亿元票房 [EB/OL].2021—11—15，https://new.qq.com/omn/20200915/20200915A0FWBK00.html；1982 年《少林寺》有多火？一毛钱的票价，创下 1 亿多元票房 [EB/OL].2021—11—15，https://www.dahebao.cn/news/1222580？cid=1222580.

（四）技术基础：现代大众传媒技术的发展

从唯物史观的角度看，科技的发展是推动社会文化进步的基石，文化的发展进步是建立在一定的科技生产力发展的基础上的。20 世纪中叶，电子计算机诞生、电视机投入生产、人造卫星首次发射成功。20 世纪末人造卫星用于通信，形成全球计算机网络，且网络传递速度越来越快捷，传递的信息越来越多样，所有人可以共享信息，地球由此变成一个小小的村落。现代传媒技术的发展，带来了文化领域的深刻变革，拓展了文化的发展空间，促进了文化的多元发展。

中国电子信息技术在对外引进的基础上，获得长足发展，进一步推进了中国大众文化的兴起和发展。随着电子信息技术的不断创新和发展，人类文化传播方式进一步向前推进，从电视、电影到互联网，再到智能手机的运用。尤其是智能手机结合网络技术的运用，更将电视、电影、音乐、游戏等融进智能手机的网络传输系统中形成融媒体发展模式，互联网越来越深度融入人们日常生活，生成了人们的网络与数字化生活方式，延展了人们的文化娱乐休闲空间，活跃了人们的文化生活，促成了新时代最大众的大众文化。截至 2021 年 12 月，我国网民达10.32 亿，网民使用手机上网的比例达 99.7%。我国互联网用户中，即时通信、网络视频、短视频用户使用率分别为 97.5%、94.5% 和 90.5%，用户规模分别达10.07 亿、9.75 亿和 9.34 亿[①]。统计数据足以证明网络文化已构成我国国民文化生活的重要组成部分，丰富了大众文化的内涵和外延。

（五）受众基础：文化教育水平的提高

文化的意义只有被人们接受和认同才能推进文化的发展，进而促进人的发展。当代中国大众文化的积极健康发展，需要有一定素养的社会民众为基础。1977 年后，中国教育事业发展提速。文盲率由中华人民共和国成立之初的 80%，到 1978 年基本普及小学教育，到 1986 年开始普及九年义务教育，到 2019 年共扫除文盲 3 亿多人，基本扫除青壮年文盲。全面实施素质教育后，高等教育大规

---

① 中国互联网络信息中心.第 49 次《中国互联网络发展状况统计报告》(全文) [EB/OL].2022—03—11，www.cnnic.net.cn/hlwfzyj/hlwxzbg/hlwtjbg/202202/P020220311493378715650.pdf.

模扩招实现了大众化并进入普及化发展[①]。从上述大中小学教育的发展可以看出，我国社会民众文化素质较中华人民共和国成立之初有巨大提高。人们随着自身文化素质的提高，在日常生活中的文化需求也随之变得多样化和多层次化。如此多样多层次的文化需求呼唤着高质量的、丰富的大众文化来满足。可见，人们的文化教育水平的提高为大众文化的兴起和发展提供了受众基础。

（六）保障条件：国家的政策扶持

改革开放后，经济、政治、文化体制改革，打破了意识形态一统中国文化发展的一元格局，为大众文化发展赢得了空间。自邓小平在 1979 年的"祝词"里对文艺的教育、娱乐和美的享受功能的强调后，推进了 20 世纪 80 年代末到 90 年代初具有娱乐性的本土化大众文化的发展。1989 年，电影主管部门明确将电影的娱乐性写入"全国电影规划"，并把娱乐性提高到了文艺的"二为"方向高度。[②] 这就更加有力地促进了中国大众文化的发展。我国市场经济体制建立后，于 1993 年提出坚持"弘扬主旋律，提倡多样化"的文化建设方针，为我国大众文化尤其是电影行业中艺术片和商业片的合流，主旋律电影借鉴运用大众文化的形式得到发展，促进了中国大众文化的多样化发展。进入新世纪，我国"国民经济和社会发展十五计划的建议"中首次使用"文化产业"概念，党的十六大进一步明确把社会主义文化建设分为文化事业和文化产业，强调一手抓公益性文化事业，一手抓经营性文化产业，对推进我国文化产业的发展具有里程碑的意义。大众文化产业，在相关文化产业政策的扶持下一枝独秀，在新时代实现了大众文化与经济、政治的融合发展局面。党的十八大以来，我国相继出台文化艺术方面的政策措施，并与其他法律法规和制度一起形成合力，我国大众文化在社会上既叫好又叫座，并赢得海外观众的喜爱。

总之，随着全球化的发展和中国社会经济、政治、文化等方面因素的影响，中国大众文化逐步兴起和发展，实现了主要由引进、模仿西方到本土化的大众文化的自觉发展过程。

---

① 刘复兴.1949—2019：教育跨越式发展的 70 年 [EB/OL].2021—11—15，news.china.com.cn/2019—06/06/content_74860958.htm.

② 详见：滕进贤.增强责任感，为提高影片的思想艺术质量而努力——在 1989 年全国故事片创作会议上的讲话 [J].当代电影，1989（2）.

二、当代群众文化兴起与发展的历程

现代意义上的大众文化率先兴起于西方。它伴随着人类社会经济全球化带来的文化全球化发展，已演变为当今世界范围内的一种文化奇观。而现代意义上的中国大众文化，也正是这种文化全球化发展的伴生物，并逐渐发展壮大。蒋述卓根据我国大众文化在对他者文化的追逐与抵抗中逐渐生成自己新的文化主体性的视角，将中国大众文化发展历程分为饕餮期（国内大众文化生产近乎处于真空期，70 年代末到 90 年代初）、追赶期（积极学习和借鉴西方等大众文化的生产机制、文化资源、内容创意等，走上了类型化、通俗化、模式化的产业探索，90 年代初到 2010 年）和雅俗合流期（文化分化为主流文化、精英文化和大众文化后，走向大众文化向主流价值观和传统文化回归的雅俗合流，90 年代中期到 2010 年）三个阶段[1]。周宪经过考证研究，认为严格意义上的大众文化，在中国是改革开放以来才出现的，经历了抢滩（70 年代末到 80 年代初的要不要大众文化）、构型（80 年代初到 80 年代中后期的如何发展和引导大众文化）、扩张（80 年代末以来到 90 年代末，大众文化的膨胀对严肃文化甚至主导文化形成严峻的挑战）的三部曲，与之相对应的主观反应是人们的怀疑、认可和惊惧的三部曲[2]。王一川根据 21 世纪影视文化发展纳入中国现代性进程的视角，将其发展分为"文化匹配时段"（2002 年到 2012 年）和"文化传统引导时段"（2013 年以来）[3]。而且，在中国大众文化研究领域，都将改革开放时期作为中国大众文化取得实质性发展的关键时期。

---

[1] 蒋述卓，李石. 当代大众文化的发展历程、话语论争和价值向度 [J]. 杭州师范大学学报（社会科学版），2019（1）.

[2] 周宪. 文化表征与文化研究（修订本）[M]. 上海：上海人民出版社，2015：70. "学界普遍认为，我国大众文化是从改革开放后才出现的"。从本书的内容看，其 80 年代末以来，主要是从 80 年代末到 21 世纪初的一段时间。因为该书是在第一版《中国当代审美文化研究》（北京大学出版社，1997 年版）的基础上，后经 2007 年修订，并在 2015 年新增"视觉文化"一章形成该书（第三版）。

[3] "文化匹配"阶段是从 2002 年到 2012 年的十年时间，出现了以文化为中心以便与快速增长的经济水平相匹配的时段，该时段旨在建设与快速增长的经济水平相匹配的文化，提高国家文化软实力。2013 年以后的时段是"文化传统引导时段"，力求让当代文化建设及国家文化软实力战略等都一律接受中华文化传统的引领。该文将 21 世纪头二十年看作"面向世界现代性先进目标执着地奔涌而去，但同时又在失魂落魄中被迫返身回头朝向自身的古典型传统溯源"的流动回溯的现代性阶段。详见：王一川. 流动回溯的现代性影像——21 世纪头二十年中国影视潮 [J]. 南方文坛，2020（6）.

1978 年党的十一届三中全会召开，中国抛弃了"政治运动"和"阶级斗争"的口号，全面实施改革开放。从此，我国大众文化建设由自发阶段逐步演进到自觉阶段，并被纳入中国特色社会主义"文化强国战略"的整体构架，推进新时代中国大众文化在产业化发展过程中实现价值引领，在价值引领中实现新时代中国大众文化的积极健康向上发展，积极实现丰富人的精神世界、塑造健全人格、开发人的潜能、提升人的本质力量的育人化人的价值引领作用。

本文综合上述三位学者尤其是周宪和王一川的相关论述，将当代中国大众文化的发展历程分为如下五个阶段。

（一）自发传入和引进模仿海外大众文化阶段（70 年代末到 80 年代中后期）

改革开放之初，港台流行歌曲、电视剧、通俗小说等大众文化，自发地在民间广为流传。周宪将中国大众文化发展的这个阶段称为"抢滩"阶段，也是学界普遍公认的第一阶段。此时，典型的大众文化，既不是政府的有意推动，也不是知识分子的积极所为，更没有商业的逐利行为，而是邓丽君温软圆润、甜美抒情的"靡靡之音"等港台大众文化产品，通过录音机和相关音像制品，由港台自发传入内地。一时间，港台音乐，尤其是其中的邓丽君的歌曲，火速传遍大江南北，流行开来。邓丽君柔美的歌声，对于中国人来说，不仅让人们"找回了渴望已久的、属于自己的喜怒哀乐，还使人们体味了人世间的温暖"[①]。80 年代初，与"靡靡之音"相伴而进入内地的，还有港台剧、武侠小说等文化产品。这些文化产品，"支配了我国内地思想领域的解放运动，满足了从文化废墟上缓缓站起来的人的精神饥渴"[②]。由此可见，此时的大众文化，既满足了个体的精神需要，又符合社会性的需要，因此，很多学者比如陶东风等人认为，此时的大众文化是对人的解放，起的是一种启蒙作用。它们在社会思想解放运动大潮中，培养了既具有自主性、独立人格，又积极关注公共事务的新颖个体[③]。可是很多年长的人，面对如此具有纯粹消遣娱乐功能的大众文化，除了上述赞成的外，还有抱着强烈

① 陶东风. 畸变的世俗化与当代大众文化 [J]. 文学评论，2015（4）.
② 陈晓明. 填平鸿沟，划清界限——"精英"与"大众"殊途同归的当代潮流 [J]. 文艺研究，1994（2）.
③ 陶东风. 畸变的世俗化与当代大众文化 [J]. 文学评论，2015（4）.

的怀疑甚至批判态度的。比如 1980 年，中国音协猛烈地批判了《何日君再来》歌曲，属于典型的"不良歌曲"，在内地被禁播。但是人们中的绝大多数不但没有被这些大众文化带坏，反而在改革开放初期，在享受和模仿中，更加有生气地投入到改革开放的现代化建设洪流中。

1983 年，台湾给大陆带来了海外流行音乐创作观念、创作技术和先进的音乐设备，对大陆歌词作家和音乐人产生了不可估量的影响。与此同时，内地的大众文化开始涌动，1983 年，首届"春晚"受到全国人民的热烈欢迎，从此"春晚"沿着其大众文化逻辑，成为大年夜必不可少的文化"大餐"延续至今，并且几乎每年都有港台艺人前来表演。人们经过港台大众文化的熏陶，逐渐认同了大众文化。

与此同时，在政府的积极推动下，西方大众文化涌现。1979 年 1 月，中美建交签订《中美文化交流协定》后，《大西洋底来的人》登陆中国，该剧播完后，男主角的太阳镜随即风靡一时。1981 年 5 月在"中美电影周"活动中，播放好莱坞电影《黑狗》《雨中曲》《猜猜，谁来赴晚宴》《白雪公主》等五部影片，受到国内观众喜爱，之后中美之间的电影合作出现商业化倾向。1979 年底，中日签订《中日文化交流协定》后，我国于 1980 年开始，先后引进并播出日剧，日剧的收视热潮被推向顶端。此间，随着我国对外交流的深化，中国相继与西方其他资本主义国家签订相关文化协定，各种西方大众文化产品纷沓而至，从好莱坞电影，到日本、拉美国家、新加坡等海外电视连续剧，再到各种流行音乐、通俗小说等，应有尽有。其中最有影响的就是张蔷因翻唱众多欧美流行歌曲而登上美国《时代周刊》。

在港台和西方大众文化的娱乐浸染下，已经解决温饱问题的中国民众心理在悄悄地发生变化。人们开始怀着一种消费的心理而不是受教化的心理来接触文化，于是一种娱乐性的文化消费心理潜滋暗长。反映在人们的文化消费结构上，纯粹娱乐性文化消费受到社会各阶层特别是广大工人、农民的喜爱，成为主要消费类型，并在文化消费结构中占据最大比重。即使公安部、文化部于 1980 年 6 月联合发文要求取缔营业性舞会和公共场所自发舞会，也出现了首家舞厅经理被"请"进公安局的事件①。但靡靡之音等流行音乐还是以锐不可当之势被争相

---

① 杨佳薇.30 年记忆：曾经首家舞厅经理被"请"进公安局 [EB/OL].2021—11—15，http://www.chinanews.com/sh/news/2008/11—28/1466988.shtml.

翻录，舞厅里跳交谊舞的人多不胜数。直到20世纪80年代末，许多企事业单位依然保留有周末办舞会的习惯。由此可以看出，海外大众文化的空前涌入，在一定程度上，为中国本土化大众文化的发展提供了条件。

（二）本土化大众文化开始发展阶段（80年代中后期到90年代初）

海外大众文化产品的大量涌入和商品经济的逐步确立，极大地促进了我国本土化大众文化和相关文化产业的发展。此阶段的文化变革，"不仅改变了中国的文化和意识形态生产方式，而且还极大改变了整个中国和世界的文化生态环境"[①]。大众文化在中国的迅猛发展，不仅有西方的大众文化空前涌入，而且本土化的大众文化势不可挡地由模仿逐渐向创新转变。

1986年，内地歌手崔健，在港台流行音乐影响下，面向西方（欧美）现代摇滚，创造了风格独特的"中国摇滚"，并使中国摇滚崛起，开创了新的语言而深受听众喜爱。很快，崔健及其摇滚乐专辑风靡全国，并在国外获得关注。结合西方摇滚思维和陕北、甘肃等西北民间传统音乐，1988年中国乐坛产生了豪情满怀、直抒胸臆的"喊唱"方式的"西北风"，比如《黄土高坡》《红高粱》的三首插曲等，大陆流行音乐开始走向成熟。但是，"西北风"通过大众文化形式承载了过重的文化使命——思考民族命运的同时，冷落了流行音乐的真正消费者——青少年，而迅速走向衰落。随着人们休闲时间的增多和各种娱乐方式的兴起，夜总会、歌舞厅、音乐茶座、综合性娱乐厅等各类新式公众性文化娱乐场所在一些大城市相继涌现。

与此同时，看电视成为最令人向往的娱乐休闲生活。当时电视机和电视剧虽然很少，但也在缓慢地增多。我国每百人拥有电视机的数量是：1978年仅为0.3台，1980年还不到1台，1990年提高到了16.2台[②]。与此同时，全国电视剧的年产量是：1980年突破百部，1990年突破1000部（集），1991年剧增到5000部（集）。[③] 其中，《渴望》被称为中国电视剧史上的历史性丰碑。该剧的创作来源生活又高于生活，成功地塑造了刘慧芳这个温柔、善良、饱经沧桑、勇于自我牺牲

---

① 胡惠林.文化产业发展的中国道路——理论·政策·战略[M].北京：社会科学文献出版社，2018：3.
② 中国统计年鉴（1991）[M].北京：中国统计出版社，1991：269.
③ 彭耀春.走向繁茂：新时期电视剧回眸[J].江苏社会科学，1997（4）.

的贤妻良母形象。该剧一经播出，便产生极好的收视效果和广泛的社会效应，人们对刘慧芳身上折射出来的道德理想和价值观念是非常认同的。电视连续剧《渴望》的播出，标志着主流文化"一体化"的文化生产格局的结束。1991年，王朔主要策划的电视情景喜剧《编辑部的故事》，一经上映，同样在全国产生轰动效应。《编辑部的故事》后来被认作中国情景剧的开山鼻祖。

20世纪80年代，中国"第五代"导演崛起。陈凯歌的电影，比如《黄土地》反映出对中华民族和本土传统的深刻眷恋，具有很强的家国民族情怀。但是随着改革开放的深入发展和商品经济的逐步确立，"第五代"导演不得不向市场妥协和退让。但是如若中国大众文化按此逻辑在国际市场上持续发展，那么中国文化安全将受到严重威胁。

总之，20世纪80年代中后期到90年代初，具有娱乐属性的本土大众文化在中国获得了发展，娱乐性不再被看成是一种离经叛道行为。尤其是80年代末，全国对当时的《老井》《红高粱》等影片进行历时一年多的广泛讨论后，电影主管部门于1989年明确将电影的娱乐性写入"全国电影规划"，并提高到了"二为"方向的高度。相对于以往一体化的"样板戏"而言，这无疑是一个巨大的进步。但是，此后，影视等大众文化伴随着市场经济的深入发展和传媒技术的快速进步，大众文化的娱乐功能被无限放大，由调侃逗乐走向以神秘奇观来打动大众为娱乐而娱乐，出现泛娱乐化倾向。

（三）大众文化的迅猛扩张阶段（1992—2002）

1992年之后，市场经济席卷全国，成为不可逆转的历史潮流。市场经济伴随着全球化和我国现代化的交织互动，推动了文化体制改革，为文化发展注入巨大动力，迅速改变了改革开放后中国文化的面貌，文化一体化的格局被打破，文化分化为主流文化、精英文化和大众文化的三足鼎立局面。其中以商业性、娱乐性、消费性、日常生活性为特点的大众文化在中国勃然兴起，急剧扩张，其市场化运作方式给主流文化和精英文化带来压力并消解其本来的文化样态，而成为中国文化舞台上的霸主，最具活力和规模。我国大众文化直面人们的日常生活，讲述老百姓自己的故事，并渗透于人们日常生活的各个领域，与主流文化和精英文化渐行渐远。娱乐电影、电视剧和电视综艺节目、广告、包装、流行小说、流行歌曲、卡拉OK、MTV、摇滚乐、交谊舞、太空步、时装表演、体育赛事、明星等成为大众文化的主要表现形式。

电影率先进入市场化轨道获得蓬勃发展。1988 年文化市场司、文化产业司成立，接着"全国电影规划"将电影娱乐性提高到"二为"方向的高度后，在 20 世纪 90 年代基本上实现了艺术片和商业片的合流。那种不以营利为目的、不迎合观众口味、具有知识分子立场并关注人生哲理的艺术片，在 90 年代，不得不调整制作路线，迎合市场需求。此时的陈凯歌和张艺谋更善于运用电影镜头编织一个中国故事，影片缺少了哲理性思辨和反叛精神。因此，艺术片在市场竞争中也不得不借鉴大众文化，实现既好看又可以赚钱的目的。但是以张艺谋、陈凯歌为代表的因全球化战略（通过国际电影节进入全球化道路）的那些电影在当时逐渐进入国际电影市场，但电影的国际影响力却开始逐渐减弱。另一方面，即使是主旋律电影，也开始从大众文化中吸取某些元素，借用大众文化的商业娱乐元素和大众时尚口味来自我包装。

在 90 年代中后期，电视充分挖掘其娱乐功能，开始加速市场化和产业化步伐。湖南卫视大胆创新，率先走向市场化和产业化，开播的《快乐大本营》（1997）、《玫瑰之约》（1998）、《还珠格格》（1998）等综艺、婚恋节目、电视剧获得全国观众的青睐，上至耄耋老人、下至青少年儿童，都被湖南卫视的节目深深打动和吸引。这些节目的热播，极大提高了其在全国的收视率，《还珠格格》最高收视率达 40%，相关主持人和明星也因此一度走红。湖南卫视节目的高收视率和由此带来的高利润，为中国电视市场化和产业化注入了一针兴奋剂。此后，《还珠格格》相继播出第二部和第三部，在全国掀起"小燕子"热。20 集电视连续剧《贫嘴张大民的幸福生活》在北京播出时最高收视率达 70%。电视节目不断引入《东京爱情故事》《纳伊斯·奥特曼》等"日流"剧目和"韩流"《爱情是什么》等电视节目。同期，港台"四大天王"、谭咏麟、王菲、罗大佑、姜育恒、张惠妹、李宗盛以及迈克尔·杰克逊等歌星在内地大流行。与 20 世纪 80 年代的思乡爱国主题不同，20 世纪 90 年代的流行歌曲以都市情歌为主，表达着个人化的爱情体验和心灵感触。

大众文化的蓬勃发展，有力地冲击甚至改变了当时的文化形态与文化秩序。对此有学者感叹：如何拯救日益面临危机的严肃文化甚至主导文化①。这一时期，学者们对大众文化深表忧虑，以"旷野上的废墟"来概括当时国内媚俗、无深

---

① 周宪 . 文化表征与文化研究（修订本）[M]. 上海：上海人民出版社，2015：75.

度、浅薄的文化状况。"调侃"文化一味迎合大众的看客心理，电影作品逃离真实的生命体验，回归黑暗、表现肮脏，人文精神丧失殆尽。这种文化状况不仅标志着"公众文化素养的下降，更标志着整整几代人文精神素质的持续恶化"[1]。学者们一般从人文精神的角度，借用法兰克福学派的理论，对通俗文学等大众文化的鄙俗化、反文化倾向进行了深刻的批评。这种批评无疑是对大众文化的否定和拒斥，反对文化产品的市场化和商品化，体现的是一种精英主义的价值立场和精英文化标准。但是，另一些学者对大众文化则表现出比较认可和宽容的态度，认为大众文化的存在是历史发展的必然结果，是实现文化民主和文化平等的历史要求。大众文化虽然改变了一定的文化秩序，有媚俗的地方，但大众文化使文化真正回归到民众的日常生活，因此，对待大众文化的态度应该是引导与完善，而不是拒斥。

（四）大众文化产业化发展阶段（2002—2012）

有学者将这个阶段称为"文化匹配"阶段[2]。随着文化市场司、文化产业司的成立和我国成功加入WTO融入现代世界体系后，大众文化作为文化产业的一部分真正从国家政策上获得了官方的认可和支持。2000年，中央有关文件提出："完善文化产业政策，加强文化市场建设和管理，推动有关文化产业发展。"[3]2002年，中共十六大提出要积极支持和大力发展文化产业。这说明发展文化产业不是手段而是当代中国文化发展的目的。除此之外，即1999年之后，迅速发展蔓延的网络世界成为大众文化发展壮大的又一基本支撑平台。因此，在国家文化产业相关政策支持下，借助传统媒体和网络媒体，大众文化迎来了一个有规划性的产业化和商业化运作发展的春天。各种形式的大众文化在多样性的世界文化平台上"围绕市场制造话题"[4]，众声喧哗、争奇斗艳、多元开放。可是，在

① 王晓明等.旷野上的废墟——文学与人文精神危机[J].上海文学，1993（6）.
② 有学者将这个阶段成为"文化匹配"阶段。从2002年到2012年十年间，出现了以文化为中心以便与快速增长的经济水平相匹配的时段，不妨称为文化匹配时段。详见：王一川.流动回溯的现代性影像——21世纪头二十年中国影视潮[J].南方文坛，2020（6）.
③ 中共中央关于制定国民经济社会发展第十个五年计划的建议[EB/OL].2021—11—15，www.gov.cn/gongbao/content/2000/content_60538.htm.
④ 傅守祥.欢乐诗学：泛审美时代的快感体验与文化嬗变[M].杭州：浙江工商大学出版社，2016：30.

文化市场化程度越来越高、传播疆域越来越广的时候，部分大众文化丧失文化的自律性，充满物欲化意识，甚至充当市场的奴隶，疯狂地追逐资本、销量、票房、收视率、点击率，开展"自由式写作"和"及时性互动"，自由书写、证明日常生活，突出当下性消费和感官享受，为娱乐而娱乐，消解文化精神价值，降低大众的文化人格。

作为电影产业的支柱，国产大片①尤其是商业国产大片，打破沉寂，快速发展，成为票房核心力量。2002 年，武侠题材影片《英雄》，在国内市场上首次突围，斩获 2.5 亿元票房；与此同时，在北美电影市场大规模上映，获得 5370 万美元票房。虽然电影所宣扬的文化价值一开始就饱受诟病，但它开拓了文化市场，创造出了视听觉的超级盛宴，观众被重新吸引回了电影院。《英雄》宣告国产大片时代到来。此后 10 年，中国古装武侠题材影片被不断跟风炮制，大场面、巨投资、高票房。从 2002 年到 2012 年，中国电影进入了一个全面追求票房的时代，此间多数影片的票房突破亿元大关，但很多影片简单模仿好莱坞的大片制作模式，电影审美形式重于审美内容，突出视听觉奇观盛宴，追求人的身体至上，忽视甚至消解武侠文化的精神价值和人文情怀，因而备受批评指责。2006 年，王朔对近几年的国产大片批评说，"全国一年只放几部电影。还不如样板戏呢，那还八个呢……大家一起指着一帮古代人喊：这是电影。"陶东风称这种"故事荒谬、价值混乱、嗜血成性，宣扬赤裸裸的暴力、色情、权谋"的文化产品为"文化垃圾"②。2012 年，《阿凡达》《哈利波特》系列片和《变形金刚 3》等不断冲击国产大片。2012 年，国产中小成本影片《人在囧途之泰囧》，成为影界"黑马"，以 12.6 亿元的票房收入刷新国产影片新纪录。

中国电视大众文化的市场运作日趋成熟，电视剧不断发展，娱乐选秀、相亲综艺节目如火如荼，收视率高，社会影响大。2005 年，面对如此巨大的市场收益，面对"想唱就唱"的自我展示欲和浮躁的成名欲，面对"粉丝"之间的互掐对骂，人们对之忧心忡忡。"超级女声"成功的运作方式和所创造的奇迹，引来各大电视传媒竞相模仿、复制，引爆了"选秀"热潮。

中国电视剧市场除了韩剧一度强劲外，大陆国产剧则占据主导。《走向共和》

---

① "国产大片"，指由大牌明星担纲、名牌导演执导和强大的制作团队所制作的大场面、高投资的中国电影作品。
② 陶东风.警惕没有文化的"文化产业"[J].领导文萃，2012（2 下）.

《亮剑》《士兵突击》《闯关东》《走西口》《我的团长我的团》《福贵》《生存之民工》《家有九凤》《暖春》等，都赢得社会好评，并取得商业上的成功。以及古装剧《汉武大帝》《贞观之治》《大明王朝1566》《武林外传》《甄嬛传》，等都有很高的收视率。中国电视剧丰富了大众的精神文化生活，但如若一味追求收视率，抢占市场份额，将泛化娱乐，而呈现庸俗、媚俗、低俗甚至恶俗的姿态。这不得不令人反思，在中国，若要发展大众文化，要完全照搬西方大众文化的商业模式吗？答案是否定的。我们不能完全照搬西方大众文化的商业生产模式去传播大众文化，因为中国的大众文化产品肩负着不可推卸的文化使命和文化担当。

我国网络技术以日日新、时时新的速度在革新和发展，促进了大众文化向网络拓展。大众文化因此不断扩容和创新，形成一种新的大众文化形式：网络大众文化。网络文化突破了传统的报纸、电视、电影等的单向传输方式，增强了人们对文化内容的自由选择性和人自身的主体性。人们可以随时随地、随心所欲地选择自己喜欢的文化内容，或旁观、或主动参与其中进行及时评论等。加之，随着中国网络技术的快速发展，形成并增强了网络文化的视听觉表现力和冲击力。因此，网络文化很快俘获人心，深入众多网民的日常生活。中国网民数量与上网时间持续增长。手机上网人数从2006年有数据记载以来的1700万人上升到2012年的4.2亿人，占网民人数的74.5%；中国网民规模由2002年的5910万人，上升到2012年的5.64亿人，互联网普及率已达42.1%；农村网民从2006年的2345万人上升到2012年的1.56亿人[①]。此间，网络类的游戏、歌曲、文学、视频以及网络"恶搞"文化和网络红人等，进入人们的日常生活，成为人们继书报、影视之外的新的精神资源。

自幽默而凄婉的言情小说《第一次亲密接触》于1998年发表于网络后，随即引起关注，掀起网络热潮，并于第二年出版图书，进入图书市场。该小说后来被人们称为"华语网络文学的真正起点"[②]。2000年前后，我国网络文学逐步进入商业化模式的发展轨道。趋向生存状态描摹的网络小说《成都，今夜请将我遗忘》，于2003年出版图书。此后的网络文学，呈现给大家的是生活与价值的无根状态，处处充满着"玄幻""神秘"和"猎奇"等特点，穿越时空、自由不羁、

---

① 数据分别来源于：中国互联网络信息中心. 第11、19和31次《中国互联网络发展状况统计报告》[EB/OL].2021—11—15, www.cac.gov.cn/sjfw/hysj/More.htm.
② 张颐武. 网络文学走过20年[N]. 文汇报, 2017—05—11 (11).

类型丰富，有的成为影视剧改编的源头。这个时期的网络文学，是"人人可以参加的文学狂欢节，是彻底的去精英化的文字"，泥沙俱下、鱼龙混杂，"为低级趣味的表现提供了机会和土壤"①。

我国网络游戏于 21 世纪初开始兴起，并正式进入商业化运作模式。在新千年之际，获得市场盈利的《万王之王》，开启了中国网络游戏新篇章，推进了网络游戏的爆炸式发展。但在发展初期，中国的很多网络游戏引自海外：日本的《石器时代》，韩国的《龙族》《千年》《红月》等。2001 年，网络游戏《传奇》，实现了利润从 0 元到 2 亿元的突破。2005 年，第九城市公司（上海）代理韩国《魔兽世界》，掀起了全国网吧电脑硬件升级换代热潮。面对网络游戏市场的高利润诱惑，企业投资运营网络游戏激增，其中史玉柱投资《征途》，腾讯公司投资运营《地下城与勇士》、开发 QQ 游戏平台和多款娱乐游戏，还有众多网络平台以跳动的"页游"方式吸引网民。众多网游产品在丰富网民精神生活的同时，因部分网络游戏宣扬物欲至上、色情和暴力等而降低人们的文化生活质量。

网络歌曲和网络影视等原创性的网络视听节目②也在此间如火如荼地发展。自 2001 年雪村《东北人都是活雷锋》之后，《两只蝴蝶》《丁香花》《爱情三十六计》《想你的夜》《最炫民族风》等歌曲，经过网络的传播，一夜之间迅速唱遍大江南北，广泛流行于街头巷尾。与这些网红歌曲宣扬奉献、爱、善良、美美民族风相对的是，那些渲染金钱、性、色情、迷信等庸俗、低俗之作。除网络歌曲外，网络视频也是网络视听节目的重要组成部分，深受众多网民喜爱。但网络视频中，仍然像网络歌曲、网络文学那样，良莠不齐，鱼龙混杂，影响众多网民的价值取向和价值观。

伴随网络歌曲、网络视频、网络小说和网络游戏等网络文化而生的是网络"恶搞"、网络雷词、网络红人的诞生。人们在自娱自乐且娱人的网络世界里，通过恶搞，调侃生活、释放各种生活压力的同时，表达网民积极诉求；但另一方面它们解构红色经典、戏谑英雄人物，嘲讽当今社会的丑恶现象。正是在这种解

---

① 陶东风. 从精英化到去精英化——新时期文学三十年扫描 [J]. 首都师范大学学报（社会科学版），2014（2）.
② 本文的"网络视听节目"，主要是指 2017 年 6 月由中国网络视听节目服务协会常务理事会通过的《网络视听节目内容审核通则》中的内容，它包括"网络剧、微电影、网络电影、影视类动画片、纪录片；（二）文艺、娱乐、科技、财经、体育、教育等专业类网络视听节目；（三）其他网络原创视听节目"。详见：《网络视听节目内容审核通则》发布 [EB/OL].2021—11—15，www.xinhuanet.com/zgjx/2017—07/01/c_136409024.htm.

构、戏谑和嘲讽中，一切人和作品似乎都可以成为恶搞对象。有的恶搞作品为获得关注、赢得金钱，不惜突破道德底线对他人进行人身攻击、造谣中伤，贩卖一种审丑文化的网络红人等。对不同版权人的原作任意剪辑，违法侵权。部分网民对恶搞作品中的道德缺失问题视而不见，一味追求高兴和好玩，盲目转发进行二次、三次、n 次传播，滋生蔓延诸多不良的社会心理。

综上，2002 年到党的十八大召开以前，中国大众文化在实现产业化和市场化过程中，大众文化的多元化发展，丰富了国民文化生活。但在此期间，大众文化盲目追求收视率、票房率、点击率、下载率，片面追求大众文化的媒体娱乐功能而呈现出娱乐泛化倾向，导致"三俗"产品大量充斥于文化市场。中国大众文化，毕竟不同于西方大众文化，它绝非资本逻辑主宰下的大众文化，它更需要承载中国的文化价值观，追求人间的真善美，实现"文化化人"的价值引领作用。在文化自律的同时，也需要文化他律。因此，国家要尽快制定相应的文化法律体系，净化人们面临的大众文化环境。

（五）大众文化建设开启新时代（2012 至今）

党的十八大以来，我国广大民众的精神文化需求更加多样化和个性化，充满着对美好生活的向往和期待。我国大众文化建设为满足人们的新期待，开启了社会主义核心价值观引领下的大众文化发展新时代。尤其是 2014 年后，我国积极开展对不良大众文化的积极治理和整治工作。先后制定相关政策如《关于繁荣发展社会主义文艺的意见》（中共中央，2015）、《新时代公民道德建设实施纲要》（中共中央、国务院，2019）、《中共中央关于坚持和完善中国特色社会主义制度、推进国家治理体系和治理能力现代化若干重大问题的决定》（中共中央，2019）等。我国根据党的政策等制定相关法律比如《电影产业促进法》（2016）、《网络安全法》（2016）、《文化产业促进法》"草案送审稿"（2019）、《广播电视法》征求意见稿（2021）等，制定、修订相关行政规章[①]。不仅如此，在行动上还集中、有效地开展了明星的天价片酬、偷税逃税等不良现象的整治活动，有效维护了我国文化市场秩序，为生产、传播、消费优秀大众文化产品提供了有效保障。

我国文化建设更加重视社会主义核心价值观引领的重要性、文化发展的方向性，重新回到了对真善美的弘扬和传统文化的坚守上。有学者将新时代的大众文化阶段称为"以文化传统为中心并以此实现对整个社会生活（包括经济生活）的引导"阶段[②]。此时，向纵深发展的文化产业在追求市场效益的同时，众多大众文化既继承传统价值观中的有益成分，积极弘扬社会主义核心价值观，传递真善美，又肯定社会个体的正常感性需求和正当权益，不断为广大民众供给高质量的文化产品，提供健康丰富多样的精神食粮。

中国影视剧积极弘扬主旋律，传递马克思主义，坚定人们对马克思主义信仰。比如马克思主义以电视剧的形式，通过电视、网络等传播途径走进民众的日常生活，受到公众好评。其中电视连续剧《觉醒年代》（2021）等的热播，让人们在日常生活的愉快氛围中，轻轻松松地感受到了马克思主义的理论深度和生活温度，加深人们对马克思主义和共产主义的认识，巩固了马克思主义在意识形态领域的指导地位，并激发了当代青年和社会公众积极担当民族复兴的责任感。

电影《我不是药神》（2018），以真人事件改编而成，讲述了主人公"程勇"面对患慢性粒细胞白血病群体在"向死而生"的绝望和希望的挣扎斗争中，逐渐由唯利是图的药贩升华到想尽办法拯救病人的"药神"故事。该片不仅赢得超过30亿元的超高票房，还引发社会公众对慢性粒细胞白血病群体的深切关注，引发他们对进口药品、健康、医保等话题的持续热议，形成舆论热点；在影片首映不到半个月的时间有关部门加快落实抗癌药降价保供等措施，这些措施随后持续受到社会公众积极评价点赞。其他影视剧如《红海行动》《战狼2》《夺冠》《山海

① 相关文化行政规章主要包括：《广播电视管理条例》（1997年制定，分别于2013年、2017年、2020年修订）、《音像制品管理条例》（2001年制定，分别于2011年、2013年、2016年、2020年修订）、《出版管理条例》（2001年制定，分别于2011年、2013年、2014年、2016年、2020年修订）、《娱乐场所管理条例》（2001年制定，分别于2011年、2013年、2014年、2016年、2020年修订）、《信息网络传播权保护条例》（2006年制定，2013年修订）、《有线电视管理暂行办法》（1990年制定，分别于2011年、2018年修订）、《广播电视广告播出管理办法》（2009制定，2020年修订）、《互联网上网服务营业场所管理条例》（2002）、《互联网视听节目服务管理规定》（2015）、《网络视听节目内容审核通则》（2017）、《网络短视频平台管理规范》（2019）和《网络短视频内容审核标准细则》（2021）等。
② 王一川.流动回潮的现代性影像——21世纪头二十年中国影视潮[J].南方文坛，2020（6）.

情》《都挺好》《人世间》等的热播，展示中国国际形象、投身祖国建设与祖国共成长、人间大爱与温情、家庭孝道等，表明新时代的大众文化出现既叫好又叫座的理想状态。

新时代，我国网络文化飞速发展。2021年我国网民规模从2012年的5.64亿上升到10.32亿（增长近5亿），手机上网人数由2012年的4.2亿人增长到10.29亿人（增长超6亿人），网民使用手机上网的比例达99.7%；我国互联网用户中，即时通信、网络视频、短视频用户使用率分别为97.5%、94.5%和90.5%，用户规模分别达10.07亿、9.75亿和9.34亿[①]。统计数据足以证明网络文化已构成我国国民文化生活的重要组成部分，丰富和拓宽了大众文化的内涵和外延。人们通过互联网和手机终端等直接参与大众文化的生产、传播和消费等活动，写网络小说、拍照、拍短视频等形式，感悟日常生活，抒发情感，联络感情，展示日常生活中的各种技能、琐事和搞笑段子等。各种短视频、网络直播和形成全媒体播放的网络小说改编的电视剧风靡全国，它们不仅娱乐大众、启蒙大众，相关网络公众平台还吸引了国家相关政务机构、主流媒体的入驻，并开设账号。比如2016年9月上市的"抖音App"，短短数月，就被中国网民激情追捧，此后各大政务机构、主流媒体等纷纷入驻抖音、开设抖音账号，积极供给具有原创性、知识性和正能量的内容，幽默诙谐，在娱乐中启蒙未知、塑造人格，增强人的精神力量。

在国际上，中国在注重全方位开放中，坚定文化自信，注重与全球各国开展文化、经济等各方面的交流与合作，积极参与世界文化竞争，中国大众文化积极向好发展。比如，中国电影市场呈现向上向好、百花齐放的盛况。中国电影年度总票房从2013年的217.69亿元，逐年上升，到2019年达642.66亿元，经2020年回落后，到2021年达到472.58亿元[②]。其中，2013—2018年，国产电影票房分别为118亿元、159亿元、243亿元、227亿元、270亿元，呈现出了稳

① 数据分别来源于：中国互联网络信息中心．第31次《中国互联网络发展状况统计报告》[EB/OL].2021—11—15，http://www.cac.gov.cn/2014—05/26/c_126548789.htm. 中国互联网络信息中心．第49次《中国互联网络发展状况统计报告》（全文）[EB/OL].2022—03—11，www.cnnic.net.cn/hlwfzyj/hlwxzbg/hlwtjbg/202202/P020220311493378715650.pdf.
② 分别见：（1）2014年中国电影总票房跃升至296亿元同比增长超过36%[EB/OL].2022—02—05，www.gov.cn/xinwen/2015—01/01/content_2799349.htm.（2）2019全国电影票房年报[EB/OL].2022—02—05，https://www.chinafilm.com/xwzx/8726.jhtml.（3）全年总票房和银幕总数保持全球第一[EB/OL].2022—02—05，https://www.chinafilm.gov.cn/chinafilm/contents/142/4075.shtml.

步增长的趋势；好莱坞电影在国内的总票房分别达到 83 亿元、126 亿元、156 亿元、206 亿元、227 亿元，呈现出逐渐递增的趋势；来自世界其他国家的电影开始频繁进入中国院线，其票房收入分别为 12 亿元、8 亿元、34 亿元、20 亿元、60 亿元[①]。中国观众的观影水平不断提高，中国电影市场明显已经过了唯票房论的时代，为不同地区电影在中国电影市场取得百花齐放的效果打下了坚实的基础。2020 年，受全球新冠疫情影响，中国电影总票房为 204.17 亿元，中国电影票房收入为 27 亿美元，美国的票房收入则为 23 亿美元。中国票房收入首次超过美国，首次获取全球第一的位置[②]。中国电视剧比如《父母爱情》《琅琊榜》《知否知否应是绿肥红受》等，不仅深受国内观众喜爱，而且还受到欧美国家、韩国日本等亚洲国家以及非洲国家观众喜爱。以手机为终端的微信、抖音等也风靡全球，赢得消费者认可和追捧。

综上，新时代的中国大众文化，积极追求真善美，为人们不断提供高质量的大众文化，满足人们多样化的精神消费需求，有利于人的发展进步和社会发展；并在国际上赢得了市场竞争，展示了担当负责的国际形象等。

三、当代群众文化兴起与发展的特点

自党的十一届三中全会召开以后，中国大众文化，在市场经济的沃土上，在风起云涌的全球化声浪中，沐浴改革开放的春风，普遍流行于全社会，并成为中国文化的底色。中国大众文化的兴起与快速发展，是时代的产物，呈现了时代特色和自身的特点，是中国文化走向繁荣、展示中国形象的晴雨表。

（一）大众文化发展受资本因素的影响

大众文化在我国的兴起和发展，一方面，打破了文化受政治的支配，作为政治统治工具而向权力依附的状态，促进了人的发展和进步；另一方面，大众文化受市场经济的资本因素影响和文化产业政策激励，积极拓展文化市场疆域，提高

---

① 2018 电影总票房持续走高产业发展迎来新机遇 [EB/OL].2021—11—15，http://www.xinhuanet.com/ent/2018—12/28/c_1123917462.htm.

② 数据来源：2020 年全国电影总产量共计 650 部国产电影票房占比超 80%[EB/OL].2021—11—15，https://baijiahao.baidu.com/s?id=1688108422406614194&wfr=spider&for=pc.

了大众文化的经济效益。中国大众文化在发展过程中，虽然表现出了某些不足，但纵观这些年的发展，大众文化从总体上而言，实现了社会效益和经济效益的双丰收。

首先，中国大众文化的发展受资本因素影响，具有世界历史的必然性。文化活动的市场化、经济化趋势，自 20 世纪 90 年代以降，一路高歌猛进。而隐藏在这一趋势背后的是资本力量。马克思认为，资本的本性就是实现价值增殖和最大化地赚钱，即资本生产资本，实现资本扩张。按照资本逻辑，大众文化按照商品化价值方向、打破地域的、民族的和文化的限制，"文化搭台，经济唱戏"，实现大众文化在最大地域范围和最大数量值的经济价值。我国大众文化如若完全以文化经济价值的最大化为追求，有变成对资本的最大依附而受资本的枷锁控制的危险。因此，我国大众文化的发展，需要超越资本逻辑的影响。

我国大众文化兴起发展的阶段，正处于中国特色社会主义初级阶段。这个阶段既不属于传统农业文明占主导地位的前现代，也不是后工业文明占据主导的后现代，而仍然是以推动工业文明发展并步入现代化强国的现代文明阶段。因此，这个阶段依然具有现代性文化的诸多主要特征。张三元讲，现代性文化本身就是资本，"文化的资本化主要体现为文化本身实现价值增殖的功能"。[①] 为了追求更多更大的经济价值，文化沿着资本逻辑，开疆辟壤，向全球不断扩展自己的版图，实现文化全球化，影响全球文化的发展。亨廷顿将文化全球化比作文化地震，说它影响之大，"几乎涉及地球的所有地方"[②]。其中的一些发达国家比如美国凭借经济上的优势转化为文化上的强势，向国外强行输出其媒介文化产品，将文化全球化错误地理解为美国化，影响世界许多国家的文化认同，对中国社会生活和普通人的日常生活影响也是最大的。面对"美国化"式的文化全球化，中国和中国大众文化，"既不能完全脱离资本这个现代社会的根基，也不能完全脱离现代性文化发展的轨道，而是要充分利用资本以及现代性文化来发展和壮大自身"[③]。

其次，资本逻辑影响着中国大众文化的生产、传播和消费。大众文化作为一种市场文化和文化产业的支柱，本身就要追求经济价值。大众文化生产者为了

---

① 张三元. 资本逻辑与现代性文化 [J]. 江汉论坛，2019（3）.
② [美] 塞缪尔·亨廷顿等. 全球化的文化动力：当今世界的文化多样性 [M]. 康敬贻等译. 北京：新华出版社，2004：1.
③ 张三元. 资本逻辑与现代性文化 [J]. 江汉论坛，2019（3）.

赢得更多消费者的青睐，就根据消费者的欣赏口味和文化趣味的特点和变化趋势，适时调整资本动向和扩张方向，不断花样翻新制造新产品，打造、引领新时尚，制造和引导民众的消费需求，最终实现资本自身价值的增值。如若没有利润可图，资本将终结生命。为了获利，资本将想方设法地把文化产品投放市场，使其商品化，并综合运用网络、手机、电视、电影等媒体丰富营销手段，扩大文化产品的吸引力，选择和吸引大量的消费人群，赢得文化消费市场，拓展生存空间。大众文化作为一种消费性的文化商品，随着传播技术的提升和传播速度的加快，人们生发审美疲劳的速度也在随之加快，对大众文化产品充满新的期待和需求。资本为了自身的增值，也会主动发现这样的商机，以满足和适应大众的新期待，革新升级大众文化产品，赢得更多的点击率、收视率和票房率。就这样，资本在完成大众文化产品的生产、传播、消费等环节的不断"运动"过程中，不断增殖自身，实现资本扩张。资本在增殖"运动"过程中，促进了大众文化产品的生产、传播、消费等过程的商业化发展；但任由资本逻辑摆布，将影响民众的消费健康安全。

近些年，我国大众文化生产中（以电影为例），某些导演，照搬"好莱坞"模式，任由资本逻辑控制，将巨大的资金投入电影市场，而不管不顾影片的文化内涵，子虚乌有营造中国奇观，充满比坏、暴力、色情等内容，以形式的优美取胜于内容的文化内涵，影片获得丰厚的票房收入。一时间，群起效仿，也赢得了不菲的市场价值。2013年底，中国电影在本土市场价值方面，获得了可与好莱坞电影相抗衡的竞争实力，但文化市场上却充斥着大量沾满"铜臭气"的低劣产品。大众文化作为一种商品具有经济价值，但它还是文化，尤其是在中国语境下，它还具有极其重要的文化价值——"化人"，促进社会和人的发展。由此，人们深感中国文化安全受到的压力。党的十九大以后，大众文化日益向好，国际竞争力增强，获得不菲的市场竞争力和经济价值。十八大以来，中国电影总票房收入^①（见下表数据），2014 年接近 300 亿元，2015 年突破 300 亿元，之后逐年向好，到 2019 年超过 642 亿元。因新冠疫情肆虐全球，国产影片的市场竞争力提升，由此带来好莱坞等国际影片在中国的吸引力相对下降等因素，大量进口片缺席，因此，2020 年票房收入下降到 2013 年同期水平，2021 年回升到 2016 年水平。抛开疫情原因，2019 年中国电影票房收入排名前三的均为国产电影，国产电影实现社会、经济效益的双赢^②。

2013 年到 2021 年全国影院总票房收入（亿元）情况

自然年度	2013	2014	2015	2016	2017	2018	2019	2020	2021
总票房收入	217.69	296.39	300.9	457.12	559.11	609	642.66	204.17	472.58

数据来源：中国政府网和中国电影网等

　　总之，受到资本力量影响的中国大众文化，要获得健康发展，需要有明确的价值取向。因为资本逻辑是市场逻辑的主要特点之一，除此之外，市场也具有无政府性，中国大众文化不能仅仅追求经济效益，而是要结合人类自身的发展目的，赋予资本投入和产出新的内涵和价值。中国大众文化既要注重经济价值、提高经济效益，更要重视文化积累和丰富、增进社会效益，是商品意义和文化意义的辩证统一。

---

① 图表：2014 年中国电影总票房跃升至 296 亿元同比增长超过 36%[EB/OL].2022—02—05，www.gov.cn/xinwen/2015—01/01/content_2799349.htm.2015 年全国电影票房突破 300 亿元 [EB/OL].2022—02—05，www.gov.cn/xinwen/2015—09/10/content_2928263.htm.2016 年中国电影票房 457 亿元观影人次超过 13 亿 [EB/OL].2022—02—05，www.gov.cn/xinwen/2016—12/31/content_5155313.htm.2017 年中国电影票房 559 亿元同比增长 13%[EB/OL].2022—02—05，www.gov.cn/xinwen/2017—12/31/content_5252077.htm.2018 年中国电影票房首破 600 亿元 [EB/OL].2022—02—05，www.gov.cn/xinwen/2019—01/01/content_5353909.htm.2019 全国电影票房年报 [EB/OL].2022—02—05，https://www.chinafilm.com/xwzx/8726.jhtml. 国家电影局：2020 年全国电影市场票房 204.17 亿元 [EB/OL].2022—02—05，https://ent.sina.com.cn/m/c/2021—01—01/doc—iiznctke9624254.shtml. 全年总票房和银幕总数保持全球第一 [EB/OL].2022—02—05，https://www.chinafilm.gov.cn/chinafilm/contents/142/4075.shtml.
② 刘阳 .2019 年全国票房 642.66 亿元，国产片份额达 64.07% 中国电影稳健前行 [N]. 人民日报，2020—01—02（012）.

（二）大众文化发展的分众化、个性化明显

大众文化，不但在形式上，而且在文化价值上都具有共享性。大众文化以自身带有的娱乐功能、审美功能、教化功能等优势，吸引尽可能多的人前来创作生产、传播、消费、评价大众文化，充分享受大众文化给繁琐的日常生活带来的美好。随着传媒技术的日益提高和网络时代的来临，参与大众文化的人越来越多，可是"大众化"的大众文化发展出现了明显的"小众化"趋势，人们呈现了一种"部落化"的生存方式。从文化主体的角度讲，人的分众化和个性化更加明显；从文化生产的角度讲，由有组织的机械化大生产向网络时代的个性化生产发展；从文化传播的角度讲，由文化的代际交流向同辈的平级交流转变；从文化消费的角度讲，由共赏向分赏转变，消费者分众化趋势突出。

第一，从文化主体上看，人的分众化和个性化更加明显。改革开放以来，我国现代化建设取得了令世人瞩目的重大成绩，并向社会主义现代化强国迈进。国家的现代化终将需要人的现代化来体现和推动，有学者认为，"人的现代化归根到底是人的自我意识强化的问题"①。当代中国，人的自我意识在中国特色社会主义现代化建设实践中更加自觉和深化。人们的社会自主性不断增强，越来越多的人可以自由选择属于自己的活动时间和活动空间，由线下转移到线上，由社会空间转移到网络虚拟空间，不断延展活动时间和空间，自由生产、选择、分享传播大众文化产品，在此过程中创造意义。

文化作为人的自我意识的表达和外化，是人的存在方式。人离开文化，无异于动物。人从其出生开始，就被特定的文化包围，受其熏陶、影响和塑造。不知不觉中，人的思维方式、价值观念等内在部分的养成和发展就与特定的文化发展相适应，从而实现人的社会化。因此，从某种意义上而言，"文化是促使个体社会化的重要因素"②。值得大家注意的是，促使个体社会化的文化，是某一社会群体的"公共性"文化，具有该社会"公共价值"的共识。在这种共识性的文化中，形塑人的个性特征并再造文化。在当今中国，文化已经分化为主流、精英和大众的三足鼎立局面，人们可以受多种文化的影响和形塑。其中，大众文化较意识形态文化和精英文化而言，因其自身的独特优势，全面深入中国人的日常生

① 彭越．论自我意识与人的现代化，[J]．广东社会科学，1988（4）．
② 焦丽萍．个体自我意识与文化认同 [J]．理论学刊，2008（8）．

活，广泛影响和形塑人的个性，并从多样性的生活实践中获得多样性发展。从理想状态上讲，大众文化的多样性发展有利于实现人的个性的多样性，从而健全人的本质，促进人的全面发展。但由于种种原因的限制，一个人不可能消费所有的文化，只能选择接触其中的几种媒介和相应的文化进行消费。社会由此形成不同特质和个性特征的个体，并强化了人的分化和个体性，因此，文化消费者以不同的主体出场。有学者警示大家："大众媒介可能使人们逐渐远离理性的、公共的、集体的政治命题以及宏大的传统民族文化精神这个问题，我们还是需要保持警惕的。"[1]

第二，从文化消费上看，大众审美的个性化、分众化日益突出，由"共赏"向"分赏"转变。改革开放之后，虽然中国社会分化明显，但大众文化作为文化分化的产物，却以文化共享的面貌出现在中国大众面前。正如周宪所言，大众文化"摆脱了传统文化的限制，成为当代社会各个群体和个体可以自由接近的活动"[2]。不论你是不同经济地位、社会地位和政治地位的人，还是不同地域的人，都可以共赏同一种大众文化。比如，20世纪80年代到90年代初，中国的大众传播媒介电视还不普遍，电视节目稀少，人们带着看"坝坝电影"的方式，男女老少端着各家的凳子，挤满整个房间、院落、晒场或小巷，围坐在电视机前共同收看电视，旁边还有人时不时地去转动电视机天线。虽然有时为换台的问题争吵不休，但人们在看相关电视节目时，仍然很投入：边看边聊，一会儿群起欢呼，一会儿哽咽流泪；一会儿赞叹，一会儿责骂……看完离开后，大众文化在人们的生活中仍然充满余热。人们常将电视节目和相关演员或角色作为日常生活话题挂在嘴边，部分家庭甚至以电视剧中人物的名字为新生儿取名。

但是，随着中国社会的进步和科技的发展，大众传播媒介由杂志、报刊、广播、影视进入到网络媒介电脑、智能手机等，人们由此进入网络时代。生活在网络时代的人们，因为自我意识和文化水平较以前有较大提高，人们选择文化产品的自主性明显增强。面对报刊、杂志、电视、电影、网络、手机等不同的传播媒介和琳琅满目、种类繁多的文化产品，不同的人群会因为喜好、文化趣味、价值观等的不同，选择和消费不同类型的传播媒介及相应的文化产品。换言之，同一

① 蒋述卓，李石.当代大众文化的发展历程、话语论争和价值向度[J].杭州师范大学学报（社会科学版），2019（2）.
② 周宪.文化表征与文化研究[M].上海：上海人民出版社，2015：92.

种大众文化将会因为分化的审美趣味和价值观等因素变得众口难调。文化消费中,人们共赏大众文化的局面被打破,由此而来的是"分赏"格局的形成。本文在此不妨借用一下王一川的"艺术分赏"概念。王一川在《大众文化导论(第三版)》前言中认为:"艺术分赏,是艺术的分众各赏状况的简称,是指由日常媒介接触习惯所形成的不同公众群体间相互分疏的艺术鉴赏状况。"① 不同的文化消费群体有不同的文化消费需求,有的人习惯阅读报纸,有的人习惯追剧,有的人习惯上网或聊天或欣赏网络视频和音乐、或沉迷网络游戏等,不胜枚举。人们因接触习惯形成相应的一种或两种、三种媒介偏好,而排斥其他种类媒介所编制的媒介环境。大众文化的艺术分赏趋势,有利于维护公众群体自身的艺术鉴赏权利和公众自身的个体主体性,维护和强化公众的个性化文化消费。但是,对大众文化过度的个性化消费将导致部分公众为娱乐而娱乐,产生宣泄性、畸形消费,不利于消费主体提升文化品位和文化修养。对于整个社会而言,过于分化的艺术分赏不利于有效维护我国社会的公共生活秩序。

在艺术分赏中,网络文化构成了我国国民文化生活的重要来源,其中,青少年是网络文化观众的主力军。众所周知,青少年并未最终形成稳定的价值观,是可塑性最强的公众群体。于是,为吸引青少年网民,增加网络点击量,部分大众文化(尤其是网络视频等)的制作者会投其所好,向他们制作和传播具有视听奇观的不良大众文化产品,影响青少年的健康成长。

日常生活中快捷变化的大众文化,不得不让我们面对、接受和理性看待艺术分赏的文化现实和人们的个性化消费现实。除此之外,面对大众文化发展的分众化和个性化特点,我们仍然要坚持"倡导主旋律,提倡多样化"的文化发展原则,在文化多样化基础上,在人们的生活实践中,发现、提炼那些蕴含公共价值理念的公共性文化因素,引导大众文化发展,以浸润公众心灵。因为,随着人们的收入水平不断增长,广大人民对美好生活的向往,必定充满着对高质量大众文化产品的期待,关注大众文化产品的文化精神内涵,促进文化产品的创新升级和更新换代,以进一步丰富人民的文化生活。

第三,从文化生产上看,生产向弥散化和个性化发展。大众文化作为工业文明的产物,是有组织的机械化大生产的产物,遵循着组织化批量化生产的规律。布尔迪厄认为,文化生产场域有"有限生产场域"和"批量生产场域"之分。在

---

① 王一川.大众文化导论(第3版)[M].北京:高等教育出版社,2015:前言1.

有限生产场域中，生产者以超功利的原则和"赢者输"^①的规则，为其他同行的生产者进行生产，对应的是精英文化；在批量生产场域中，生产者遵循他治原则的经济功利价值，为广大大众进行生产，对应的是大众文化。按照布尔迪厄的理解，大众文化是批量化生产场域，遵循商业上的成功为最高原则，因此，为获得商业上直接的经济效益，它须以迎合大众趣味为价值取向，以最大限度地获得最大多数观众的认可。迎合的结果就是大众文化中的人物性格和叙事结构的模式化、主题的雷同化、语言风格的大众化等常规化发展倾向。而精英文化则是面向同行的，极度张扬个性，以差异化作为艺术形式和价值取向。

我们不否认大众文化和精英文化有上述区别，但当今社会，传播文化的媒体已经突破了以往的报纸、广播、电视等传统媒介，发展到以网络技术为核心的电脑和智能手机为媒介的新型媒体。人们突破了时间限制和社会区域空间限制，分散开来，随时随地由着自己的文化趣味和意志自由，通过电脑尤其是手机，选择、传播、消费、评价、生产大众文化。文化消费连同文化生产都个性化了，它并不是批量化的规模化生产，而是趋于一种弥散化和个性化状态。充满个性化、弥散化的文化生产，生产出各种形式的大众文化产品。多样化的文化形式可以相互借鉴、吸收、融合，促进文化的创新发展和繁荣。但众多的个性化生产，如若没有主流价值的导向，大众文化将在价值多元中失去普遍一致的文化公共性价值标准和价值观，走向价值相对主义。各种价值在形式多样的大众文化中，不分好坏、美丑、善恶，"众声喧哗""群魔乱舞""众神狂欢"。大众文化如此支离破碎的、离散化的多样性发展，凸显的是大众文化领域内的混乱秩序，不但不利于社会的进步和人的提高，反而将成为社会秩序混乱的重要根源，助长人们功利性欲望的泛滥，人们为娱乐而娱乐的娱乐狂欢，甚至"傻乐"和"娱乐至死"，将可能大行其道。相较于经典文化，大众文化虽然很少具有恒常的人文价值，但是大众文化在新时代的中国语境下，需要回归文化传统、面向文化发展，强调文化世代相承的传统核心价值和与时俱进的先进性价值，承载具有中华民族精神和时代精神的文化价值意义，强调在大众文化多元发展中的文化共识和价值引领。大众文化在净化文化环境的同时，"以文化人"，使文化主体的个性和社会性相统一，

---

① "赢者输"的游戏规则，按照布尔迪厄的理解是指：在有限文化生产场域中的超功利价值追求所建构的以下特殊游戏规则，即文化产品在市场上的巨大成功正好成为它在有限文化生产场域遭到贬斥的原因。一部电影的高票房恰恰意味着它艺术上的失败，一部畅销的文学作品被认为是"失败的作品"。

成为"自由与秩序相统一的人"①。

第四，从文化传播的角度讲，文化传播向"去中心"的多向传播发展。随着互联网的普及，中国大众迎来了数字化的生存方式。从本质上来讲，人们在网络世界中的网络化生存是现实生存方式的延伸，理应遵守现实生活的普遍法则和伦理道德等。但是，在这个虚拟的网络空间里，人们的精神生活方式和交往互动方式发生了根本性的改变。根据相关报告，中国网民规模由2000年1月的2250万人上升到2021年12月的10.32亿人②，越来越多的人开始依赖网络，过着网络化的生活，形成网络社会。在网络社会中，互联网正以一种异常强大的互动性、开放性、群聚性、随意性等特征，将众多的个人想法迅速进行公开的社会化的传播，快速引来无数的"看客"，或静观，或点赞，或评论支持，或解构抨击，等等。从传播方式讲，网络文化打破了以往由少数信源中心的单向传播方式，向多中心的多向传播方式转变。

从积极的意义上而言，网络文化让众多的个体和民族，有机会通过网络阐述和展示自我，宣扬本民族的优秀文化，抵制文化霸权，促进世界文化的多元发展；网络文化在强调"自我"、突出个性的同时，扩大了人们自由言谈交流的文化公共空间，带来了网络民主；各种文化在对话、交流、交锋、融合中多元共生、异彩纷呈，网络在改变意义生成方式的同时，促进了文化创新发展。

从消极的意义上而言，以数字符号形式表现的网络世界，让人们作为一个符号身份或代码沉溺于网络世界，脱离"在场"的现实社会关系，影响现实生活中的人际交往和人格完善，不利于文化传承发展。众多的"低头族"，人虽近在咫尺，心却远在天涯。人们习惯且热衷于网络世界的交流互动，疏忽了身边的人际交流和文化传播，出现现实社会因面对面沟通不畅或沟通障碍而宁可选择网络线上交流的行为方式。由此带来人际交往障碍，不利于人的成长和发展，也不利于文化的传承发展。一方面绝大部分以符号形式存在的"点赞""发帖""跟帖"等信息，也只是人们在流动的网络情景中、在碎片化的时间里，面对网络界面生发的千差万别的情绪性感慨而不是理性的系统沉思，不利于文化的创新和高质量发

① 邹吉忠.自由与秩序[M].北京：北京师范大学出版社，2003：286.
② 中国互联网络信息中心.第7次中国互联网络发展状况统计报告[EB/OL].2021—11—15，www.cac.gov.cn/2014—05/26/c_126547988.htm.中国互联网络信息中心.第49次《中国互联网络发展状况统计报告》（全文）[EB/OL].2022—03—11，www.cnnic.net.cn/hlwfzyj/hlwxzbg/hlwtjbg/202202/P020220311493378715650.pdf.

展。另一方面，各种网络言说者绝大部分是青年人群体，他们之间的交流，是同辈人的多元的弥散的交流方式，看似"繁星闪烁""满天星辰"，实则充满多元的活跃和混乱的无序，不利于人类文明的传承和良好心灵秩序的养成。

（三）大众文化发展呈现差异性和多样性趋向

纵观人类社会的历史发展，人类社会的价值观念从来都是多元多样和多层次的。大众文化必然以这些多层次、多元而多样的社会价值观念为内核，而呈现自身的丰富多样性。在全球化的时代背景下，以资本作为内在驱动逻辑的各国大众文化，必然伴随资本突破地方性的一切限制，"征服整个地球作为它的市场"①，获取市场经济效益。在这个过程中，各国大众文化产品在文化市场上，不仅仅是为获得丰厚的经济利益，更是各国大众文化产品所承载的价值观的较量。多元多样的文化价值观在一国文化市场上竞相绽放，将有利于促进文化市场的繁荣，激发社会活力和人的创造能力。但是承载多元多样价值观的大众文化，因价值观的不同和差异可能会导致相关文化的竞争和矛盾，甚至导致文化冲突和政治纷争。

西方国家，仍然试图通过文化手段支配其他国家人民的思想，改变其他国家人民的价值观和生活方式。亨廷顿说："相比文化全球化的其他三个方面（笔者注：商界精英、学术界和社会运动），美国大众文化是全球化力量最强的，对中国社会生活和普通人的日常生活影响也是最大的。"②这种影响可以从近些年来我国电影市场的变化中看出一丝端倪。一方面是我国第五代导演们争相模仿好莱坞大片而生产的国产大片，虽然引来了国内很多学者的批评而引起人们对民族文化安全的担忧，但是从此推动了我国电影的市场化生存方式和我国文化产业的发展和壮大。另一方面，好莱坞电影在我国的票房中，一直到2018年才出现拐点，"不再是票房保证和金字招牌"③，2020年全国总票房排名前十位的都是国产电影，中国首次超过美国成为全球最高票房市场。可见，不论是从电影的模仿拍摄还是票房比较来看，我国电影产业一路走来实属不易，它都受到美国大众文化的影

---

① 马克思恩格斯文集（第8卷）[M].北京：人民出版社，2009：169.
② [美]塞缪尔·亨廷顿等.全球化的文化动力：当今世界的文化多样性[M].康敬贻等译.北京：新华出版社，2004：4.
③ 2018电影总票房持续走高产业发展迎来新机遇[EB/OL].2021—11—15，http://www.xinhuanet.com/ent/2018—12/28/c_1123917462.htm.

响，大众文化在我国和美国等西方国家之间的竞争和较量相当激烈。这也说明：我国对外文化交流合作中，尊重差异、文明互鉴的文化原则的正确性；遵循文化全球化就是美国化的霸权行径，也只是一些文化霸权者的"一厢情愿"而已，在实践中是行不通的。

中国大众文化在本土的发展中，同样呈现多样性和差异性发展趋向。因为大众文化是典型的市场文化。为了在激烈的文化市场竞争中生存下来，大众文化需要迎合大众的文化趣味。然而大众的文化趣味并非单一的，它随着社会结构的变化而变化。改革开放以来，中国社会结构日益多元，社会不断分化，大众的文化趣味也在不断变化且出现多样化发展趋势。因此，大众文化也将随之在不断流动和变化并走向多元多样，增强了大众文化的生命力和活力。另一方面，大众的文化趣味，有的高雅，有的不免低俗。那些迎合高雅文化趣味的大众文化，充满真善美，体现人性的丰富性，促人成长，增强人的本质力量；相反，那些迎合大众低俗文化趣味的大众文化，将以"吸引眼球"的方式走向低俗，挑战国家文化安全。可见，多元多样的大众文化之间充满着价值矛盾。如若让低俗的大众文化大行其道，不引导和管控，不但会威胁国民素质的提升，还会影响国家文化利益和安全，进而破坏国家的正常秩序。由是观之，多元多样的中国大众文化，要获得健康发展，需要先进文化的引导。

（四）大众文化发展面临公共性文化价值的缺失风险

大众文化通过大众传媒，以通俗易懂的方式，在普通民众之间进行广泛而快捷的传播。中国大众文化的发展突破了以往由意识形态一统天下的文化发展格局，实现了文化的解放，走向多元化。恩格斯说："文化上的每一个进步，都是迈向自由的一步。"[①] 中国大众文化在解放了人的情感欲望和思想、促进了人的自由发展的同时，又面临自身公共性价值缺失的风险。

大众文化产品从其生产出来之时就决定了它必须面向社会，而不是供生产者自我欣赏和消费。大众文化需要大众传媒将其传播出去供他人消费。供不特定的他者消费是大众文化的本质特征之一。在现代社会，人们虽然会因为文化趣味和消费习惯等的不同形成不同的"分赏"群体，持有多元不同的甚至是分裂的价值

---

① 马克思恩格斯文集（第9卷）[M]. 北京：人民出版社，2009：120.

观，但是人终究是社会关系的动物，需要交往也不断地在进行各种交往，并实现不同身份的转换和思想观念的碰撞、交流、交锋和融合。从理想状态而言，大众文化时代，不同人群在日常生活交往中时常会谈论起不同的大众文化，形成对不同大众文化的公共判断，产生差异性的文化共识。大众文化就这样随着人们的相互交往和大众传播媒介进入社会公共领域，成就了一种自觉的公共文化认同。公共文化正如姚崇在其博士论文中理解的那样，"是具有特定意义生活形态的大众文化"①。从现实发展而言，改革开放以来，大众文化随着大众传播进入我国社会公共领域后，随着人们的相互交往，渐渐消解了以往由国家提供并规定的全民共享的价值体系和传统价值观，消解了人们对世界整体性的超越性的意义理解，由此产生的分歧的意义时常又处于矛盾和冲突之中，影响了人们文化生活中的伦理道德秩序。换言之，大众文化侵蚀着文化公共性价值，让文化面临公共价值缺失的风险。

四、当代群众文化兴起与发展的积极作用

跟随着中国式现代化建设步伐，大众文化在中国兴起和发展，打破了中国文化长期受一元文化形态即意识形态的控制，而这种意识形态主要是政治意识形态，尤其是其中的阶级斗争的政治控制，摆脱了中国文化对中国政治的依附地位，实现了文化的民主化发展和人的自由的实现：民众拥有了自己的日常生活。随着改革开放的继续深化和市场经济的飞速发展，大众文化既促进了中国经济的发展和中国文化产业的腾飞；又进一步促进了文化发展的主体性自觉，提高了国家治理水平，同时还维护了国家文化主权和安全。

（一）有利于促进我国文化的多样化、民主化发展

大众文化在中国的兴起与发展，标志着我国向着更加自由与民主的方向前行②。主流文化在整个文化系统中起到规范和控制文化发展总体方向的作用。由

---

① 姚崇. 大众文化与社会心态 [D]. 陕西师范大学, 2015（75）.
② 李明. 当代大众文化建设研究——基于科学发展观的视角 [M]. 北京：中央编译出版社, 2018：169.

知识分子主导的精英文化承担着文化教化任务，是人文精神与社会理想的重要载体。大众文化强调娱乐功能，对大众具有强大的吸引力。大众文化凭此优势，在市场经济推动下，不断靠近大众、广泛深入大众的日常生活，加快了中国文化的平等化和民主化进程。进而，普通民众通过大众传播媒介就可以平等地共享文化产品，获得文化体验。尤其是在网络时代的当下，人们可以通过智能手机、平板电脑等设备，随时随地参与大众文化，并能随心所欲地制作、传播、消费大众文化。人们通过微信和微信朋友圈等，在社交媒体上发送、点赞、评论、旁观、阅读信息等活动，实现人与人的对话交流，真正实现了文化上的平等和民主。

不仅如此，新时代的大众文化还丰富了主流文化和精英文化的传播方式，增强了它们的吸引力，促进了文化发展的进一步科学化、民主化趋势。比如代表主流文化的央视《新闻联播》，近年来在播报部分新闻栏目中适时地、恰到好处地运用民众喜闻乐见的"段子""吐槽"[①]形式，通过电视、报刊、网络等传播手段，增强了《新闻联播》的吸引力，获得大量观众尤其是青年观众的点赞。央视《新闻联播》被众多网友称为"真正的段子手"，主持人朱广权和康辉因此成为"网红主播"且"圈粉"无数。中国古典诗词是当今世界文化宝库中不可再造的瑰宝，借助于现代大众传播手段，央视的《中国诗词大会》实现了精英文化和大众文化的融合。《中国诗词大会》在全国挑选"诗词达人"参加节目，并请来相关大学教授做现场嘉宾解读，场面十分震撼，使诗词的"冷知识"在演播室活起来，迅速在全国广泛传播开来，并成为当时各种"达人秀"类节目的一股清流。《中国诗词大会》自开播以来，对全国观众进行了十分有益的经典文化熏陶和价值引领，掀起了全国民众人民对古诗词的热情和热爱，提升了中华传统文化复兴的热度。

---

① 比如 2017 年春运"一路回家"栏目中，朱广权说："宇宙不爆炸，我们不放假。宇宙不重启，我们不休息。风里雨里节日里，我们都在这里等着你。"2019 年 7 月 25 日，康辉播报《究竟谁在全球到处欺侮恫吓他人？》的国际锐评："美国 100 名所谓对华强硬派人士最近污蔑中国推行'扩张主义''利用综合国力欺侮和恫吓他人'，声称'在美国的政治体制中，政治是常态，战争是例外，而中国恰恰相反'，这一观点荒唐得令人喷饭。……美国如此好战，却反诬中国'不是和平政权'，如果美国某些政客抱着霸权思维不放，奉行强权政治、到处欺负恫吓他人，充当'搅屎棍'，那么迟早要被 21 世纪全球化文明社会所抛弃。"

（二）有利于丰富我国人民的精神文化生活，增强其精神力量

"人们的存在就是他们的现实生活过程"[1]，大众文化反映了人们日常生活的本真状态，是人们日常生活状态的述说。大众文化将传统、习俗、惯例和天然情感等深深内蕴在人们的重复性思维与重复性的生存实践中。大众文化对日常生活的反映、切近与肯定，突显日常生活中的普遍流行的常识性价值观和人们长期以来形成的文化心理：善恶分明，扬善抑恶，颂扬真善美，鞭挞假恶丑，实现了文化向日常生活的回归。广大民众通过消费大众文化，既传承了社会主义核心价值观，又满足了自己的求知、怡情、审美、娱乐等精神文化生活需要。这种满足感有利于激发人们寻求与他人分享而建立人与人之间的联系。人们通过讨论分享，进一步形成、巩固和维护社会主义核心价值观、公共道德的价值共识和道德共识，提高广大民众的精神境界。因而消费大众文化被广大民众广泛接受和追逐，成为其日常精神文化生活的重要方式。

大众文化在被广大民众消费、接受和追逐中，实现了大众文化的商业化诉求和经济利益。大众文化的经济价值刺激，激发了文化生产者的创作生产热情。大众文化通过改写、戏仿、恶搞、收编等方式，将其他任何文化资源包括主导文化、精英文化等吸纳并改造为适合普通民众文化审美趣味的娱乐消遣对象。通过如此改造，大众文化产品的品种、内容不断丰富，形式日益多样，并带动文化市场的繁荣。在文化市场上，这些大众文化产品通过大众媒介的传播和广大民众的消费，以娱乐缓解学习、工作、生活带来的心理压力，成为疏导社会情绪的"减压阀"，并以文化价值内涵滋养人们的精神世界。大众文化的娱乐性工具价值与其潜伏的人文价值性交相辉映，不断充实和丰富着人的精神文化生活。

（三）有利于发展我国文化产业、提升国家治理水平

长期以来，我国政府及其文化行政部门成为国家办文化的唯一主体，中国文化建设主要靠文化事业部门推动，文化产业长时间没有取得合法身份。但是文化商品的生产、流通和消费却长期客观地存在着。尤其是改革开放之后，大众娱乐文化的发展，不仅丰富了人们的精神文化生活，又迎合、改变了人们的文化消费

---

① 马克思恩格斯文集（第 1 卷）[M]. 北京：人民出版社，2009：525.

习性，还转变了经济增长方式，促进了中国经济的发展。社会力量的广泛介入和参与，使得国家办文化的格局就此打破。伴随着我国社会主义市场经济体制的建立和发展，文化产业不仅获得国家的认可取得合法身份，而且还和文化事业一起成为当代中国文化建设的两大主题。可见，中国大众文化的兴起和发展，促进了中国文化产业的发展壮大。

在市场竞争中，文化产业要获得商业价值需要有文化精神内容作为支撑。作为文化产业支撑的文化精神内容，是能够给人以精神慰藉、精神满足、精神愉悦的内容，同时也是能够推动人类文明向前发展的内容，是文化知识、文化产品和文化"创意"的结合。文化产业只有具备丰富的精神文化内容，才能满足民众的文化消费需要，获得消费者的认可，从而实现文化产业的经济价值与社会价值。文化产业只有同时具备经济价值与社会价值财富，才可能吸引广泛的社会力量参与投资，引导资本的合理流动，克服经济发展中的结构性矛盾和体制性障碍，从而实现社会经济结构的战略性调整和经济增长方式的战略性转变与发展，达到国家经济治理的目的。

与此同时，通过文化产业，不同的消费者可以消费多样性的文化产品，通过文化消费，疏导、宣泄不良情绪，消解烦恼，愉悦心情，挖掘潜力，升华心灵，构建和谐的文化精神秩序。这种精神秩序的构建并不是通过意识形态领域的阶级斗争来实现的，而是消费者对大众文化在轻松愉快地、主动地、自由地选择和创造中实现的，并在此过程中又潜移默化地受到大众文化内在的深层次意义的影响。因为大众文化对消费者来说，具有生活的贴近感、熟悉感、亲近感、幽默感和意义感，对消费者充满着强大的吸引力、感染力、同化力。当内置于大众文化产品中的社会主义核心价值观，通过大众传媒传播进入公众的日常生活时，社会主义核心价值观才更容易被受众吸收，从而获得广大消费者的认同，内化为消费者自身的价值观，从而在全社会形成普遍的核心价值共识。可见，发展文化产业促进大众文化的繁荣发展，既可以在全社会满足人们多样性的文化需求，又可以形成普遍性的文化价值共识：一元主导、多元统一，形成文化合力，进而有效实现文化潜移默化、润物无声的文化治理功效。通过文化治理方式，将国家意志通过大众文化渗透到人们的思想观念中，形成人们的实践理念，转化为人们的实际行动，从而实现国家治理。可见，大力发展和加快发展文化产业，将有效提升我国的国家治理水平。

（四）有利于增强我国文化软实力、维护国家文化安全

伴随着改革开放的不断深入，尤其是我国加入 WTO 之后，我国文化市场上广泛流通着国外尤其是欧美大众文化。这种现象说明：一方面伴随我国人民生活水平的日益提高，民众多样性的文化生活需求不断增长；另一方面隐含着我国大众文化质量和品位等方面满足不了国内公众的精神文化需求，人们纷纷将目光转向国外，寻求国外大众文化产品带来的满足。海外欧美文化尤其是美国大众文化对他国人民有很大吸引力。相关调查数据也显示，我国很多公众认为欧美大众文化优于我国大众文化，比如，有研究院于 2015 年在全国开展了"欧美影片和国产影片的总体评价"调查发现，在 2931 份有效样本数中 2246 份对欧美影片的评价高于对国产影片的评价，435 份的评价与之相反，250 份认为旗鼓相当[①]。通过这组数据，我们可以看出，相较于欧美电影在中国巨大的吸引力，我国国产电影等大众文化表现出来的文化软实力相对不足。

从国家文化安全的角度看，欧美国家尤其是美国通常利用其文化软实力，通过现代传播媒介进行文化输出，从心理和价值观上影响他国人民，并将其视为一种效果明显的软力量资源。欧美大众文化产品在中国传播的过程中，人们在消费这些文化产品的同时，却在潜移默化的过程中受到其所承载的价值观的影响，正如胡惠林所言，"通过文化产品形态输入的文化天然地拥有一种改变人们精神世界"[②]的能力。面对中美文化软实力方面存在的差距，我国大众文化如何才能守住文化这片精神疆土，增强其市场竞争力和对国内人民的吸引力，有效防御国外大众文化给我国文化安全带来的挑战？

面对西方大众文化带来的文化安全挑战，我们没有故步自封，关起门来搞建设，而是继续实施文化引进来和文化走出去的文化发展战略。在积极参与国际市场竞争的同时，引进西方国家和日本韩国等国的优秀文化产品，学习借鉴其大众文化形式，立足中国文化建设，坚持中国的审美追求，积极将社会主义核心价值观和真善美的人文道德审美价值融入大众文化产品，不断提高我国大众文化的质量和品位。众多大众文化，比如，影视剧《破冰行动》（2019）、《都挺

---

① 陈燕．当前中国影视文化在价值传播中的作用及其问题 [J]．华中科技大学学报（社会科学版），2016（6）．
② 胡惠林．论文化产业的公共责任 [J]．社会科学，2009（10）．

好》(2019)、《装台》(2020)、《在一起》(2020)、《觉醒年代》(2021)、《山海情》(2021)、《人世间》(2022)和电影《十八洞村》(2017)、《战狼2》(2017)、《红河行动》(2018)、《我不是药神》(2018)、《流浪地球》(2019)、《囧妈》(2020)、《中国医生》(2021)等赢得国内观众好评，有的还走向世界，深得其他国家观众的喜爱和称赞。由此，我们可以说，中国大众文化的发展，在一定程度上增强了我国文化软实力，不仅在国内顶住了西方的压力，站稳了中国市场，维护了国家文化安全，还成功走向世界，深得他国观众喜欢和称赞。

第四章　当代群众文化价值取向存在的问题与不足

　　文化作为人的本质力量的对象化，与"自然"相对。文化活动及其活动成果渗透着人们的意识和目的，带有一定的方向性。影响这些活动及其成果方向的因素很多，但最根本的是活动主体的价值观念、价值取向、态度情感。其中，价值取向是主体根据价值观念在价值选择过程中所期求的目标价值。大众文化的发展，同样渗透着人的意识和目的，有着明确的价值取向。我国大众文化虽然在丰富文化市场、满足人民大众文化需求上发挥了重要作用，但是在发展过程中不同程度地存在一些价值取向问题，有的甚至在根本问题上暴露出价值观的严重混乱，挑战国家价值底线和人性底线。这些问题不但不利于大众文化的健康发展，而且有损于国民精神的塑造和提高。要促进新时代中国大众文化健康而科学地发展，塑造人们的健全人格，促进其全面发展，从根本上来说，需要对大众文化的价值取向问题进行深入的辩证分析和科学有效价值引领。不仅如此，从上文分析可知，文化的本质，从哲学上讲就是实践基础上主体人的客体化和客体主体化的辩证统一。主体客体化和客体主体化的过程就是价值的创造和实现过程。这一过程体现在大众文化上就表现为大众文化生产、大众文化传播和大众文化消费过程。因此，分析大众文化的主要价值取向问题，则是要对大众文化产品及大众文化的生产、传播和消费活动的价值取向问题进行全面把握。

一、当代群众文化产品的主要价值取向问题

　　大众文化产品的价值取向从理想的角度上包含真善美三个维度，内容上包括功利价值取向、政治价值取向、审美价值取向、道德价值取向等。价值取向不论从哪方面来说，都是主体选择和期求的价值，反映出价值取向中人的主体性。

（一）大众文化产品中人的主体性问题：消解人的存在意义

文化即"人化"，其最终目的是"化人"，实现客体主体化，推进人的提升和全面发展，而不是异化为"单向度"的人。如果"人的一切文化事业及其创造的文明价值，归根到底以人对存在的遗忘做代价的话"，或者"以人之物化"为代价的话，那么，"一切文化的成就终将归于虚无"[①]。换言之，人的创造对象反客为主，否定人的生存、遗忘人的存在，按照马克思的话来说，就是异化。为克服这种异化，马克思诉诸共产主义社会机制。共产主义社会联合体为每个人的自由发展提供条件[②]，并且"各个人在自己的联合中并通过这种联合获得自己的自由"[③]。

马克思曾说，"人直接地是自然存在物"[④]，"有激情的存在物"[⑤]。在这里，马克思从历史唯物主义观出发，肯定了人是自然界的一部分，人具有自然的、肉体感性等的自然属性，并受制于自然。但他会通过激情这一人的本质力量走出自然界的控制。不仅如此，人还可以充分发挥自己的能动性，让自然界成为自己的对象被认识和改造。可见，人既有受动性又具有能动性。除此之外，马克思还特别强调，人"是人的自然存在物"[⑥]。在马克思看来，人为自身而自为地存在着，也"在自己的知识中确证并表现自身"[⑦]，人具有超越动物的意识，能自由自觉地活动，即劳动。人通过劳动，不断扬弃包含人的本能欲望的自然属性，产生和创造出人的社会性。马克思说，人的本质在其现实性上，"是一切社会关系的总和"[⑧]。可见，马克思历史唯物主义中人的属性，是现实的、客观的而非形而上的抽象；同时，人的属性也不是宗教的外来赋予，而是人自身固有的属性。人与动物虽然都有自然属性，但是人的属性是超越动物性本能属性的，是在劳动实践中不断扬弃包含人的本能欲望的自然属性的。一句话，马克思主义的人的属性，是在劳动实践基础上的，人的自然性、意识性、历史性、现实性和社会性的统一。

① 王德峰.哲学导论[M].上海：复旦大学出版社，2014：204.
② 马克思恩格斯文集（第1卷）[M].北京：人民出版社，2009：666.
③ 马克思恩格斯文集（第1卷）[M].北京：人民出版社，2009：571.
④ 马克思恩格斯文集（第1卷）[M].北京：人民出版社，2009：209.
⑤ 马克思恩格斯文集（第1卷）[M].北京：人民出版社，2009：211.
⑥ 马克思恩格斯文集（第1卷）[M].北京：人民出版社，2009：211.
⑦ 马克思恩格斯文集（第1卷）[M].北京：人民出版社，2009：211.
⑧ 马克思恩格斯文集（第1卷）[M].北京：人民出版社，2009：501.

它追求人的解放和全面发展，让人在实践中，全面占有自己的本质，提升人的主体性。

中国改革开放之后，大众文化的发展，不断唤醒和加强了人的自我主体意识、思想解放和个性化发展趋势。20 世纪 80 年代，的大众文化超越了长久以来艺术文化模式中的意识形态主导地位，具有生活化、消费性和消闲享受性特征，人的感性的文化生命在大众文化产品中得到张扬。此时的大众文化唤醒了人的自我意识，使人从"工具论"的束缚中解放出来，第一次向人的自然本性回归，为当代人的生命点燃了感性的火种和自由的情感空间。

但是大众文化在自觉生成人的生存意义和价值的同时，让人不同程度地丧失了生存的整体性和走向自由之境，甚至带来生存意义的无根性，出现片面的感性解放后的、自我的肆意张扬和行为扭曲现象，消解人的存在意义。人之为人的主体性，并非像生物那样存活于世，其本质属性在于劳动实践和人的社会性。然而，在很长一段时期内，大众文化为了适应大众趣味、满足大众需求，便将娱乐化、快餐化和消费化作为其普遍的价值取向和实践追求。这种追求虽然促进了大众文化的发展，但其中的繁荣无不带有"泡沫"般的虚假繁荣。很多大众文化产品不同程度地与传统核心价值疏离，甚至突破价值底线，"销蚀甚至钝化人的意识"[①]，走向"三俗"，危害人的身心健康。

影视文化如此，网络文化更甚。网络时代，人人都是麦克风，人人都有机会成为网络的宠儿。众多网民可以随心所欲地在浩瀚的网络世界里，选择自己心仪的活动休闲旁观，但不仅仅是被动的旁观受众，还可以主动参与相关网络活动，进行留言评论、互评、点赞，甚至开直播、录播视频等方式，"展演自我、制造快感、寻求意义，娱乐自己也娱乐别人"[②]。可是，这种网络文化产品，有时呈现出娱乐至上甚至"娱乐至死"的倾向，消解人的主体性。比如，短视频里时常出现炫富、无底线的低俗恶搞、恶意诋毁、审丑猎奇、虐待动物、乱骂脏话、虚假卖惨、宣扬早恋等现象。问题的严重性还在于，有的人像游戏成瘾一样，沉迷于低俗无意义的短视频，浪费生命。久而久之，人的思考能力、专注力和人际交往能力将受到影响，不利于人尤其是青少年的健康成长；同时还会影响人们对现实生活的理解和参与，不利于社会的和谐发展。

---

① 邹诗鹏. 现时代精神生活的物化处境及其批判 [J]. 中国社会科学，2007（5）.
② 蒋述卓、洪晓. 从春晚看当代大众文化的审美变迁 [J]. 南方文坛，2018（3）.

纵观上述大众文化产品，为了获得票房、收视率、点击率等，宁愿放弃文化的精神和意义内涵，甘当物质、金钱和欲望的奴隶，以一种津津乐道的态度去丑化人、扭曲价值观，甚至不惜突破人性底线，给人瞬间的视觉盛宴和感官的刺激、麻醉和惬意。作品中人的生命的自然欲望被赤裸裸地表现出来：物质与肉体的占有、展演和享乐，人的自然生命没有得到精神上的升华，相反呈现出个体感性的自我放逐，向动物性本能倾斜，消解了人的存在意义。如此大众文化，会给人们造成一个很坏的文化接受环境，在社会上滋生出许多人性丑恶的因素，比如，欲望满足一切、及时行乐、道德沦丧、意义迷失，随之出现郁闷、苦闷、空虚、颓废、绝望，等等，影响人们尤其是青少年的安全和健康成长。俄罗斯A.X. 沙瓦耶夫一语中的，道出了其中的实质性危害："精神的颓丧、社会文化产品质量的下降，常常成为文明国家和社会群体毁灭的原因。"[①]

（二）大众文化产品的政治价值疏离化、边缘化

20 世纪 70 年代末 80 年代初，改革开放的号角在中华大地上奏响。我国经济社会发展开始了一次划时代的重大变革转型，全面推进四个现代化，成为新的时代主题和全民族的共同信念。在这一时代背景下，私有制经济逐渐得到认可和保护，社会结构分化形成多元而独立的主体，促进了主体意识的觉醒；文化从教化功能向教化功能与娱乐功能共存的变化，文化在某种程度上获得了自身自主性发展的合法性依据。换言之，文化和政治之间实现了相对地分离和分化，但在分化的基础上并不是一个完全独立自主的领域。文化一方面与政治保持密切联系，主调鲜明，"以国为上"，充满着对国家和民族的关怀；另一方面又受到过去不曾有过的经济方面的影响，人们的自我意识和表现欲突出，即整个社会表现出了前所未有的自由创造精神和文艺创新精神，进而使得充满欲望、享乐和消费性的大众文化出现在中国文化大地上。到 80 年代末，大众文化的观赏性和娱乐性

---

① [俄]A.X. 沙瓦耶夫 . 国家安全新论 [M]. 魏世举、石陆原译 . 北京：军事谊文出版社，2002：109.

不仅得到官方认可，而且明确写入电影主管部门的"全国电影规划"[①]，还提高到了"二为"方向的高度，满足了大家的精神愉悦和健康宣泄需求。于是，具有娱乐功能的大众文化产品在全国流行开来，并迅速形成大众文化市场，拥有庞大的受众群体。但从总体文化环境上说，无论80年代的大众文化怎样表达人们的欲望和冲动，甚至出现王朔"痞子文学"对崇高和信仰的嘲弄，但大众文化也没有构成对社会主调的冲击和威胁，依然充满着对真善美的追求和美好未来的希望。王朔自己也讲，大众文化是给大众看的，所以大众文化要歌颂真善美，鞭挞假恶丑[②]。可以说，新时期的大众文化培养了既有独立自主性人格，又积极关注、参与公共事务的理性自律个体。

20世纪90年代以来，伴随世界经济全球化浪潮，中国市场经济体制开始建立并逐步深化市场经济体制改革，中国社会进入全面建设小康社会的新阶段。社会价值观，从理想化偏向世俗化、从精神化偏向物质化、从集体化偏向个体化、从一元化偏向多元化，甚至价值观一度混乱。人们不再关心具有国家、民族的公共价值的宏大主题，而是退缩回自己，蜷缩到只关心自己的身体和自己的小日子，盘算、经营着有房有车的生活。大众文化是社会生活的底色，大众文化产品中承载的物欲化的消费主义、占有性的个人主义、享乐主义、价值相对主义等被广泛传播，冲击着我国主流意识形态倡导的社会主义理想信念和道德以及集体主义原则，解构着我国主流意识形态长久以来坚守的崇高和英雄形象。

我们很多的大众文化产品，在市场大潮中，突出其娱乐化、消费化、快餐化的价值取向，强化其对大众趣味的适应、满足而不是提高，甚至突破人性底线，渲染恐怖暴力、淫秽色情等信息，伪造世俗生活经验，创造仿真世界，营造视觉奇观，冲击我国主流意识形态倡导的共产主义理想信念和道德、集体主义原则。有的国产大片不惜重金高投入、大制作，构造宏大场面来迎合西方对中国传统中非真实现实的猎奇而频频在西方获奖，但其精神内核与国家意识形态背道而驰。

[①] 该规划指出："加强各类片种的观赏性、娱乐性，为满足人民群众多样化的文化娱乐和审美需求，实现电影的多元化功能而努力……有鉴于较长时期以来，我们确实存在着只重认识、教化功能而忽视娱乐功能的倾向，现在有必要特别强调注重影片的娱乐功能，以匡正以往的偏颇……强调注重电影的观赏性、娱乐性是非常必要的。有鉴于处在改革开放的形势下，人们对多种文化的渴求，需要愉悦、松弛乃至健康的宣泄，因此强调注重电影的观赏性和娱乐性乃是贯彻'二为'方向的题中应有之义。"详见：滕进贤. 增强责任感，为提高影片的思想艺术质量而努力——在1989年全国故事片创作会议上的讲话[J]. 当代电影，1989（2）.

[②] 陶东风. 核心价值体系与大众文化的有机融合[J]. 文艺研究，2012（4）. 也可参见：陶东风. 当代大众文化价值观研究：社会主义与大众文化[M]. 沈阳：辽宁教育出版社，2014：124.

然而，任何文化包括大众文化在内，都不能脱离它所属的时代和民族特质。中国大众文化在全球化的大背景下，在我国国情语境中，应当在尊重国家文化主权的前提下，在追求丰富多彩、承载多元价值观的同时，突出至少不偏离我国主导性的价值取向，承担建设社会主义核心价值观方面的责任，从而帮助"人们寻求比当下生活更好的生活的政治"[①]。

（三）大众文化产品的功利价值大于甚至排除道德价值

特里·伊格尔顿认为："文化讨论的是价值而不是价格，是道德而不是物质，是高尚情操而不是平庸市侩。"[②] 由此可以看出，英国文化批评家伊格尔顿是将文化作为工业资本主义的对立面来看待的。那么工业资本主义的精神是什么？马克斯·韦伯将"资本主义精神"分为功利性伦理观和目的性伦理观两种。功利性伦理将诚实、节俭等美德仅仅作为实现功利的手段，甚至可以抽空美德内在的道德内涵，是一种美德即"有用"的工具性伦理："诚实有用，因为诚实能带来信用；守时、勤勉、节俭也都有用，因此都是美德。"[③] 但是这些美德只有在对个人有用（主要是获得更多的金钱和利益）的限度内才成为美德，否则是无利可图的浪费。这是一种以自我为中心的、自私自利的、纯粹利己的功利性伦理观。目的性伦理观将赚钱作为人生目的，并视退休为可鄙的怯懦，坚称赚钱直到赚不动为止。在韦伯看来，这两种精神气质正是近代资本主义精神，并把它们作为资本主义起源的重要因素。从中国文化的角度来看，资本主义精神不论是功利的还是目的的来看，都是一种资本精神的伦理，它把人引向金钱崇拜。

中国的国情决定了我们的文化精神绝非一种金钱崇拜的伦理。在中国传统文化中，人们坚持重义轻利、群体至上的伦理道德取向。人们通常在积极认识和改造自我、世界的实践活动中追求社会价值的实现。20世纪80年代，由于国内意识形态变革带来的思想解放和市场因素的推动，刚刚兴起的中国大众文化虽然还以集体主义为主要价值追求，但也零星地或明或暗地融进了个性解放和实现自我的价值取向。当商业和物质享受成为引导中国社会基本价值趋势时，中国大众文

---

① 周志强. 让文艺回到"人民的地面"[N]. 社会科学报，2014—10—30（06）.
② [英] 特里·伊格尔顿. 理论之后 [M]. 商正译. 北京：商务印书馆 2009：25.
③ [德] 马克斯·韦伯. 新教伦理与资本主义精神 [M]. 苏国勋，覃方明，赵立玮，秦明瑞译. 北京：社会科学文献出版社，2010：26.

化淡化集体主义的主调，强化个体自我价值和幸福的功利价值而不是道德价值。李德顺在《价值论》一书将价值分为功利和道德两个方面。其中，功利价值"侧重于人的个体存在和发展"，追求幸福和使人愉快、快乐与追逐现实利益的实用性是一致的；道德价值"侧重于人的社会关系存在和发展""功利和道德的统一，实质是人的现实生存和发展的统一"①。因此，大众文化的健康发展，必然要求其回归道德理性精神，承载一定的道德价值和道德责任，开发人的潜在的能力和素质，提高人文素养，提升社会效益。

但是，我国部分大众文化在资本的影响下，不同程度地存在：价值迷失和道德失范，人的德性目标遭到损害，人的生存和发展出现危机。有的大众文化产品过度追求个体的自我价值，过甚追逐物质功利和感官享乐带来的感性幸福，不同程度地存在放逐社会价值、道德理想和责任，远离精神家园的现象。比如，2004年后众多大众文化产品比如偶像剧、情感剧、宫廷剧等，荧屏上由帅哥靓女担任的故事主角，代表着故事里的高富帅和白富美，他们开豪车、住豪宅、吃豪餐，用的都是奢侈品。奢侈品与帅哥靓女，不仅激发了人的奢侈品欲望，诱导人们去放纵物质欲望、过分追求物质上的安逸和享乐，并以此作为生活的意义。社会被物化的同时，人的精神也被物化和矮化了。

总之，人既是物质性的生命存在，还是精神性、道德性的社会存在。因此，人不只是要让物质生活更加充裕，还要让精神生活更加有意义，让文化塑造道德良知、提升德性品格，为社会的进步和发展作出应有的贡献。当前大众文化彰显个体生存伦理为主的功利价值取向，不惜疏离道德价值、突破道德底线的问题，既不利于大众文化健康发展，更不利于人和社会的发展进步。

（四）大众文化产品的审美娱乐表层价值大于审美理想价值

在中国兴起的大众文化，表达了人们对客观世界的感性而审美的把握方式，激发了人们对生活的审美情感体验，增进了人们精神世界的感性的丰富性。相对改革开放前尤其是"文革"时期对感性的压抑来说，中国大众文化有力地促进了人们的感性解放。但是，感性不仅仅理解为人的肉体感官中的本能性欲求与快感，更应该理解为人的精神性愉悦与美感，是一种对人性的升华和丰富，以提升

---

① 李德顺.价值论（第2版）[M].北京：中国人民大学出版社，2007：145—147.

人的精神境界。

然而，在中国大众文化发展过程中，人们对大众文化带来的感性解放，更多地诉诸身体感官的生物学意义上的理解，这种理解带来的感性，是一种自然性本能的张扬，它挤压、排除理性精神，因而是一种粗俗、庸俗的感性，带来的只有娱乐快感而不是真正的美感和精神上的愉悦。正如康德所言，"诉诸感官的艺术是'媚'而不是'美'，它所产生的是'娱乐'（消遣）而不是'愉悦'（升华）"[①]。人的单纯感官娱乐是一种欲望化、低俗化的生活方式，并不能给人带来精神快乐。

虽然 2014 年以后，影视类大众文化的审美取向比前些年"娱乐泛化"程度方面稍有好转，但仍然存在取悦感官的审美娱乐表层价值重于审美理想价值，将人的精神美感降格以求，成为动物式的官能快感。

二、当代群众文化生产的主要价值取向问题

实现真善美的统一是文化生产的根本目标。任何文化生产都是人的本质力量的对象化，应该以真善美和核心价值为根本元素，实现光明驱逐黑暗，真善美鞭挞假恶丑。当代中国大众文化生产虽然是通过标准化形式进行的大批量、产业化的生产，但作为中国特色社会主义文化生产的一部分，追求、弘扬真善美，反对、驱逐假恶丑，净化人心、美化人生，是当代中国大众文化生产的责任和使命。但在现实生活中，我们的大众文化生产，往往坚持经济至上，忽视社会价值，导致价值取向严重偏离真善美，出现价值扭曲、混乱的问题。

（一）文化生产的实质：人的本质力量的对象化

文化生产，作为人的文化实践活动，是合规律性与合目的性的活动，是人们既遵循文化的本质特征和规律，又以满足人的需要为目的进行的价值创造活动。人的生产实践活动，区别于并超越于动物的生产活动。"动物只是在直接的肉体需要的支配下生产"，人则"不受肉体需要的影响"，"懂得按照任何一个种的尺

---

① 徐贲.走向后现代与后殖民 [M].北京：中国社会科学出版社，1996：288.

度来进行生产"，而这种生产才是"真正的生产"①。

在这里，马克思将生产实践作为人区别于动物的本质力量的存在，体现在真善美的统一上。首先，人的生产实践活动，遵循事物客观规律的"真"，可以突破自己所属的物种尺度，根据自身多样性的需求和不同事物的、精神的发展规律，进行全面的生产。人不仅生产自身，还生产整个世界。其次，人的生产实践活动，既能根据人的需要这一固有的内在尺度进行生产，又能按照美的尺度规律来构造。可见，从某种程度上而言，人的生产实践问题就是真善美的问题，是合规律性与合目的性的统一问题，是在掌握客观规律的基础上人的个性、潜能、价值和创造力全面发展的问题，也是人的本质力量的对象化和确证问题。

在马克思看来，当人的本质力量能够把握事物的本质特征和规律时，人就可以将该事物作为自己的对象进行生产和消费，进而创造出新的对象。"一切对象对他来说也就成为他自身的对象化，成为确证和实现他的个性的对象"②。人的本质力量随着劳动过程的不断拓展而越加丰富起来，"不仅五官感觉，而且连所谓精神感觉、实践感觉（意志、爱等）"③，都因为人化的自然界而产生和发展。可见，一切生产包括文化生产，都是人的本质力量对象化的过程，也是人的本质力量不断得到提高的过程。

物质决定精神，但任何物质产品，都不能抵消文化产品的价值，也不能代替文化产品的作用。作为文化产品和商品的大众文化，既有物质属性，又含精神意蕴。因而相对于一般的物质生产而言，大众文化生产具有自身的特殊性。这个特殊性就在于它不仅要追求物质方面的经济价值，更为重要的是它要表现自己的本质的精神属性，追求社会价值和社会效益。从当代中国大众文化生产实践来看，文化产品的具体内容和价值导向是文化生产者的思想观念和审美情趣对对象世界的能动反映和积极把握，是人的价值观和情感逻辑、智能、技巧等本质力量的对象化和现实化。文化产品作为可以直观人自身的对象，是人们欣赏的对象和美的对象。同时，文化产品作为"人化的自然"，可以生成人的各种感觉，形成"人的感性的人化"，"引导人们增强道德判断力和道德荣誉感，向往和追求讲道德、尊道德、守道德的生活"④，进而促进人的本质力量的全面丰富和发展。这也是文

① 马克思恩格斯文集（第1卷）[M]. 北京：人民出版社，2009：162—163.
② 马克思恩格斯文集（第1卷）[M]. 北京：人民出版社，2009：191.
③ 马克思恩格斯文集（第1卷）[M]. 北京：人民出版社，2009：191.
④ 习近平.在文艺工作座谈会上的讲话[N].人民日报，2015—10—15（02）.

化生产和消费的重要目的。可见，那些既挖掘日常生活的感性体验，丰富人的实践精神维度的感性，又追求价值理性维度的意义，传递真善美；既让人获得视听快感，感受审美愉悦，又启迪认识、化人养心，增强人的价值判断力，升华人的精神境界：才是大众文化实践应有的价值追求——全面增强人的本质力量，促进人的全面发展。

（二）大众文化生产突破真善美的价值底线

大众文化作为现代工业文明的创造物，是文化产业模式下生产出来的，市场上流通的、被大众消费的文化产品，遵循着现代工业生产和市场经济的一般规律。因此满足大众的文化消费，追求市场效益和经济价值成为大众文化生产的内在要求和首要选择。与此同时，每一个大众文化产品作为现代工业生成的对象性存在，不仅"是一本打开了的关于人的本质力量的书"[①]，还是文化生产者的思想观念和审美情趣对客观世界的能动感应和积极驾驭的反映。换言之，大众文化产品承载着文化生产者的思想观念和审美情趣等本质力量。大众文化生产者的世界观、人生观和价值观，总是决定着大众文化产品的思想内涵和价值取向。

大众文化生产是一种具有很强价值特性的审美活动，也是生产者的一种自由自觉的精神劳动。在这个过程中，大众文化生产者当然可以自由选择大众文化的题材、体裁、风格、形式等。但不管怎么选择，都倾注着生产者的价值判断和价值追求。只有那些承载积极进取、具有创造性价值追求的大众文化产品，才会被人喜爱，推进文化发展和人类进步。那些没有积极意义的价值追求的大众文化产品，难免摆脱低级和庸俗。因此，大众文化生产应当强化精神价值和社会效益。

大众文化作为我国文艺宝塔的底座，本应该表达我国民众文化生活的底色，反映普通民众的日常生活经验和情感，折射我国社会最为普遍的价值观和消费需求，契合我国社会主流价值观和当代中国时代精神。换言之，大众文化生产，不仅应当坚守文化底线，还应该不断提升文化质量和品位，在寓教于乐中对大众进行价值引领和精神滋养，提高其欣赏趣味和文化修养。这也是当前我国大众文化生产的主流，但某些大众文化在现实生产过程中，在多样化的价值取向面前，过于强调其商业性、消费性和娱乐性，过分追求外在的经济价值和表层的审美娱乐

---

① 马克思恩格斯文集（第 1 卷）[M]. 北京：人民出版社，2009：192.

价值，严重忽视内在的精神价值，甚至不惜突破真善美的价值底线，对社会大众产生价值性误导。

布尔迪厄把文化生产分为有限生产场域与批量生产场域。[①] 有限生产场域坚持超功利的标准，抵抗商业性、世俗化、娱乐化，主张为艺术而艺术，以获得同行认可为最高目标，对应的是精英文化。批量生产场域对应的是大众文化，是生产者为大众进行的不太专业的生产，迎合大众趣味，赢取最大数量观众买单实现最大限度的经济效益。可见，大众文化的健康发展不能以精英文化的标准来要求，它有自身的特点和规律。陶东风在研究中认为："迎合大众的审美趣味和道德习惯的结果，就是大众文化在形式和价值取向方面的常规化倾向。"[②] 这种常规化的倾向，并非文化生产者的个性化倾向，而是中国的传统价值观，是与公民道德底线的价值观相符合的、被普通人所普遍遵守的基本道德。

大众文化生产领域，有效供给不足，突破真善美文化价值底线的"三俗"（媚俗庸俗低俗）产品仍有很大市场。朱相远将文化的庸俗化、媚俗化和低俗化统称为"坏三俗"[③]。从朱相远对"坏三俗"的认定来看，文化的"三俗"是文化上假恶丑的大汇集，颠倒了文化的外在功利价值和内在的目的价值，过分追求外在的实用和功利，尤其是过分追求经济价值，忽略文化的社会公益性和精神文化价值。"三俗"文化为获得外在的经济价值，往往强调消费导向和娱乐导向，片面追求发行率、收视率、票房率、点击率等，淡化真善美的文化导向和社会效益。这些文化产品，放弃理性，以躯体支配头脑，根本没有真正坚持以人为本和人民的主体地位，而是主动放弃对人的价值关怀和生命本质的追求，掏空人性的精神内涵和社会性，丧失心灵的支撑，一味追求并放大人性个体化层面的"自然化""本能化""生理化"的感官刺激，博人眼球，泛化娱乐。

---

① 陶东风．当代大众文化价值观研究：社会主义与大众文化 [M]．沈阳：辽宁教育出版社，2014：121．

② 陶东风．当代大众文化价值观研究：社会主义与大众文化 [M]．沈阳：辽宁教育出版社，2014：123．

③ 朱相远将文化的庸俗化、媚俗化和低俗化统称为"坏三俗"。朱相远认为，"文化庸俗化，指将文化极端功利化，丧失了文化固有的品格"；"文化低俗化，也即粗俗化，指忽略文化的精神性、公益性、艺术性，把文化当作纯功利的手段"；"文化媚俗化，是指为了无原则地获取最大利益，完全放弃文化的社会教化责任，专门迎合一些人的低级趣味或纯感官刺激"。然而"科学的、大众的、民族的文化"就是"好三俗"。详见：朱相远．三析"三俗" [N]．团结报，2010—09—18（05）．

（三）大众文化生产的资本逻辑导致人格物化

作为一种产业的大众文化，凭借市场的资本逻辑，推动了文化的发展。但是中国大众文化的发展，不能只见资本，不见人文。然而大众文化在发展过程中，大众文化生产者浮躁而盲目崇拜市场、笃信资本力量，是一种典型的物化型人格。比如 2010 年底我国某著名导演曾说："未来十年，只讲市场，不讲人文，不讲思想。"[①] 难道中国电影等大众文化的健康发展，只能唯市场效益的资本逻辑是从？当代中国，大众文化已经全面深入人们的日常生活，如若大众文化只遵从市场效益的资本逻辑，必然让人格的物化在全中国普遍开花。

人格（personality）是指人的心理特征与道德品格，健全的人格是人的个性化和社会化的有机统一，是一种"自由"人格类型。从马克思的关于人的发展理论来看，我国当前正处于其中的第二个阶段，即"以物的依赖性为基础的人的独立性"[②] 阶段。在此阶段，我国拥有完整的工业体系，坚持和发展市场经济，因此，资本主义的"商品拜物教"[③] 的影响，对正处于社会主义初级阶段的中国来讲不可能消失殆尽。人这个主体，客体化为物化工业体系链条中的一个机械部分，丧失了人与人之间有机的社会关系，分离为孤立的、抽象的、被动的原子式的个体，于是社会整体性物化的现象应该防范。

大众文化的发展，不能一味遵循资本逻辑的物质利益向度，不能一味服从文化工业的经济职能，否则大众文化同化下的受众，会将"生活旨趣消耗或延宕在各种不确定而又充满诱惑的物化世界里"[④]，从而迷失自我。他们追逐名利和感官刺激，崇尚实用功利，深深陷入物质主义的泥淖而不能自拔。因此，大众文化的发展需要从资本逻辑向人本逻辑转化，关注人的价值和意义，坚持以人为本和以人民为中心的价值导向，以最终实现人的自由而全面发展的"自由"人格。

---

① 饶曙光.当下中国电影的市场建设与创作发展 [J].文艺研究，2010（6）.详见：2010 年 12 月 10日晚北京电视台"五星夜话"中张艺谋与张伟平的说法："三枪就是 4.5 亿"。
② 马克思恩格斯全集（第 30 卷）[M].北京：人民出版社，1995：107.
③ 按照马克思在《资本论》中的理解，商品拜物教主要是指发达商品经济结构具有以物的关系掩盖人的关系的本性；在《1844 年经济学哲学手稿》中，马克思认为：在资本主义商品经济条件下，"劳动所生产的对象，即劳动的产品，作为一种异己的存在物，作为不依赖于生产者的力量，同劳动相对立"。详见：马克思恩格斯文集（第 1 卷）[M].北京：人民出版社，2009：156.
④ 邹诗鹏.现时代精神生活的物化处境及其批判 [J].中国社会科学，2007（5）.

三、当代群众文化传播的主要价值取向问题

美国社会学家查尔斯·赖特在拉斯韦尔[①]研究基础上，提出大众传媒的娱乐功能，并认为娱乐功能是其最显著、最有力的功能[②]。20世纪50年代，美国大众文化研究学者通过实证研究得出，人们一旦空闲，就会把空闲时间主要用于娱乐，而不是其他[③]。反观当代中国大众文化的发展，娱乐泛化已成为我们不得不认真对待的问题。

（一）大众文化的主要传播载体：传统大众传媒和网络新传媒

大众文化总是与大众传媒结合在一起的。当前，人们通常把大众传媒分为传统大众传媒和网络新传媒：将报纸、广播电视、电影等媒介称为传统大众传媒，将以互联网为代表的"第四传媒"和以智能手机为代表的"第五传媒"称为新传媒。在传统大众传媒传送信息的过程中，传者往往是主动的、处于主导地位，扮演着"守门人"和"把关人"作用；受者往往是被动的、容易接受大众媒介营造的"虚拟环境"[④]的影响。在新媒体中，受众的主动性被大大地激发出来，他们不再是大众传媒中的被动的受者，而是可以主动参与到新媒体的传播活动中来，对外发布、传播信息。新媒体不仅具有广泛传播信息的传统功能，还具有分众传

---

① 美国著名传播学者哈罗德·拉斯韦尔提出了大众传媒的三大功能。这三大功能通常被人们简称为监视环境、协调社会、文化传承。他于1946年在《传播在社会中的结构与功能》一文中，从政治学角度提出大众传媒"三功能说"：监视环境、联系社会的各组成部分以对环境作出反应、社会遗产的代际传承。详见：[英]奥利弗·博伊德—巴雷特、克里斯·纽博尔德.媒介研究的进路：经典文献读本[M].汪凯、刘晓红译.北京：新华出版社，2004：112.
② 郭庆光.传播学教程[M].北京：中国人民大学出版社，1999：114.
③ 高冠钢.大众文化：当代文化的主角[J].复旦学报（社会科学版），1988（3）.论文指出：20世纪50年代，美国大众文化研究者伯纳德·罗森堡（Bernard Rosenberg）实证研究了以下问题："如果人从手工劳动和与自然的斗争中解放出来后，他们将做什么？培养他们的智力？增进他们的情感？提高他们的理解力？深化和开拓他们自己？"。研究结果表明：人们并没有往这几方面去做，而是将闲暇时间主要用于娱乐.
④ 美国著名传播学者、评论家李普曼在1920年《舆论学》中提出了人类生活在两个环境里：一个是"身外世界"的现实环境，是独立于人的意识、体验之外的客观世界；另一个是"脑海图景"中的虚拟环境，是被人意识或体验的主观世界，即大众传播媒介所"呈现"的环境并不等同于客观的"现实环境"，而是充满了主观色彩的"媒介环境"，或称之为"虚拟环境""拟态环境""信息环境"。在现代人和现实环境之间，插入了一个由大众媒介构筑的巨大的"虚拟环境"或"媒介环境"。参见：[美]沃尔特·李普曼.公众舆论[M].阎克文、江红译.上海：上海人民出版社，2006：11—12.

播的新功能，有利于通过审美分众传播有针对性地提高人们的文化素质和能力，促进人的个性化发展。

大众媒介的不断升级换代，打破了文化垄断，扩大了文化传播范围，丰富了人们的文化生活。但人们在享受大众媒介发展带来的文化大餐的同时，也在不断接触危害人们精神健康的文化垃圾。在这个视觉文化传播的时代，虽然受众可以选择和抵制媒介传播的信息，哪怕是在新媒体中拥有信息的发布和传播权利，但在媒介推送、传送信息的过程中，受众最终仍然难以摆脱大众媒介营造的"虚拟环境"的影响。因此，大众传媒在价值导向方面肩负着重要的社会责任。

（二）大众文化传播：价值导向弱化、虚化和泛娱乐化

大众文化传播，其本质是大众文化的价值传播。结合新时代文化强国战略的大背景看，大众文化理应是传播社会主义核心价值观的重要场域，以赢得公众对社会主义核心价值观的广泛认同。在大众传播时代，负载各种价值信息的多样性的大众文化产品，是否、能否被传播出去赢得公众的广泛认同，除了大众是否愿意和能否消费大众文化产品等因素外，最根本的就是能否发挥大众传播守门人的价值导向功能，减少低级庸俗的内容，增加健康向上的信息，确保大众文化产品的质量——尤其是富含中国价值观的真正优秀的大众文化产品。因此，媒体需要充分地公平地考虑公众利益，而不是媒体自身的利益，将相关色情信息和暴力内容等拒之门外，传播积极健康的信息内容，以形成正确的价值导向，满足和引导人们的精神文化需求。大众传播的价值导向作用和娱乐性息息相关，大众传媒只有将人们喜闻乐见的文化形式，通过潜移默化的方式和非强制性的方式进行传播，才能更好地实现大众文化的寓教于乐。然而，大众文化在实际传播过程中，为赢得市场利益，不同程度地呈现出价值导向弱化、虚化，呈现出娱乐泛化倾向。大众文化的泛娱乐化不同程度地消解我国文化的政治价值、道德价值和审美价值等。

"目前中国影视文化所发挥的价值导向作用"的调查结果表明：民众对影视

文化的健康状况持肯定态度的占 44.3%，持否定态度的占 44.4%[①]。我国当前的大众文化价值导向不足，娱乐过度呈泛化趋势。泛化娱乐的大众文化，为追求自身的市场利益和经济价值，往往无视人类的价值底线和文化的公共责任，故意刺激和满足人的动物性的感官肉体需求和物质欲望，制造污染信息，败坏社会风气，消解文化的真善美和政治价值。

暴力内容在诸如电视尤其是电影、网络特别是网络游戏等大众传播媒介中表现突出，甚至动画片也难以幸免。2021 年 4 月，江苏省消保委发布相关调查报告显示 21 部知名动画片查出 1465 个问题，表示需要严格把控动画片的放映尺度的家长占比 80.7%[②]。有近一半的动画片不同程度存在肢解、多人恐吓、手持器械、纵火爆炸、偷窃、抢劫等暴力犯罪元素，成为诱发校园暴力的原因之一；还有涉及翻高墙、爬管道等危险举动等，儿童模仿酿成悲剧的现象频频出现、屡见报端。

除色情、暴力等信息污染外，大众传媒对"三俗"文化产品的传播，有悖于社会主义核心价值观的价值导向。它突破人类的道德底线，形成娱乐泛化，不仅构成对精英文化的蚕食，还影响公众的精神性消费安全。部分报刊、书籍、电视、网络等媒体为"三俗"（庸俗、低俗、媚俗）产品不遗余力地提供传播平台，推波助澜，积极地将"三俗"产品呈现给公众、绑架公众。这必将侵犯人们的文化消费安全。人类要生存下去，需要在精神上获得健康发展。

（三）大众文化传播：文化主体的自我迷失

当今中国，身处全球化境遇之中，各种文化纷至沓来，既有文明互鉴的友好往来，也有"文化霸权"的兵临城下。我国文化发展面临机遇与挑战并存的局面，文化竞争空前激烈。面对如此异常激烈的竞争，我国部分大众文化以洋为尊、以洋为美，价值取向上自我迷失、他者化严重。

---

① 陈燕.当前中国影视文化在价值传播中的作用及其问题 [J].华中科技大学学报（社会科学版），2016（6）.该调查是指 2015 年湖北大学高等人文研究院社会调查中心关于"中国文化发展状况调查"。

② 21 部动画片查出 1465 个问题，《熊出没》《小猪佩奇》被点名！网友吵翻 [EB/OL]2021—11—15，https://m.gmw.cn/2021—04/09/content_1302221577.htm.江苏省消保委于 2020 年 12 月至 2021 年 3 月开展了"动画领域侵害未成年人成长安全消费调查"项目，并于 2021 年 4 月对外公开发布。

从 20 世纪 80 年代中后期一直到 21 世纪以来的很长一段间里，国产电影逐渐形成以到国外获大奖为最大追求。这些电影不是对中国传统文化价值观的创造性转换和创新性发展，而是放弃中国人一贯敬守的传统核心价值和中国人的审美追求、审美理想，积极迎合西方文化口味，满足西方的他者化想象，把一套西方化文化价值观念移植到中国文化产品中，文化发展逻辑呈现较强的西化特征。比如 20 世纪的最后二十年里，中国电影《红高粱》《霸王别姬》等。有学者批判指出，这种现象与西方文化霸权的后果——文化同质化不无关系[①]。21 世纪以来的头十多年，随着好莱坞世纪大片《泰坦尼克号》（1999）以电脑合成等新特技特效和我国以全新的影像语言诠释中国武侠的《卧虎藏龙》（2001）带来的巨大冲击力，我国电影界不惜代价地进行大投入大制作，掀起了与好莱坞大片争长较短的中式大片热潮。但其中的大多数在国际大奖评选中只能铩羽而归。除了电影传播以在国外获奖为荣外，电影内容上的追梦也以成就主人公的"他国梦"为取向。"如果'以洋为尊''以洋为美''唯洋是从'，把作品在国外获奖作为最高追求，跟在别人后面亦步亦趋、东施效颦，热衷于'去思想化''去价值化''去历史化''去中国化''去主流化'那一套，绝对是没有前途的"[②]。

无独有偶，我国电视节目也是经常丢掉自身的审美个性，从价值理念到文化形态方面向西方文化看齐，模仿、克隆成风，西化色彩浓郁。如此效仿下去，说明了欧美综艺节目对我国相关节目形成了千篇一律的影响，人们只看到了其娱乐形式，而没有结合中国本土文化价值理念、审美追求和文化精神进行借鉴和创新，不利于我国大众文化的健康发展，进而影响我国文化精神的传承和发展，难以实现对我国民众应有的价值引领。

四、当代群众文化消费的主要价值取向问题

当代中国大众文化消费，并非阿多诺笔下的"文化工业"消费，将消费者视为被动的、受人操控的接受者／受众；而是旨在让公众在娱乐中升华自我，提高真善美的道德境界和文化素养，实现大众文化对人的价值引领作用。但是在全球

---

① 孟繁华. 传媒文化与文化领导权：当代中国的文化生产与文化认同 [M]. 济南：山东教育出版社第 2003：258.
② 习近平. 在文艺工作座谈会上的讲话 [N]. 人民日报，2015—10—15（02）.

化背景下的当代中国大众文化消费，价值取向方面背逆了人的全面发展的初衷。

（一）文化消费的实质：促进人的自我实现

"在生产中，人客体化，在消费中，物主体化"①。马克思在此说明了事物价值的创造，是主体的客体化；与之相反的运动过程则是，事物价值的实现是客体的主体化过程，即主体在消费价值物的过程中不断被满足、丰富和提高。人们对文化的消费不同于对一般物质的消费，它是一种精神性消费，具有自身的特点和规律。物质产品一经消费就被消耗掉了，但文化产品经过消费后不但不消失，还可同时供多人共同消费，且消费的人越多越容易实现文化产品的价值。

文化是"受价值引导的体系"②，是一种价值观念体系。人们需要文化，实质上是需要价值观念。"文化满足的不是躯体的需要，而是价值标准的需要"③。人们接受和适应某种社会文化，也就是接受与消化该文化中所含的价值观念，进而实现价值观念对人的引导，并使文化价值观念成为人自身的有机组成部分，实现人的社会化，这也是文化最根本的功能。人的社会化过程，也是促进人的自我实现的过程。自我实现就是指人"适应环境和作用于环境，把环境创造得适合于人发挥他的潜能"④。人们消费文化，目的是要在保障人的精神健康和身体健康的基础上，激发人的潜能，提升人的文化素养，完善人格，促进人的自由自觉地发展。

那些突破人类价值底线的不良文化，是文化肌体上的毒瘤，不但不能将人身上的固有潜能发挥出来，反而会淹没、扼杀人的潜能，不利于人的发展和社会进步。突破价值底线的文化越多样越丰富，对人、社会和国家的危害就越大，甚至造成毁灭性的打击。相反，只有建立在底线价值共识基础上的文化价值多样性，才能推进人的多样化的发展和人的多样性潜能的开发与实现，提高人的创造能力。人们对文化产品的消费，即文化消费，创造和建构了主体人对自身的认知，开发和提高了人的潜能，实现了"文化化人"的客体主体化倾向，最终促进人的全面发展。因此，大众文化作为一种文化形态，不仅需要展现人们日常的生存状况，还应反映人类生活的意义，从而引导人们进行正确的价值选择，改造和提高

---

① 马克思恩格斯全集（第30卷）[M]. 北京：人民出版社，1995：30.
② ［美］E. 拉兹洛 . 文化与价值 [J]. 哲学译丛，1986（1）.
③ ［美］E. 拉兹洛 . 文化与价值 [J]. 哲学译丛，1986（1）.
④ ［美］E. 拉兹洛 . 文化与价值 [J]. 哲学译丛，1986（1）.

人们的精神生长力，促进人的自我实现和自由全面发展。

（二）大众文化的非理性消费：娱乐和消费的后现代式"自由"

我国文化市场上不乏一定数量的大众文化精品，陶冶人的情操，开发人的潜能，促进人的发展。但是那些过分追求物质功利取向和感官娱乐功能，远离甚至放弃文化的精神价值引领作用的低端大众文化产品，仍然广泛分布于各地文化市场并被人们消费使用。大众文化消费，注重对大众文化产品的符号意义和文化价值的占有。充斥于文化市场上的低端大众文化产品，营造出浓郁的物质功利取向和感官娱乐氛围，占领着人们的日常生活空间和自由支配的闲暇时间。通过对这些低端文化产品的消费，普遍富裕起来的公众，会因为社会普遍的精神匮乏，不得不受着物的奴役，自身的价值观和价值判断也深受其影响。

按照马克思主义的理解，消费的目的本来是开发人的各种潜能，增强人的创造性力量，提高人的本质力量，促进实现人的自由全面发展。现代生活中的人们，面临快节奏的生活和高强度的竞争压力，时刻紧绷的精神易生敏感，心情烦躁不安甚至出现莫名的焦虑和恐惧，需要通过合理的方式和途径予以消解和释放这种不良情绪。娱乐性的大众文化给人们提供了这种方式和途径。人们通过对大众文化的自由选择和消费，本可以调适自我，消解或释放不良情绪，安顿心灵，提高文化生活质量，以促进人的自我实现和自由自觉的发展。但是不无遗憾的是，文化市场上供人们消费的大众文化，虽然品种繁多，内容丰富，表面上看让人们获得了大众文化的自由选择和自由消费的权利，人们可以在多样性的文化消费中，实现大众文化的个性化消费。但是这种自由的个性化消费，并非对人的自由个性的真正培养和增进。大众文化带来的个性化消费，仅仅是一种娱乐和消费的私人领域的有限的瞬时自由和选择。这种选择常常因为大众文化的商业性驱动而湮没于流行时尚的单一快感和表层的心理愉悦中。人的自由的形而上的超越性也就永远无法表达。于是，人只能被束缚在形而下的浅薄的感官快乐和物欲的满足上，享受精神上的自由放纵和安逸。

日复一日，人们不知不觉地陷入一种物化逻辑并受其宰制，进而人的精神文化生活也被物的逻辑主宰而陷入对物的迷恋，造成人的个体感性的自我放逐[①]和

---

① 邹诗鹏. 现时代精神生活的物化处境及其批判 [J]. 中国社会科学，2007（5）.

社会道德约束的普遍乏力，产生道德虚无。人们似乎忘记了人类存在的价值和生活的意义。"不管文明的发展将人的物质生活丰富到何种地步，仅仅感官的体验诠释不了人之为人的称谓，在每个人的心灵深处人性的根基之上总有一种追求'意义'的冲动"①，获得精神的栖息地。人之为人，不仅需要满足感官的生理需求以获得生存，而且需要有追求意义的生活以获得发展，否则人只能陷入"单向度"发展。

（三）大众文化的符号消费：思考阙如的旁观和参与

"要成为消费的对象，物品必须变成符号"②。此时，消费已不仅仅是单纯地满足需要而感性地占有有形的物质商品，更强调拥有非物质形态的符号意义和文化价值。以消费为特征的大众文化，"本身就是一种文化符号系统"③，具有符号价值。比如，现代广告尤其是奢侈品广告将身份、地位、财力、品位等象征意义赋予商品，使商品承担了"幻觉的功能"④。人们在观看广告时，是被看作消费活动的承担者来看待的，他们在广告体系里，通常不是一个理智的独立存在，常常满怀希望地陷入无穷无尽的唯美的广告形象和虚拟幻境之中，在感性的可能性上赢得消费的自信和快乐，"过把瘾就死"。人们在各式各样的广告形象召唤下，不断地买买买，并以广告里的消费行为和符号意义作为自己现实消费的参照对象，享受由此带来的"幸福"生活，以彰显自身的财力、身份、社会地位和品位等，获得一定的声望或面子。与此同时，人们在社会交往互动中不断扩大符号消费效应，参与符号消费的人群随之扩大。

然而，总有那么些观众、消费者尤其是部分青少年学生，在广告的唆使诱惑下，或在相关媒介的暗示下，或在社会交往互动的影响带动下，不满足于真实生活的消费需求和生活的本真价值与意义，而倾向于更具符号价值的品牌和奢侈品消费，以支撑自己的面子或特殊身份等。然而学生群体的经济收入往往不能撑起他们日益膨胀的消费欲望。为实现符号消费带来的意义，他们往往失去理性思考

---

① 邹广文.当代中国大众文化论 [M].沈阳：辽宁大学出版社，2000：163—164.
② [法] 鲍德里亚.物体系 [M].林志明译.上海：上海人民出版社，2011：183.
③ 李明.当代大众文化建设研究——基于科学发展观的视角 [M].北京：中央编译出版社，2017：206.
④ [英].迈克·费瑟斯通.消费文化与后现代主义 [M].刘精明译.上海：译林出版社，2000：21.

和判断，不惜通过透支消费、分期付款消费等方式购买自己心仪的名牌、奢侈品等，进行及时性消费、过度消费和炫耀消费，有的甚至陷入不良网络贷款陷阱，焦虑、惶恐、抑郁等心理疾病甚至轻生或犯罪等恶性事件随之而来。

符号消费的时代也是一个视觉文化盛行的时代。视觉文化已成为人们日常文化生活的重要组成部分。尤其是在以智能手机为终端的移动互联网里，人们进入了"网络化生存"时代，民众拥有无比自由的文化生产、传播、消费、评论等权力，参与到网络世界里，开启众神狂欢的多元娱乐世界。相对于以追逐流量经济的短视频平台而言，这些看似进行文化生产、传播、转发分享、观看、评论等文化活动，实质上是一种文化消费行为。众多网民通过移动智能手机终端、网络运营平台和相关网络影像技术，使感性十足、娱乐十足的短视频迅速蹿红，成为当代中国最为火爆的文化景观。人们的日常生活纷纷嵌入文化工业流程，成为短视频的重要景观。短视频由此"真实"地记录着人们的日常琐碎和意义，丰富着人们的日常生活，让网民成了真正的文化生产主体、传播主体和消费评论主体。然而爆火的短视频里，常常呈现出群魔乱舞的文化乱象：炫富、无底线的低俗恶搞、审丑猎奇、虐待动物、骂脏话、虚假卖惨、宣扬早恋等。并且短视频平台除了向用户推荐极少的、极其"热点"的信息外，主要通过不同用户的信息偏好为其画像进行算法推荐，在此基础上向用户推送符合其兴趣和价值倾向的"个性化"信息，自动过滤掉异质信息，从而控制相关网民的信息接受。长此以往，看似主动的短视频用户就被短视频平台的信息技术牢牢掌控，锁在"信息茧房"里，产生媒介依赖。如果长时间囚困在消极的与低俗的"信息茧房"里，那么容易产生狂躁、窥视等不良情绪，从而导致价值变形、精神虚无、理想丧失，随之而来的是，人们会逐渐放弃思考而沉浸在一片"傻乐"的"窄化信息"中旁观和参与。

第五章　当代群众文化价值取向问题的致因分析

　　大众文化是大众媒体传播的，能反映每个民族普遍文化心理的，让每个人基本上看得懂听得懂的一种文化形式，构成一个"民族最具普遍性的文化底色"[①]。我国大众文化价值取向出现的问题，具有一定的历史逻辑，是当今中国所处时代的历史必然性所致。中国社会主义仍然处于并将长期处于社会主义初级阶段，面临着国家富强、民族振兴、人民幸福为目标的中国式现代化建设任务。我们的社会主义初级阶段根本没有跨出马克思所说的"以物的依赖性为基础的人的独立性"[②]阶段，它部分具有韦伯分析的现代化特征——工具理性僭越价值理性。尤其是在全球化时代的当今中国，改革开放是其显著特点，体现西方现代化特点的理论和大众文化及其文化霸权也会随之而来。另一方面，我国大众文化价值取向出现的问题，又具有一定的现实逻辑，是现实社会生活所致。现实社会生活中，人们在普遍摆脱物质贫困后，欲求获得更加丰富的精神满足，可是国内文化生产力的发展和引导、规范大众文化的机制建设等因素，不能满足人民对美好生活的向往。因此，我国大众文化价值取向问题的产生并非偶然。

一、文化全球化影响我国大众文化建设

　　全球化是当今时代的最重要特征之一。全球化虽然把源起于西方的大众文化传播到了中国，促进了中国大众文化的兴起和发展，但是也对我国大众文化的发展带来不利影响。最早对全球化和文化全球化作出概括和描述的是马克思和恩格斯。"各民族的精神产品成了公共财产""许多种民族的和地方的文学形成了一种

---

① 韩震. 大众传媒、大众文化与民族文化认同 [J]. 马克思主义与现实，2010（4）.
② 马克思恩格斯全集（第30卷）[M]. 北京：人民出版社，1995：107.

世界的文学"①。随着交通的日益便捷和科技尤其是网络技术的迅速发展，西方发达资本主义国家发动的"全球化"和"文化全球化"日益突显，使"东方从属于西方"②，进而维护其支配东方和整个世界的文化霸权。然而，随着时间的推移，文化全球化过程裹挟着相互交往、交流、冲突、交锋、整合、交织、交融的多元文化新景观，形成了一个多元共存的文化系统，而非西方文化的趋同化、同质化。但是矛盾丛生的多元文化如若不能做到尊重差异、文明互鉴，则只能在文化霸权的支配下生发"文明冲突"，威胁他国文化主权和安全，甚至解构、解体一个国家，哪怕这个国家异常强大。因为文化的核心是价值观。裹挟着一国价值观的文化，通过强大的文化势能和媒介传播等优势，向外实施霸权扩张，涵化他国人民，影响他国文化传承和创新，侵犯其文化核心利益，实现输入国文化主权的空洞化，进而危及国家安全。

（一）多元文化影响我国精神家园的构建

"文化全球化是一种文化层面上的多元化的挑战"③，传统价值面临崩解，生活方式呈现多样化。由此可见，全球化时代是文化多元化的时代。多元文化不仅是从世界整体性而言的，世界各国的文化也呈现多元化特点。世界各民族的文化跟随全球化和中国改革开放的步伐不断向中国蜂拥而来，相互间不断碰撞、交

---

① 马克思恩格斯文集（第2卷）[M]. 北京：人民出版社，2009：35.
② 详见：马克思恩格斯文集（第2卷）[M]. 北京：人民出版社，2009：35—36. 马克思、恩格斯在《共产党宣言》中指出："资产阶级，由于开拓了世界市场，使一切国家的生产和消费都成为世界性的了。使反动派大为惋惜的是，资产阶级挖掉了工业脚下的民族基础。古老的民族工业被消灭了，并且每天都还在被消灭。它们被新的工业排挤掉了，新的工业的建立已经成为一切文明民族的生命攸关的问题；这些工业所加工的，已经不是本地的原料，而是来自极其遥远的地区的原料；它们的产品不仅供本国消费，而且同时供世界各地消费。旧的、靠本国产品来满足的需要，被新的、要靠极其遥远的国家和地带的产品来满足的需要所代替了。过去那种地方的和民族的自给自足和闭关自守状态，被各民族的各方面的互相往来和各方面的互相依赖所代替了。物质的生产是如此，精神的生产也如此。各民族的精神产品成了公共财产。民族的片面性和局限性日益成为不可能，于是由许多种民族的和地方的文学形成了一种世界的文学。"资产阶级，由于一切生产工具的迅速改进，由于交通的极其便利，把一切民族甚至最野蛮的民族都卷到文明中来了。它的商品的低廉价格，是它用来摧毁一切万里长城、征服野蛮人最顽强的仇外心理的重炮。它迫使一切民族——如果它们不想灭亡的话——采用资产阶级的生产方式；它迫使它们在自己那里推行所谓文明制度，即变成资产者。一句话，它按照自己的面貌为自己创造出一个世界。"资产阶级使……东方从属于西方。"
③ [美]塞缪尔·亨廷顿，彼得·伯杰. 全球化的文化动力：当今世界的文化多样性[M]. 康敬贻等译. 北京：新华出版社，2004：1.

织、影响。中国文化舞台上呈现出百花齐放的文化新景象。当代中国大众文化的兴起本身就是文化全球化促成的。在多元文化中，中国大众文化虽然可以吸收各种文化的优秀因子而提高自身文化的品质和境界，但对于坚守中国人民的精神家园而言，我国大众文化无不面临着一种巨大的挑战。

精神家园是人的主体心灵和意义的归属，它"体现了主体对某种价值体系的高度文化认同"[①]。可见，精神家园是人们的心灵归属和文化认同的体现，它是一个民族在长期的历史活动中创造的较为恒常的文化世界与意义世界，是人的精神生活的栖息地和人的存在的精神容器[②]。精神家园突出文化自我的自觉性、精神独立性和创造性，与民族的思想文化传统相关，但又不囿于本民族文化传统的文化价值系统；而是一个立足自身文化传统，又对外开放、延展的"活"的文化世界和意义世界。可见，中华民族的精神家园明显区别于西方的精神家园，具有自身文化的精神独立性和文化主体性，即中华民族的文化个性。换言之，要确保中华民族文化个性，需要在马克思主义指导下，立足中华优秀传统文化，充分借鉴吸收世界优秀文化，和而不同，构建中华民族共有精神家园。对于构建我们的精神家园而言，大众文化虽然感性十足，本身也有很多缺点。但是大众文化本来就是一个充满矛盾的文化形态，作为当代中国文化体系中的一员，对于构建我们的精神家园而言，大有可为，但是在文化全球化带来的多元文化的影响下，无不是一种巨大的挑战。

在开放的文化全球化发展过程中，中国大众文化本可以在多元化价值体系的激荡中生发文化创造活力，筑牢我国人民共有的精神家园。但是，如若我国大众文化生产者、传播者、消费者等相关主体的文化自我意识不坚定，构建民族精神家园的自觉性不够，那么在多样化的文化价值体系和多样性的价值选择面前，很容易产生价值取向的迷惘而不知所措，或盲目选择，造成大众文化价值观混乱、扭曲，甚至游离于本民族的文化价值体系之外且渐行渐远，出现"以洋为美""以洋为尊"现象，引发文化认同危机。加之，在全球化背景下的多元文化价值体系中，什么是好的、什么是不好的意义系统出现了不恒定和不确定的摇摆。"我是谁"方面的迷惑失措，动摇人们的价值观念，动摇人们对生活意义和

① 李明.当代大众文化建设研究：基于科学发展观的视角[M].北京：中央编译出版社，2018：163.
② 庞立生，王艳华.精神生活的物化与精神家园的当代建构[J].现代哲学，2009（3）.

心灵归属的精神文化认同，导致人们处于焦虑、孤独、彷徨、痛苦、抑郁、恐惧状态，由此失去生存的理由和生活的意义。因而反映在大众文化中，就出现了价值取向的混乱和迷惘，甚至在"家"外漂泊，并在日常生活中广泛影响公众的社会心态，影响中华民族精神家园共同体构建。

（二）旧的国际文化格局下，西方文化霸权的扩张影响

我国是文化大国，但不是文化强国，文化上相对于西方国家而言处于劣势，易受西方文化霸权的影响。所谓文化霸权，按照金民卿教授的理解，就是指："一些西方强势国家，尤其是美国打着文化普遍主义的旗号，把自己的文化价值观肆意地渗透和入侵到其他民族文化当中。"[①] 文化霸权的实质是破坏其他民族国家文化的独立性，使得全球文化同质化、单一化。从大众文化的角度而言，大众文化产品"具有对外输出宣传美国消费品和美国'生活方式'的潜能"[②]。美国文化霸权通过大众传媒的绝对优势，运用英语的话语控制，将隐含西方价值观、生活方式、意识形态等内容的大众文化，展现在文化输入国的广大受众面前，形成文化冲击。随着潜移默化的长久渗透，美国大众文化将自下而上地对输入国造成精神困惑，文化输入国受众尤其是其中的青年，就会接受、认同、向往、追逐，形成文化殖民。

近年来美国在向中国输出大众文化过程中，常常利用中国人熟悉的中国文化元素和文化资源进行美国式的东方化解读后，向中国公众输出美国的文化价值观，比如《花木兰》动画版和真人版、《功夫熊猫》系列等。美国好莱坞运用"木兰替父从军、抵御匈奴入侵、凯旋"的历史故事进行了美国式的东方化解读，并于1998年拍成并上映动画电影《花木兰》。从2008年开始，好莱坞拍成动画电影系列《功夫熊猫》，分别于2008年、2011年、2016年在中国上映，如今正着手启动《功夫熊猫4》。一方面，这些电影将具有"中国表面形象"、又被人熟知和喜爱的文化元素与文化资源作为电影题材，比如中国人、中国山水、中式庭院、中国功夫、中国音乐、长城、京城、庙宇、面条、饺子、轿子、熊猫、老

---

① 金民卿.文化全球化与中国大众文化[M].北京：人民出版社，2004：3—4.
② [英]戴维·莫利，凯文·罗宾斯.认同的空间：全球媒介、电子世界景观与文化边界[M].司艳译.南京：南京大学出版社，2001：301.

虎、白鹤、猴子、螳螂、舞龙狮、针灸和中国真人演员，等等，能更好地吸引中国受众迈入电影院，其中《功夫熊猫1》在中国曾造成巨大影响。另一方面，运用中国文化元素和文化资源改拍的电影，不论是动画版还是真人版，无不是"在西方价值内核的基础上对东方文化符号进行机械化处理"[①]，以满足他们自身的文化需求和对中国这个"东方世界"的"他者化""东方化"文化想象。美国电影《花木兰》刻意淡化中国文化中的"忠孝节义"，甚至将美国女权主义和个人英雄主义取代原作中"孝"的价值内核和中国人对木兰的集体意识[②]；《功夫熊猫》系列也是将美国式的个人英雄主义思维方式和价值观体现得淋漓尽致。美国好莱坞的这类电影不仅在中国市场上赢得了巨大的票房收入，还向中国观众隐性传播、兜售了美国价值观，让人们在电影娱乐中接受其潜移默化的影响。在国内，截至目前，动画版和真人版《花木兰》的豆瓣评分分别为7.9分、5.0分，四星以上的评分占比72.4%、14.4%；《功夫熊猫》系列中，参与评分的人数分别有48.3万、38.6万、31.3万多人，评分分别为8.1分、8.0分、7.7分，四星以上的评分占比分别为79.2%、76.7%、68.5%[③]。可以说，《花木兰》系列和《功夫熊猫》系列已经被许多中国观众接受，取得了良好的传播效果。《功夫熊猫3》在1、2相继成功的基础上，于2016年上映，内地首日票房超过1.52亿元人民币[④]，内地年票房超过10亿元人民币。由此看来，美国文化的扩张，既实现了资本最大限度的增值，又试图通过文化价值观念的渗透来西化中国，让中国"美国化"。

　　美国不仅通过自己强势的全球传媒系统，对外输出自己的大众文化产品，并将承载于大众文化的价值观念、生活趣味、思维方式、生活方式等推向全球，实

---

① 刘泽溪、邹韵婕.《花木兰》的他者化想象和东方主义困境[J].电影文学，2021（5）.

② 《木兰辞》的重点主要是放在了木兰决心替父从军和凯旋两部分。"阿爷无大儿，木兰无长兄，愿为市鞍马，从此替爷征"，这表现的是木兰的孝顺、贤德，是对木兰的"孝"的褒扬。而动画影片《花木兰》突出的是木兰强烈的个人意识和实现其个人价值的渴望，而中国的"忠孝"观念和集体意识被大大淡化了。木兰被发现是女儿身后，被大军遗弃在冰天雪地中，这时的她异常沮丧，木须龙劝她，毕竟她是为了救父亲才到这种地步的，而她的回答则是"或许我并不是为了我的父亲来的，或许我只是想证明我能行。所以当我拿起镜子的时候，我看到的是一个'有用的人'，一个值得尊敬的人。"

③ 数据分别来自豆瓣网：动画版《花木兰》：2021—03—12，https://movie.douban.com/subject/1294833/，真人版《花木兰》：2021—03—12，https://movie.douban.com/subject/26357307/，《功夫熊猫1》：2021—03—12，https://movie.douban.com/subject/1783457/，《功夫熊猫2》：2021—03—12，https://movie.douban.com/subject/3233635/，《功夫熊猫3》：2021—03—12，https://movie.douban.com/subject/11589036/.

④ 韩媒：《功夫熊猫3》中国首日票房1.52亿超美国两倍[EB/OL].2021—11—15，korea.xinhuanet.com/2016—02/03/c_135069801.htm.

施文化霸权，还通过设置奖项等询唤方式诱导输入国的文化生产，让输入国文化屈就其文化霸权，远离自身传统文化精神和社会主义核心价值观。在我国最典型的就是从 20 世纪最后 20 年开始，我国电影业"以洋为美"，以获得各大国际电影节的奖项功利目标为尊荣，在很长一段时间里趋之若鹜，形成时尚。另外，影视大众文化在脱口秀、选秀节目、模特大赛、影视剧等又掀起克隆、模仿美国等西方国家文化之后，国内掀起二次甚至多次模仿和克隆之风，对我国相关文化形成了同质化的霸权影响。

是什么让美国大众文化如此嚣张地实施文化霸权？除了美国自身的经济科技优势和文化软实力因素外，一个根本的原因还在于当今各国仍然处于不平等的世界文化格局中，国际文化旧秩序依然存在。当今全球文化格局是西强东弱，文化全球化极易造成超级大国主宰文化的局面，蜕变为"美国化"。美国"力图将所有国家的民族文化均纳入自己的文化模式之中"[①]，实施文化霸权。然而，当今世界应该是一个多元文化并存的格局，中国大众文化的发展在强势文化的冲击下，如何确保我国核心价值体系的独立，维护中华民族共有的精神家园，是我们不得不正视的问题。

总之，在全球化背景下，我国大众文化建设一方面要面临文化霸权带来的文化安全问题，主张"合和"博弈，主张世界文化格局中的多元文化之间相互尊重差异、平等交流、文明互鉴，实现多元共赢；另一方面面临多元文化带来的自我价值取向迷失和文化认同风险，影响我国共有精神家园的构建等问题，需要我们积极构建和维护中华民族共有的精神家园，增强文化自信和文化软实力，促进我国文化的繁荣发展。

二、文化生产力的发展不能充分满足人民对美好生活的向往

马克思在《德意志意识形态》中说："人们为了能够'创造历史'，必须能够生活。但为了生活，首先就需要吃喝住穿以及其他一些东西。因此，第一个历史活动就是生产满足这些需要的资料，即生产物质生活本身。"[②] 由此可见，在马克

---

① 丰子义. 当代文化发展的新特征 [J]. 北京大学学报（哲学社会科学版），2018（2）.
② 马克思恩格斯文集（第 1 卷）[M]. 北京：人民出版社，2009：531.

思那里，需要是生产的向导，"没有需要，就没有生产"[①]。因此生产力的发展必须服务于人的现实的社会需要和生活。换言之，发展生产力须以满足人的需要和生活、促进人的全面发展为根本目的。精神生产力是生产宗教、法、道德、艺术[②]等的力量和能力，具有不同于一般物质生产力方面的特殊性。但是，正如李春华在研究中所说："马克思所讲的精神生产力既没有与物质生产力直接结合，也没有与经济活动紧密联系"[③]。其精神生产力仅局限于主观活动，需要以文化生产力概念来丰富和完善。文化生产力是"为满足人的精神文化需求而生产文化产品和提供文化服务的现实力量、能力和水平。"[④]可见，文化生产力是在新的时代条件下，物质生产与精神生产的融合，在强调物质属性的同时，更强调其根本属性的精神性因素。因而文化生产力生产的文化产品和提供的文化服务应该是能促进人全面发展的、健康向上的、具有真善美价值取向的精神食粮，而非低俗、庸俗、媚俗之作（简称"三俗"产品）。如果生产和创造出来的文化产品是"三俗"产品，无论所用的设备技术如何先进，无论所投入的资金如何高昂，其表现出来的文化生产力也仍然是低下的。与此同时，"三俗"产品这种不健康的精神食粮，给人带来的快乐越多、经济收入越丰厚，它所呈现出来的文化生产力水平就越低，破坏人民对美好生活的向往就越大。

---

① 马克思恩格斯文集（第 8 卷）[M]. 北京：人民出版社，2009：15.
② 马克思在《1844 年经济学哲学手稿》中指出，"宗教、家庭、国家、法、道德、科学、艺术等等，都不过是生产的一些特殊的方式，并且受生产的普遍规律的支配。"（参见：马克思恩格斯文集（第 1 卷）[M]. 北京：人民出版社，2009：186）。
③ 李春华. 文化生产力：丰富和发展马克思生产力理论的新视角 [J]. 马克思主义研究，2009（9）.
④ 李春华. 文化生产力：丰富和发展马克思生产力理论的新视角 [J]. 马克思主义研究，2009（9）. 关于文化生产力的定义，田丰认为"文化生产力就是人类在现实的文化实践中进行文化生产和文化服务的能力。"具体参见：田丰. 论文化生产力 [J]. 广东社会科学，2006（5）. 李春华后来在《文化生产力与人类文明的跃迁》一书中将文化生产力的定义进行了深化："'文化生产力'是创造和生产精神文化产品的能力，在当代是指以社会化生产和市场经济为依托、以现代科学技术为手段、以文化产业的兴起为标志和典型形态的、生产满足人们精神需求的文化产品的水平和力量。"具体参见：李春华. 文化生产力与人类文明的跃迁 [M]. 北京：中国社会科学出版社，2016：34. 关于文化生产力的构成要素，田丰认为有主体性要素（人）、客体性要素（文化资源）、中介性要素（思维方式）（参见：田丰. 论文化生产力 [J]. 广东社会科学，2006（5）），李春华认为，包含三大实体性要素和以科学管理为主的非实体性要素，其中实体性要素由劳动对象（一切文化资源）、劳动资料（文化生产的环境条件和生产工具）、劳动者。具体参见：李春华. 文化生产力与人类文明的跃迁 [M]. 北京：中国社会科学出版社，2016：37.

（一）片面注重经济价值创造能力，忽视社会公共责任的坚守

文化生产力以产业化、市场化为依托，追求和促进经济价值与社会价值的实现。学者李春华认为，"衡量文化生产力水平的直接标准是创造经济价值的能力，而最终标准则是精神文化产品对人形成世界观、价值观产生正确的导向作用"[①]。大众文化是商业属性很强的文化形态，它在中国大陆开始发展时，适逢全国刚刚启动"以经济建设为中心"的现代化建设的大好机遇，这就为大众文化的发展和其经济功能的发挥奠定了合法性基础和时代良好机遇。党的十四大将社会主义市场经济体制作为我国经济体制改革的目标模式，促进了大众文化经济功能合法地位的取得。大众文化的经济功能一方面促成了中国文化产业的发展，扩大了文化发展的空间疆域；另一方面有利于发展经济，发展文化生产力。与此同时，全国大江南北无不是在大搞经济建设。于是，发展经济，追求文化 GDP，几乎成为以大众文化为核心的文化产业的唯一指标，也促成了文化产业及其业绩的迅猛发展和迅速飙升。但其中的文化会因经济价值的迅速飙升而浮躁起来，精神价值内涵不断贬损的隐忧，是需要加以提防的。

事实上，中国大众文化在发展过程中，或多或少存在泛娱乐化和庸俗化、媚俗化和低俗化倾向，甚至在某些领域表现得还比较严重。为什么？从历史唯物主义的角度看，经济原因是其中的终极因素。媒体和生产社会的文化人片面追求产品市场份额、销量、发行量、票房、收视率、点击率、广告收入等经济价值，一切向钱看，把经济效益作为唯一目标，唯市场马首是瞻，甘当市场奴隶。

为了在市场竞争中获得生存和发展，以获得更多的商业利润，受市场经济规律支配的大众文化，往往会取悦受众心理、满足受众需求，丧失了起码的道德良知和社会公共责任。有的大众文化产品不惜一切手段消极迎合部分受众的某些不正当的、低级趣味的精神需求，逗乐受众让其获得即时性快感。在故意激发人的恶性、以丑为美中，不断培养受众审美消费的低度化，娱乐变成十足的"傻乐"和"愚乐"。

尤其是在网络时代中，大众文化更加成为人们日常生活中除了粮食之外的重要生活必需品。大众文化产品就像粮食一样承担起维护所有人以及由这些人组成的社会共同体的存在和发展的公共安全责任，至少不损害、威胁这样的公共安

---

① 李春华. 文化生产力与人类文明的跃迁 [M]. 北京：中国社会科学出版社，2016：38.

全。然而那些庸俗、媚俗、低俗的"三俗"文化产品，在文化市场上滋生蔓延开来，成为社会的文化公害，威胁公共文化安全，损害人的精神健康。正如赖大仁提到的那样，不良文化产品会导致"欲望膨胀，情欲泛滥，心态浮躁，信念丧失，意志消沉，精神低迷"[①]。

（二）文化创造力不强劲，影响优秀文化产品的供给

没有文化创造力就没有文化创新，优秀的文化产品供给就会受到影响。市场上没有优秀文化产品的指引和占领，就会被那些格调和品位低下的文化产品占据，并且这种低下的格调和品位将在市场上张扬到极致。可见，文化创造力的不足，是"三俗"文化产品等不良精神食粮产生的一个非常关键的因素，也是当下中国最突出的文化国情问题[②]。

首先，文化生产的创造力不足，影响文化资源优势的开发利用。文化的问题，实质上是人的问题。文化创造力的缺乏，折射出的是文化人的创造能力缺乏。人是一切文化活动的主体。"现实的文化生产是在文化主体与文化资源的结合中实现的"[③]。中华文明历经五千多年的发展，给我们留下了极其珍贵而丰富的文化资源。但是这些传统文化资源，既有精华又有糟粕。面对中国如此丰富的传统文化资源，有的大众文化生产者对它缺少相应的认知素养和敬畏，不但没有结合新的时代精神将传统文化资源中内含的社会主义核心价值观加以继承和创造性转换；反而只是将传统文化资源作为一种没有文化内涵的文化符号和"历史僵尸"呈现在公众面前，或者将历史长河中的文化糟粕简单地且毫无超越性地通过大众文化展现于公众面前；或者远离中国传统文化精神，甘愿被西方文化精神所奴役，主动将西方价值观念挪用到中国大众文化产品中并进行传播[④]。他们或以古装剧的方式，或以"抗日神剧"的方式，或以现代生活剧的方式，盲目追求娱乐至上，进行无底线的"穿越""戏说""改编"和简单"复制"，强化、美化以往的帝王将相、卖国汉奸，渲染后宫嫔妃间、单位同事间、亲朋好友间的阴谋算计

① 赖大仁. 当代文学批评的价值观 [M]. 北京：社会科学文献出版社，2013：227.
② 胡惠林. 文化国情：新时代中国文化发展的逻辑前提与决策基点 [J]. 中华文化论坛，2018（5）.
③ 田丰. 论文化生产力 [J]. 广东社会科学，2006（5）.
④ 关于中国大众文化远离中国传统文化精神，甘愿被西方文化精神所奴役，将西方价值观念移植到中国大众文化产品中的相关论述，详见上文关于文化全球化的相关分析，此处不予赘述。

和使坏等。这些大众文化中的人物，为了名利，不顾亲情、爱情、友情、家国情等，不择手段地"比坏"逐恶。如此等等，价值观的严重扭曲和错位，会把人们引向现实生活中的权势崇拜、金钱崇拜、急功近利和伦理道德的麻木不仁。中国的大众文化本应吸收中华优秀传统文化与传统精神，成为激发公众投身现代化建设的热情、激情、干劲和冲劲，从而奋发有为，推进中华民族的伟大复兴。但大众文化生产者根本没有"把优秀的文化遗产激活成为文化创新的原动力"[①]，而是被"高碳"消耗，产生文化垃圾，造成精神污染。丰富的文化资源没有被实施创造性的转换和创新性发展，正说明了我们文化生产的创造力短板。正是因为文化生产的创造力不足，文化资源优势在我国的科学合理地开发利用受到了严重影响，使得文化产品缺少富含中国内在精神价值的文化资源存量，影响优秀文化产品的供给。

其次，文化传媒原创能力较差，助推"三俗"文化产品的传播。文化创造力不足的一个重要表现就是文化传媒原创能力较差，由此导致文化市场上优秀文化产品短缺，助推"三俗"文化产品的传播。从文化生产力的角度而言，本文认为主要与以下两个方面有关：一是媒体追求点击率、收视率、发行率等带来的经济效益，忽视其应有的社会普遍性的公共责任有关（上文已有分析，此处不予赘述）；二是与知识分子丧失自主性有关系。

在电子媒介时代，媒介在某种程度上，常常绑架控制知识分子，为知识分子做主，让知识分子丧失自主性[②]。媒体运用知识分子的文化资本为其带来经济效益，使知识分子成为了文化生产的客体，塑造着知识分子，让其按照媒体的意图进行文化生产，媒介名副其实地成为文化生产的主体。法国思想家利奥塔早在20世纪70年代，感慨并论证知识分子死亡了[③]。在中国，许纪霖强调不死的知识分子精神，知识分子只要保持"自由的、批判的和超越的精神不死"[④]，文化的创造力就不会破灭，文化内在的资源存量就会赓续增长，为产生优秀的大众文化产品提供不竭的动力。

否则，媒体就会拼尽全力在炒作包装、模仿复制、照搬照抄等方面寻找出

---

① 王沪宁. 作为国家实力的文化：软实力 [J]. 复旦学报（社会科学版），1993（3）.

② [法] 布尔迪厄. 关于电视 [M]. 许钧译，南京：南京大学出版社，2011：13.

③ 陆杰荣. 后现代·知识分子·当代使命——论利奥塔的"知识分子之死"的理论实质 [J]. 哲学动态，2003（6）。

④ 许纪霖. 中国知识分子死亡了吗？[J]. 出版参考，2003（15）.

路，而不是在文化内容的原创性方面想办法。但是，人是通过具有思想精神的文化内容塑造的。文化内容是影响人的心理、让人感动、启发良知的根本因素，是唤起并构建人们广泛的社会认同的文化根基，是增强国际国内竞争力、影响力与维护国家形象的核心。"没有文化内容的创新，产品数量再多也只是一堆没有价值的空壳"①，在市场竞争中也只能获得短暂的、虚假的繁荣和一时的轰动效应。

再次，文化市场上精英文化短缺，纵容了大众文化走向低俗。作为文化符号系统的当今大众文化，本身就是在工业化生产体系中被同一化、大批量地生产出来的。这种无深度的、娱乐十足的感性符号产品，被人们狂热追求和消费，必然桎梏那些具有批判性、严肃性的高雅文化或精英文化的发展。在缺乏精英文化的文化市场上，大众文化难以受到精英文化的有效制约和引领，并在市场利润的诱导下，很容易张扬消极颓废而走向低俗。随之而来的是，人们会逐渐放弃思考而沉浸在一片"傻乐"的文化氛围中旁观和参与，甘当平庸。

（三）生产社会的文化人存在观念误区：服务大众成为迎合大众、来源生活成为复制生活

随着市场经济体制的不断推行，大众文化沿着为人民服务的文化发展方向前行。大众文化坚持为人民服务的价值导向，就应该以通俗化的方式、娱乐化的形式接近人民大众，在满足人民大众基本文化需求中不断"化高"人民大众，而不是刺激、激发人民大众的低级需要和低级趣味，将人导向"动物"感官本能的畸形发展和"丛林"竞争。然而，在大众文化发展过程中，部分生产社会的文化人的确反其道而行之，误将为人民服务的文化发展方针，演变为只要是能满足人民需要的就应该毫无节制地进行相关生产和传播以达成其需要，哪管人的需要有高级与低级差别。服务大众庸俗化为迎合、俯就大众的低级趣味和低级需要，不断泛化娱乐，满足人的感官娱乐需求，媚悦、俘获大众，将人不断"化"低。

大众文化为人民服务，从某种程度上说就是为人民的生活服务。为人民生活服务的大众文化，需要植根于人民生活，真实地反映人民生活。然而，部分生产社会的文化人却将"来源人民生活"理解为原封不动地复制生活，像镜子似的机

---

① 花建.文化产业竞争力的内涵、结构和战略重点 [J].北京大学学报（哲学社会科学版），2005（2）.

械般地反映和照搬生活。在他们看来，只要是能贴近人民大众的实际生活的东西，都可以在大众文化中毫无保留地进行展示和体现，哪管生活的真实意义和社会道德规范。于是社会生活中庸俗的、低俗的、丑恶的、坏的、扭曲变态、钩心斗角的现象，被大众文化原始地展示于公众面前，缺乏对理想的追求、对道德的引导、对生命存在的优化，让人看不见生活的希望和梦想。在这种情况下如果有希望和梦想，那就是放弃做人的原则和道德立场，以"比坏"的、不道德的方式犬儒般地生存于世。

三、引导和规范群众文化的机制建设不充分

引导和规范大众文化的机制，主要有内部自律约束机制和外部监管约束机制。在全球化背景下，我国如若监管约束机制不健全，不良大众文化的生产和传播将不可避免。换言之，不良大众文化在中国不同程度地存在着，一项重要因素就是我国大众文化建设的监管约束机制不健全。具体表现在：一是大众文化建设内部自律约束机制——道德规范乏力，社会责任伦理建设滞后；二是大众文化建设的外部监管约束和引导机制——正式的和非正式的监管约束机制——不健全，导致外部监管、引导乏力。其中正式的有法律法规不健全、政府职能转换不彻底和政府部分从业人员的媒介素养不高导致政策变动频繁，非正式的主要有公民的媒介素养和道德审美素养不高导致社会舆论监督乏力等因素。

（一）大众文化建设的内部自律约束机制建设不充分

部分大众文化不同程度地存在与真善美的价值取向相背离的地方，而且众声喧哗，其中一个非常重要的原因就是大众文化建设的内部自律约束机制建设得不充分。大众文化作为一种文化形态，遵循文化自身的发展规律，具有文化本身的内在的公共价值，是人的合规律性与合目的性的统一。大众文化建设的内部自律

约束机制，按照巴兰的理解，主要是一种道德规范[①]约束机制。

"道德的基础是人类精神的自律"[②]，这是马克思在继承康德等人的道德观基础上，从人而不是神的身上寻找到的道德的内在本质。康德认为，自律性是道德的唯一原则[③]。马克思非常重视道德自律，多次强调"道德""良好习俗""道德的内在的普遍本质""道德良心"等。在马克思看来，道德是一个独立的领域，并非宗教的附庸，具有自身内在的普遍本质，是"按照事物的本质特征去对待各种事物的那种普遍的思想自由"[④]。可见马克思所说的思想自由，是一种"随心所欲而不逾矩"的高度自觉和高度自由。自由是人的道德性的前提。道德不是来自主体的人之外的外在约束，而是作为主体的人的自觉的自我强制和约束，其核心是主体自觉自愿的良心和自律。

道德自律依赖内在的自觉，"道德对个人的影响具有深刻的内在性，它将社会性的公共文化内在化和私人化为个体精神品格、思维方式、情感模式的过程，其最高境界就是将文化传统融合到个体无意识之中"[⑤]。可见，道德原则和道德规范的实现，并非外在的强制，而是以主体内在的良心机制和自律机制为中介环节的自觉自愿的活动过程。何为良心？石中英将良心看作人类的道德理想[⑥]。何怀宏并非从人类的道德理想或人生的终极价值方面认识良心的，而是从规范伦理学的视角，并结合古今中外对良心的理解，重新对良心进行了定义："良心是人们一种内在的有关正邪、善恶的理性判断和评价能力。"[⑦]何怀宏的"良心论"强调对义务的认识和尊重，不是个人修养的最高境界或终极关怀，正如他在《底线伦理》中所说的那样，"'良心'即主要是指对这种义务的情感上的敬重和事理上的

---

① [美]斯坦利·J.巴兰.大众传播概论媒介素养与文化（第8版）[M].何朝阳译.北京：中国人民大学出版社，2016：323.该书将媒介业内业外的监管分为正式和非正式监管两种形式。这些监管均为了确保媒介从业者遵循符合社会责任理论的道德操守。外部的正式监管包括法律和法规，规定什么能做什么不能做、什么内容合适什么内容不合适及行业规范。外部的非正式监管包括压力集团、消费者和广告商。该书从道德规范方面详细论述媒介的内在监管。该书认为，道德规范是指特定情况下指导我们行动的行为规范或思想原则。从媒介业的角度讲，道德规范专指媒介从业者面对两个或更多不同道德选择时所运用的理性思考。
② 马克思恩格斯全集（第1卷上）[M].北京：人民出版社，1995：119.
③ [德]康德.道德形而上学基础[M].孙少伟译.北京：九州出版社，2007：113.
④ 马克思恩格斯全集（第1卷上）[M].北京：人民出版社，1995：112.
⑤ 邹吉忠.自由与秩序问题的文化解答[J].江海学刊，2001（3）.
⑥ 石中英，余清臣.论良心及其可教性[J].集美大学学报，2005（6）.
⑦ 何怀宏.良心论[M].北京：北京大学出版社，2009：32.

明白——即一种公民的道德义务意识，道德责任感"[①]。本文采用何怀宏的底线伦理意义上的良心概念，既是公德和美德的起点，又是一种面向社会所有人的、具有普遍公共性的道德义务意识和道德责任感。

然而在大众文化建设中，当文化从业人员面对自己和所属组织的经济利益与人的普遍的社会利益的冲突作出自主选择时，他们将道德价值的天平偏向外在的物质功利价值，不是内在的文化道德价值。于是部分文化生产者、传播者倾向于拥有更多的读者、观众等消费者，以获得较高的销售量、票房率、收视率、点击率等经济利益，至于文化产品能否塑造人、提高人的文化的目的和社会效益并不是他们的首选。有的甚至为了经济利益，不顾及文化产品在道德上的正邪善恶，公然违反社会公德和良好习俗，突破人类道德底线，导致文化市场上不断发生庸俗媚俗低俗现象。有的片面追求娱乐至上，甚至以单一快乐为目的，造成文化产品的价值观错位，道德相对主义泛滥，道德价值共识模糊，形成一种"傻乐主义"的文化样式。可见，部分文化从业人员内心的道德原则和道德规范是缺乏的，既缺乏相应的道德义务意识和道德责任感等良心机制的内在约束，又缺乏源自内心深处共识性的道德理性自觉、道德情感自愿和自觉自愿的道德自律。道德原则和道德规范没有内化为自觉的精神品格和思维方式等内在的德性，由此形成的行动难免会违背道德的善恶标准[②]，阻碍人的自我实现和自由而全面发展。

与此同时，受众的道德自律水平也较为堪忧。随着社会的发展进步，人们在生活中的自由选择权不断扩大，可以随心选择自己心爱的大众文化产品供自己消费，满足不同的文化生活需求。部分大众因为自身的道德理性判断能力还不够强，面对日常生活中的大众文化产品——只要能带来欢乐、带来好奇，哪管是非善恶美丑等意义和价值，来者不拒，这在一定程度上纵容了媚俗庸俗低俗的不良文化产品的生产和传播。

---

① 何怀宏. 底线伦理 [M]. 沈阳：辽宁人民出版社，1998：3.
② 本文采用詹世友对道德善恶标准的讨论。"在马克思主义那里，从道德会随着社会历史发展而发展的意义上说，道德价值有着其历史性和某种相对性，但从人类生存的最终目标是达到所有人的自我实现和自由全面发展而言，道德价值又有其绝对的评判标准。所有的道德观念、行为和品质，如果会引起人们的智力退化、属人的本质力量的异化甚至引起某种反人道的倾向，那么就一定是道德上的恶；只有在现实的社会条件下能够历史地促进人的自我实现和自由全面发展的思想、情感和行为才是道德上的善。"详见：詹世友. 道德价值的生存哲学阐释 [J]. 唐都学刊，2014（5）.

（二）大众文化建设的外部强制约束机制不健全

从监管机制方面而言，大众文化的健康发展是大众文化建设的内部道德自律和外部监管约束共同发挥作用的结果。道德自律机制作用的发挥需要大众文化生产者、传播者和消费者自觉自愿地遵守相关道德原则和道德规范，讲求自我调节和约束，这是一种软约束。与软约束相对应的是硬约束的制度。制度具有长期性、稳定性和根本性等特点，比道德约束更带有强制性。而且，好的制度可以让坏人无法任意横行，相反，坏的制度让人无法充分做好事，甚至走向反面。从大众文化的角度看，只有良好的制度才能推进好的文化产品的产生。如若没有相关制度的外在约束，尤其是法律法规和相关政策的强制性约束缺乏时，市场的资本逻辑常常主宰文化市场，导致文化产品突破道德底线，出现善恶美丑不分的价值阙如。"缺乏精神价值的文化产品市场，缺乏精神追求的消费者群体，这两者之间很容易形成一个恶性循环，相互支持、相互强化"①。可见，文化市场的健康发展，文化产品的正确导向和健康运行，需要制度尤其是法律法规的保驾护航。

然而，作为现代工业体系产物的大众文化，在我国新生的文化市场中日益发展壮大，促进了我国文化的多元化发展。与此同时，大众文化形式多样，涉及音乐、影视、游戏演艺、网络视频、网络文学等众多领域。面对改革开放后工业化和商业化的大众文化，政府由以往文化活动的直接参与者变为文化活动的调控者和文化法律法规的制定者。然而，我国的文化立法起步不久，还没有形成统一的文化法律法规，只是针对某些行业制定了部分法律法规，客观上造成拼凑式的文化产业法律体系和治理模式。而且这些法律法规面对纷繁复杂的文化市场，要么因法律法规不能涵盖相关文化活动，客观上导致文化立法的相对滞后，出现法律真空而不能制约；要么针对同一文化行为，出现政出多门，但或因政府各部门的相关法规彼此"打架"而难以制约，或因行政执法交叉重叠形成重复治理，大家都在管，却尺度不一、职责不清、执行不到位，甚至彼此推诿扯皮，结果谁都没管。

除了法律法规的硬约束外，对文化市场的监管和规范，政府通常采取的是临时性的政策。本来政策约束可以弥补法律法规约束短板，实现监管的灵活性。但我们的文化政策时严时宽、时紧时松，呈现应急倾向和多变特点，没有形成长效

---

① 童世骏.意识形态新论[M].上海：上海人民出版社，2006：169.

机制，尤其一些重大政策没有上升为法律法规。比如近年来，广电总局三番五次整治低俗庸俗媚俗影视节目，然而效果不尽如人意，影响人们尤其是少年儿童的健康成长。

除了政策没有上升为相关法律法规外，一个很重要的因素就是政府职能转换的不彻底性及其相关从业人员的媒介素养不高。建立与维护文化市场的规则和秩序是国家文化管理部门的重要职能，也是依法治国的重要表现，理应引起政府的关注与重视。

（三）大众文化建设的引导机制不科学

相对法律规范约束机制而言，引导机制意味着国家文化管理部门和媒体需将"文化消费和文化活动导向真善美的方向"[①]，引导社会文化环境健康有序发展，而不是以"堵"的方式杜绝假恶丑的文化信息的产生和泛滥，以使社会文化环境良性发展。换言之，健全的文化市场秩序的建立和维护，既需要制度进行外在的刚性制约，还需要文化进行内在的柔性自律，也需要政府和媒体的正向激励和引导。

大众文化作为文化的一种形态，其目的就是化人而不是化钱，是要引导人们形成正确的价值观，形成良好的社会文化环境，推进新时代中国特色社会主义现代化强国的建设。作为媒介文化的大众文化，从媒介传播的内容上讲，我国的文艺作品曾经积极构建"高大全"的完美英雄形象，而与之相对的是从头到脚一无是处的、相貌丑陋的坏人形象，脸谱化甚是严重。然而现实生活中，人无完人，完美的英雄形象远离人们现实的感性生活，拉开了它与受众之间的距离。文化的教育引导价值大打折扣。人们的精神生活空间出现巨大的空缺。当改革开放推行之后，人们的思想空前解放、活跃。与之相伴而生的是人们的欲望不但有了表达的机会，而且通过机器大工业生产将其对象化，形成众多的大众文化产品，不断填补人们的精神消费空间。

众多大众文化突破真善美的价值底线，不分好坏，不分善恶，不分美丑。有的大众文化不顾家国情怀，刻意夸大汉奸卖国贼等反面人物的优点和长处，刻画

---

① 韩源. 国家文化安全论：全球化背景下的中国战略 [M]. 北京：社会科学文献出版社，2013：190.

其重情重义、孝顺担当、足智多谋等好的一面；故意放大英雄等正面人物的不足和缺点，甚至侮辱解构英雄等正面人物形象。很多人看了之后，不知道该学习谁、模仿谁，价值导向明显出了偏差，影响人们正确价值观的形成。很长一段时间里，国内电视、网络被一些低级庸俗的娱乐节目霸占，各种真人秀、选秀节目大行其道，诸如婚恋节目中的"宁愿在宝马车里哭，不愿在自行车上笑"等雷人雷语不断。与此同时，在网络发达的现实社会中，流量明星辈出，人们的日常生活空间被众多的流量明星海量占据。随之出现的是众多的粉丝逐渐升级为相应的"饭圈组织"，粉丝文化日益演变为畸形的"饭圈文化"，不断刷新人们的三观。由此可见，大众文化的引导机制是不科学的，没有尊重人的接受规律和人的文化消费安全规律，把人们的文化消费活动引向了真善美的反面。

从政府相关文化职能部门的文化引导机制上看，除学校教育之外的其他公民文化道德教育、行业准入教育、法人和相关从业人员专项教育等相对疲软，致使、媒体部分从业人员和公民媒介素养不高，最终导致文化引导乏力。

第六章　新时代群众文化建设的方向和原则

　　新时代中国大众文化价值引领，实质上就是坚持社会主义先进文化的引领，坚持社会主义核心价值观和真善美的人文道德审美价值的引领，归根结底都是要实现文化的化人育人养人作用。中国共产党是当代中国先进文化的缔造者、引领者和践行者。新时代中国大众文化价值引领作用的实现，是中国共产党全心全意为人民服务的根本宗旨在大众文化领域的体现。因此，要实现中国大众文化的价值引领，需要坚持中国共产党的领导。中共共产党始终代表着中国先进文化的前进方向。坚持社会主义先进文化的前进方向就是新时代中国大众文化价值引领的方向。并且新时代中国大众文化的价值引领作用的实现，需要坚持一定的原则，才能更好地发挥育人化人养人作用，促进人的自我实现、全面发展和社会全面进步。

一、新时代群众文化建设的方向：社会主义先进文化前进方向

　　文化市场上琳琅满目的大众文化产品，负载着种类繁多、充满差异性的甚至相互冲突的价值观。这些文化产品日复一日地伴随着公众的日常生活，并作为公众的日常消费品丰富其精神生活，影响其健康精神状态和健康人格的养成。进一步说，大众文化和其他文化一样，作为人类社会历史发展的创造物，不仅有品种的多寡变化，在性质上还有先进和落后之分。在这里，文化的先进性，主要不是就科技等知识层面来划分的，而主要是就其价值层面而言的。一种文化先进与否，主要看其对人的生存和发展是否具有积极意义和价值。能够推进人的提升、促进人向自由而全面的方向发展的文化就是先进文化。向社会主义先进文化方向靠拢和升华，实现我国大众文化积极健康向上发展，正是我国大众文化价值引领的直接目的。换言之，我国大众文化价值引领的正确方向就是社会主义先进文化的前进方向。

（一）什么是社会主义先进文化的前进方向

马克思主义认为，文化的发展不是独立的历史发展，而是由人类社会物质生产生活实践推动的，具有发展的方向性和必然性。马克思从从事于实际活动的现实的人出发，站在历史唯物主义高度指出："发展着自己的物质生产和物质交往的人们，在改变自己的这个现实的同时也改变着自己的思维和思维的产物。不是意识决定生活，而是生活决定意识。"① 可见，马克思将文化的发展进步的根源归结为人类物质生产生活实践活动的发展。在人类物质生产生活实践的推动下，人类文化逐步摆脱蒙昧落后状态，不断走向进步文明，由落后向先进迈进。恩格斯说："文化上的每一个进步，都是迈向自由的一步。"② 可见，文化的发展，也就是人的发展。在某种程度上可以说，一种文化先进与否，主要看其对人的生存和发展是否具有积极意义和价值，是否能丰富人的精神世界、塑造健全人格、开发人的潜能、提升人的本质力量。那些能够推进人的提升、促进人向自由而全面的方向发展的文化就是先进文化。换言之，先进文化的发展方向，就是人的自由而全面发展的方向。这个方向，也是当代中国先进文化发展的方向。

（二）新时代中国大众文化价值引领需要坚持社会主义先进文化前进方向

向社会主义先进文化方向靠拢和升华，实现我国大众文化积极健康向上发展，正是我国大众文化价值引领的直接目的。换言之，我国大众文化价值引领的正确方向就是社会主义先进文化的前进方向。要实现新时代中国大众文化价值引领需要坚持社会主义先进文化前进方向。

首先，新时代中国大众文化价值引领需要坚持社会主义先进文化前进方向，是由先进文化本身的发展性特点决定的。因为任何一种先进文化，都具有相对性。在某一历史时期或某一历史条件下是先进文化，在另一个时期或其他历史条件下则可能蜕变为落后腐朽的文化。因此，先进文化都是具体历史条件下的先进文化，根本不存在恒久不变的抽象的先进文化。先进文化是随着人的社会生产生活实践和时代变迁，不断生成和发展着的文化。先进文化"充分吸纳和体现时

---

① 马克思恩格斯文集（第1卷）[M]. 北京：人民出版社，2009：525.
② 马克思恩格斯文集（第9卷）[M]. 北京：人民出版社，2009：120.

精神、整合人民群众的智慧和才华、符合人类社会发展方向、体现社会生产力发展要求、代表社会成员最根本利益"①，是在社会实践中生动展开的，对人的存在和发展有积极意义和价值的文化。那些阻碍社会生产力发展，妨碍社会发展进步，有损人类精神健康发展的文化则是落后文化，需要改造。由是观之，当代中国特色社会主义先进文化，也是要随着我国社会建设和文化建设实践和时代变迁而不断变化和发展，永远向更为先进的方向前进，走向人的自由而全面发展。

其次，新时代中国大众文化价值引领需要坚持社会主义先进文化前进方向，是新时代维护我国国家文化安全、实现我国大众文化积极健康向上发展的内在要求。一方面，中国大众文化的发展在国际上不仅面临十分严酷的竞争，而且面临西方国家利用大众文化途径对我国实施意识形态渗透，向我国传播西方国家价值观和生活方式，试图改变我国民众长期积累的价值观念、思维方式和行为方式。另一方面，我国本土大众文化的发展，在有些方面与我们的社会主义先进文化之间出现了摩擦和不协调的地方。虽然 2014 年，在中央出台文艺指导思想之后，"庸俗、媚俗、低俗"等"三俗"之风得到明显扭转，但在一些大众文化产品中，仍然不同程度地存在过度娱乐化倾向和是非真假、善恶美丑不分的情形，尤其是在网络视频、短视频等网络文化中更为严重。这些大众文化，解构英雄、解构崇高，违背社会主义核心价值观导向和真善美的价值导向，弱化人们对社会主义的政治信仰、对民族文化的认同，不断侵蚀和破坏着我国社会主义先进文化建设。可见，要实现大众文化的积极健康向上发展，实现文化塑造人、提高人的育人化人作用，需要在新时代的大众文化价值引领中，坚持社会主义先进文化的前进方向指引，确保我国大众文化的社会主义先进性和人民性。

（三）新时代中国大众文化价值引领怎样坚持社会主义先进文化前进方向

在新时代的大众文化价值引领中，坚持社会主义先进文化的前进方向指引，需要做到如下几点。

第一，始终以马克思主义为指导，通过各类文化形式生动形象地表现社会主义核心价值观，以典型生动的作品形象表现真善美的道德境界、鞭挞假恶丑，从而提高大众的道德水准和道德境界，促进人向自由全面方向发展。

---

① 方世南、范俊玉 . 先进文化与小康社会 [M]. 苏州：苏州大学出版社，2003：3.

第二，扎根中国文化沃土，结合时代精神，传承中华优秀文化传统，在继承中发展。中国五千年文明史，给我们留下了博大精深、源远流长的中华传统文化资源。虽然这些文化资源成为全体中国人民最珍贵的思想文化源泉，但精华与糟粕杂糅其中。因此，建设大众文化，加强大众文化价值引领，需要在扎根中华文化沃土中，坚持马克思主义指导，将中华优秀传统文化价值和中华美学精神与中国社会现代化进程和时代精神进行有效对接，在有效变革中促进其创新性发展，提升大众文化发展的内生动力，构建中华民族共有的精神家园。

第三，在全球文化多元激荡中，不忘本来、吸收外来。中国的发展离不开世界，中国特色社会主义文化也不能游离于世界文化大潮之外，关起门来孤芳自赏、故步自封；与此同时，更不能"以洋为尊""以洋为美"和"唯洋是从"。在世界多元文化系统的大花园里，更需要加强对我国大众文化的价值引领，确保我国大众文化坚定社会主义文化的先进性方向，不忘本来、吸收外来。为此，我国大众文化建设，须采取开放的态度，在积极参与文化全球化过程中，坚持美美与共、文明互鉴、洋为中用的文化立场，在立足中华优秀传统文化价值和中华美学精神基础上，有鉴别地博采众长，推进中华文化的发展。比如，学习美国好莱坞大片中如何将本国的主导意识形态和主流价值观融入大众文化产品中，实现我国社会主义核心价值观和真善美的人文道德审美价值在大众文化产品中的优质传播，增强对受众的传播效果，提升公众的文化价值共识和道德审美素养等。

第四，坚持人民至上的价值立场，促进人的全面发展。这就要求中国大众文化需要坚持以人为本和人民至上的价值立场，在尊重和反映人民大众普遍意愿和现实生活基础上，彰显人文关怀，为人民大众提供丰富健康的大众文化产品，满足人民对美好生活向往的要求。在此基础上，坚持社会主义先进文化的前进方向和真善美的人文道德审美价值引领大众文化积极健康向上发展，进而引领人民的精神世界，发挥文化育人、化人功能，塑造和提高人格品质、提升人民的精神境界和民族素质，促进社会进步和中华民族的伟大复兴。

二、新时代群众文化建设的原则

新时代中国大众文化的价值引领，需要坚持中国特色社会主义的相关原则，才能更好地引领新时代中国大众文化的健康发展，进而引领人的精神世界，提高人的精神境界，促进人的自我实现、全面发展和社会全面进步。

（一）以马克思主义为指导的根本原则

当代中国大众文化是在中国改革开放和现代工业社会背景下兴起和发展的。大众文化通过文化产业批量化生产，是面向市场和面向大众日常生活的商业性文化。因此，当代中国大众文化是具有符合当代中国国情特征的文化形态。这就决定了当代中国大众文化具有与西方大众文化根本区别的本质特征。发展中国大众文化不能陷入西方的理论陷阱或窠臼。因为历史上从来没有哪个国家的文化能够脱离政治而单独发展。"如果一个国家国内政治动荡，国际上受到政治干涉，其文化发展必然面临危机，甚至文化系统遭受根本性冲击，失去政治保障的国家文化利益总量逐渐消解，危及国家文化安全"[①]。马克思主义不仅让中国摆脱了晚清以来的文化危机和文化挑战，还在中国共产党领导下，在全国人民历经革命血雨腥风的洗礼和豪情壮志的改革、建设、发展实践中，共同促成并推进中国化的马克思主义。作为指导思想，马克思主义不断引领中国发生翻天覆地的新变化。在马克思主义指导下，中国共产党领导全体中国人民成功实现第一个百年奋斗目标，并努力实现第二个百年奋斗目标。可见，马克思主义已经完完全全地成为中国的宝贵精神财富和指导思想。中国实现文化强国，迫切需要坚持马克思主义在文化领域凝心聚气，引领14亿中国人民形成思想共识和价值共识。当今中国大众文化内含的价值观、价值取向多元多样，甚至相互矛盾，并挑战中国社会主流价值。因此，不论是从实现中华民族伟大复兴还是从大众文化的健康发展而言，都需要坚持马克思主义的指导。

第一，坚持马克思主义指导下的大众文化生产及其价值实现。

新时代中国特色社会主义大众文化，在人们基于工业、科技、网络的大批量生产过程中，不只是作为市场上交换的商品呈现于世，同时还是作为人类精神象征和精神力量的文化产品，既具有物质性，又内含人的精神性特征。中国大众文化生产行为，同许多物质生产实践一样，不仅生产了文化载体形式的产品，还生产出了文化和新的需要以及包括生产者在内的人本身。正如马克思所说："在再生产的行为本身中，不但客观条件改变着……而且生产者也改变着，炼出新的品质，通过生产而发展和改造着自身，造成新的力量和新的观念。"[②] 如果按照马

---

① 韩源 . 国家文化安全引论 [J]. 当代世界与社会主义，2008（6）.
② 马克思恩格斯文集（第 8 卷）[M]. 北京：人民出版社，2009：145.

克思的上述理解，那么我国的大众文化生产，不仅是人通过文化生产实践活动改造、生产客观的自然界（包括物质形式的文化产品和人本身），同时又是人通过文化生产实践生产出更为广泛的社会交往形式、更为强大的生产力和人的精神力量，改造着人的主观世界，促进文化的发展和人的发展。换言之，大众文化价值的实现，是通过人的文化生产实践活动创造价值，经过人的交往实践和新的文化传播方式的传播，塑造人并促成人发展。进言之，大众文化的价值实现，归根结底是由大众文化生产实践决定的。有什么样的大众文化生产，就有什么样的价值实现。大众文化生产实践及其文化产品对人具有价值塑造和价值引领功能。

这里，大众文化生产实践及其产品对人的价值塑造和价值引领功能，是预设了条件的。因为只有健康向上的大众文化，才能对人有价值引领功能，才能塑造人、提升人，最终促进人的自由全面发展。因为大众文化本身是属人的产物，是通过人的生产进行的。马克思强调了人的生产是超越于动物的生产的，人不但能进行人自身的自然生产，而且"人再生产整个自然界"[①]，人和整个自然界都被人改造着，并且人在实践基础上通过交往形成人类社会。在马克思那里，人的再生产并不是漫无目的的蛮干，而是遵循了真善美的统一规律的合目的行为。人"懂得按照任何一个种的尺度来进行生产，并且懂得处处都把固有的尺度运用于对象；因此，人也按照美的规律来构造"[②]。由此可见，我国的大众文化生产实践，作为人类的一种文化活动，既要遵循大众文化建设规律（外在尺度），又要自觉把人类对真善美的精神需求的价值尺度（内在尺度）融入大众文化生产实践。唯有如此，我国大众文化生产实践才能创造价值，不仅实现自身的健康向上发展，还促进大众文化的价值实现，完成文化教育人、塑造人、引导人、提升人的价值引领作用。由上观之，只有坚持马克思主义指导，才能引导我国大众文化生产坚持一切为了人和发展人的人民至上的价值导向，不仅促进大众文化自身的健康发展，同时引领人民大众的发展进步。

第二，坚持马克思主义指导，超越符号消费。

新时代中国大众文化早已成为中国民众日常生活的主要文化消费品，对形塑人的价值观有重要作用。进步的大众文化能够促进人的发展，但落后的、腐朽的大众文化只能给人带来伤害。要保障人们的公共精神健康，促进新时代中国大众

---

① 马克思恩格斯文集（第1卷）[M]. 北京：人民出版社，2009：162.
② 马克思恩格斯文集（第1卷）[M]. 北京：人民出版社，2009：163.

文化的良性发展，需要在马克思主义指导下，坚持文化真善美的价值导向，至少不违背人们对真善美的精神追求。然而，"'精神'从一开始就很倒霉，受到物质的'纠缠'，物质在这里表现为振动着的空气层、声音，简言之，即语言"[①]。可见，文化的发展需要一定的物质载体和相应的符号形式表达和呈现，因而对符号形式有一定依赖，并受其制约。大众文化构成新时代中国人日常生活的文化环境，是人们日常生活实践的反映，其发展不仅依赖语言符号，还凭借现代通信网络等科学技术构成的"声""光""图""文字"等于一体的文化符号体系，扩大自己的文化地盘和消费人群，形成符号消费。然而作为生活意义的文化符号和日常生活实践反映的大众文化，是不能离开价值引领徒有其符号形式而存在的，否则大众文化将走向庸俗和泛娱乐化。这也是我国大众文化发展实践中出现的问题所证明了的。因此在我国大众文化价值引领中，需要坚持以马克思主义为指导的根本原则，积极体现真善美的文化价值需求，形成国民健康向上、多元多样、充满生机活力的文化生活实践。

第三，与时俱进地坚持马克思主义指导下的大众文化发展及其价值实现。

新时代的中国大众文化，是在市场经济条件下进行的产业化的文化形态，为中国广大民众的日常生活供给了主要文化消费品。因此，大众文化的发展，不仅遵循人类对真善美的精神需求，还依照相关物质需求，追求一定的经济价值，而不仅仅是精神价值。因此，大众文化生产，不仅要按照文化活动规律，还要遵循物质生产的市场经济规律，才能实现大众文化自身的可持续发展。否则，偏颇任何一方，都不能促进大众文化可持续地健康向上发展。马克思从阶级分析出发，反对文化的商品化和文化生产的经济价值追求[②]，更加注重精神生产固有的精神文化价值。因此，改革开放之后，中国人民根据中国国情，思想大解放，在中国化的马克思主义指导下，将文化推向市场，逐步建立文化产业，积极追求文化的社会价值和经济价值。

第四，坚持马克思主义为指导，确保中国大众文化的社会主义性。

当今中国大众文化的健康发展，不仅体现在真善美的精神价值方面要健康发

---

① 马克思恩格斯文集（第1卷）[M].北京：人民出版社，2009：533.
② 关于马克思反对文化的商品化，反对文化生产的经济价值追求方面，可参见以下论述。"连最高的精神生产，也只是由于被描绘为、被错误地解释为物质财富的直接生产者，才得到承认，在资产者眼中才成为可以原谅的。"详见：马克思恩格斯全集（第33卷）[M].北京：人民出版社，2004：348.

展，而且要坚持马克思主义的指导地位，保证中国大众文化的社会主义性质，进而保障中国特色社会主义性质。在国际上，一些资本主义国家尤其是以美国为首的西方发达国家，常常通过大众文化的传播向中国渗透西方价值观、生活方式等，妄图改变、颠覆马克思主义在中国的指导地位和人民立场。面对西方大众文化的在中国的广泛传播和意识形态、价值观等方面的渗透，在中国大众文化领域，马克思主义不去占领，西方价值观和意识形态就有可乘之机。长此以往，14亿中国人民就会在远离马克思主义的中国大众文化中受到影响，思想为此而混乱，后果不堪设想。因此，从对外防御西方思想渗透的角度而言，中国大众文化需要坚持马克思主义的指导地位。

从中国大众文化自身的健康发展而言，中国大众文化只有坚持以马克思主义为指导的根本原则，才能保障人民的合法文化权益。当今中国大众文化，是反映14亿中国人民日常生活的文化形态，坚持马克思主义的指导，才能有效保障14亿中国人民的合法的、正当的权益。作为反映14亿中国人民日常生活的大众文化，不是镜子似的复制人民的日常生活，复制生活中的假恶丑和不光彩的一面，也不是以西方的标准来裁剪我国人民的日常生活、而是需要坚持思想性、艺术性和价值取向的有机统一，坚持马克思主义的指导，为中国人民提供丰富健康向上的精神文化产品，满足14亿中国人民的精神文化需求，提高其精神力量。

可见，坚持马克思主义为指导的根本原则，对于当今中国而言，还需要坚持中国化的马克思主义为指导，坚持社会主义核心价值观和真善美的价值导向，既促进中国大众文化的健康向上发展，又实现其经济效益的提升，以更好地塑造人、提高人，实现大众文化育人化人的价值引领功能。

（二）保障人民文化权益的原则

保障人民文化权益，实现人民精神健康，是当代中国大众文化的人民性特征的体现，也是当代中国大众文化发展的目的。发展社会主义大众文化需要坚持人民中心的价值导向，让人民群众共享文化权益。我国社会主义大众文化服务于人民的精神文化需求，体现人民的根本利益，保障人民的文化权益，是中国共产党履行执政职责的必然要求，是社会主义中国国家性质的必然要求，也是新时代中国大众文化建设和发展的目的所在。

这就要求我们的大众文化要深入人民，以中国人民的生活实践作为自己的创作主题和灵感来源，向人民奉献更加丰富、健康、优质的精神食粮，提高人民文明素养，全力推进人民对美好生活向往的实现。但现实文化生活中，部分"三俗"文化产品在影视文化尤其是网络文化中大行其道，过分地、没有底线地追求娱乐功能导致"娱乐至死"效应，损害公众的精神健康，挑战国家文化安全和国家民族利益。为人民服务，保障人民的文化权益，要求大众文化产品应鞭挞假恶丑、弘扬真善美，不断增强人们对大众文化的理性判断能力和鉴赏能力，引导人们向往和追求美好生活。

在我国，人民的文化权益在一定程度上就是我国的国家民族利益。保障人民文化权益，就是保障我国国家民族利益。这就要求我们传承中华民族优秀传统文化，发扬我国优秀的传统道德价值，维护中国文化的民族个性。中华民族的道德价值是我国人民的文化道德权益，需要坚守好、维护好、传承好、发展好，这些道德价值事关中国精神独立性、主权独立性和文化安全，事关中华民族的生存和发展。

在中国全面小康基础上，保障人民享有文化权益，有利于推进精神文化生活的共同富裕。我国幅员辽阔，城乡之间、地区之间在文化供给上存在较大差距，影响人民文化权益的有效实现。尤其是在偏远地区和地处偏远地区的农村，留守儿童和留守老人较多，他们的精神文化生活相对单一，容易受到不良文化的影响和侵蚀。因此，在文化供给上，政府要主动作为，在缩小地区、城乡差距上下功夫，让人民享受基本的公共文化服务。同时，政府要广泛吸引社会参与，积极鼓励更多的文化产业参与公共文化产品的供给上，保障人民享有文化权益，推进精神文化生活的共同富裕。

（三）坚持党管媒体的原则

中国共产党的领导，是中国大众文化的社会主义性质和人民性质的内在要求，也是当今中国大众文化保持先进性、获得健康发展的根本保证。只有与先进文化保持一致，才能真正确保文化权益让人民共享，促进人民精神生活的共同富裕。大众文化在某种意义上也叫媒介文化，题材丰富，价值多元多样，并且通常以碎片化和娱乐化的方式呈现在公众面前。

虽然我国绝大多数媒介文化的发展与我国主流价值观不相冲突，尤其是党的十八大以来这样的媒介文化占据了文化发展的主流，但部分媒介尤其是网络媒介平台上的网络文化，或因利润因素的驱使，或因网络"大V"（在社交平台上有一定影响力的人）、意见领袖的操控，或因西方价值观的影响，或因个人自由意识的极度张扬，或因网络的匿名性等复杂因素的影响，在人人可以充当麦克风的智能手机移动终端网络条件下，极不负责任，放任网上对"个人至上""绝对自由"的叫嚣，挖苦讽刺、嘲弄戏谑、亵渎恶搞英雄、经典和我国社会主流价值观。2013年以来，雷锋、黄继光、邱少云、董存瑞等英雄人物形象相继在网络上多次被"恶搞"①，更有甚者，这样的网络文化产品竟然以"娱乐"的方式，公然出现在一些高校团委的官方微博上。恶搞英雄的网络产品，虽然被众多网友质疑和声讨，但从另一个方面来说，网络文化中的恶搞、戏谑、嘲弄主流价值观的现象影响了部分青少年正确价值观的树立，导致他们为了娱乐而不顾国家民族价值底线的"傻乐"和"愚乐"。可见大众文化在我国的发展过程中，迫切需要坚持党管媒体原则在文化发展过程中的落实。党管媒体原则是中国共产党的党性要求，也是维护国家利益的生动体现。这就要求各种传播媒介在传播大众文化时，要坚持以人民中心的价值导向，以民为本，坚持文化发展的"二为"方向，不要只为了所谓的点击率、票房率、收视率等经济利益，忘了本该坚持的国家利益和人民利益的大局，以真正实现党性和人民性的统一。

坚持党管媒体的原则，就是要在媒体传播行业坚持传播具有中国气派的文化产品，以此打动人、感染人，引导大众向往和追求讲道德、尊道德、守道德的生活。就是各类大众媒介和网络媒介在坚持中国共产党领导下，坚持社会主义核心价值观和真善美的价值导向，积极履行文化审查职能，对相关大众文化产品开展

① 1.对雷锋的恶搞。2013年4月，网名为秦火火的人在网上发出一条信息，说"雷锋1959年为自己添置了皮夹克、毛料裤、黑皮鞋等全套高档行头，皮夹克、毛料裤、皮鞋在当时加起来总价90元左右，而当时雷锋一个月才六块钱"。以雷锋的手表和皮夹克等高档消费品暗指政府造假雷锋形象误导民众，制造政府信任危机。2.对邱少云的恶搞。加多宝以邪恶营销的方式，侮辱烈士邱少云案，于2016年9月20日宣判，孙杰（网名"作业本"）和加多宝公司赔礼道歉、消除影响。3.对黄继光、邱少云、董存瑞的恶搞。2018年9月27日，@石家庄工程技术学校团委微博发表"每日一笑"超话：趴在草地上的邱少云对战友说："我有预感，我今天要火。"匍匐前进的黄继光说："我也有预感，我趴着也中枪。"董存瑞冲锋时说："我有一种预感，我要碉堡了。"这条同时恶搞了邱少云、黄继光、董存瑞3位烈士的微博受到众多网友声讨："这好笑吗？《英烈保护法》学习一下？"4.2018年6月，今日头条旗下短视频平台（抖音）在某搜索引擎广告投放中，出现侮辱英烈邱少云《邱少云——被火烧的笑话》的内容引关注。今日头条致歉：相关负责人已停职。5.2018年，一段某团体演绎的《黄河大合唱》视频在网络流传。视频中，这首抗战经典歌曲被篡改，表演者摇头摆尾，以夸张的表情和动作进行恶搞，引来台下哄笑不断。据了解，以另类形式表演《黄河大合唱》，已经成为有的公司年会的热门节目。甚至，有的恶搞节目还被搬上电视荧幕。

正误、对错、好坏的价值识别，在传播链条上，截断低俗产品的传播途径。只有我们的各大传媒切实履行文化公共责任，才能真正将真善美的传播和假恶丑的抵制落到实处，给予人民在追求美好生活的奋斗中一个良好的文化环境。媒体再也不能充当"三俗"的帮凶，不能为"三俗"推波助澜。

（四）坚持社会效益首位和社会、经济效益相统一的原则

大众文化是一种以商业盈利性为目标的文化产品，在国外如此，在中国也不例外。但作为中国特色社会主义文化的一分子，中国大众文化并非阿多诺笔下的"文化工业"。大众文化作为商品进入文化市场是要追求经济效益的。但作为文化产品，就具有文化性和精神性，并以其真善美的文化精神内涵，通过一定的传播媒介向社会公开传播，供人们消费，以满足其精神文化生活需要，提高其精神境界和精神力量，即作为文化产品的大众文化是要实现其社会效益的。大众文化的社会效益就是指大众文化产品在市场机制下，经过传播和消费，满足人们对真善美追求的需要，从而提高人们精神境界和精神力量所具有的积极的社会意义，以及对整个社会产生的积极作用。

相对经济效益，文化社会效益的实现是马克思更加重视的。正是因为精神生产能带来经济价值，才被资本家认可。然而，马克思对这一作为"生产劳动"理解的精神生产的经济价值是不以为意的，他认为出版商、戏院、娱乐场所的演出商等老板通过精神生产的产品带来的利润，"同整个生产比起来是微不足道的"①。马克思的确道出了当时资本主义的实情，在此情况下，马克思更注重精神生产中的"非生产性劳动"，即精神生产固有的精神文化价值，以增强人的本质力量，促进人的发展和社会进步。

通过精神生产的产品带来的利润增长，在一定程度上也是精神生产社会价值的实现——满足和丰富人们的精神文化生活需要，进而促进文化自身的进步发展和人的本质力量的增强——是文化自我生命形态的一种升华。中国通过改革开放，开始重视并不断开发文化的经济属性，促进文化发展带来的经济效益和社会效益的双赢。1988 年，文化市场司、文化产业司成立；2000 年，大众文化作为

---

① 马克思恩格斯全集（第 26 卷上）[M]. 北京：人民出版社，1972：442—443.

文化产业的一部分真正从国家政策上获得了官方的认可和支持[①]。

"文化产业"曾被法兰克福学派严厉批判,因为只能造就被动的大众。但大众文化是被工业文明创造出来的事实是不能否定的,它将随着工业文明的发展而不断向前发展,以满足人们的文化生活需要和精神生产自由本性的实现。因此,当今中国大众文化生产,既生产出大众文化产品的经济价值,又生产出大众文化产品的精神文化价值。当今中国大众文化生产是生产的特殊方式,它向人们提供的是"人的本质力量对象化"的文化成果。

市场经济条件下,大众文化的发展受资本影响,对经济发展作出了重要贡献。比如,经过市场化运作的中国电影,票房收入不断攀升;哪怕是在艰难的2020年,票房虽然较往年有大幅下降,但是中国电影创下全球第一票房的奇迹。不仅增加了国家的税收收入,还给导演、制片人、演员等带来高回报,也带动了相关产业的发展,如"爆米花"经济、"饮料"产业等;更派生了相关绘画、文具、书籍、饰品、服饰等行业,实现了经济的整体发展。但大众文化在发展过程中,不能当市场的奴隶,只重市场效益忽视其他效益。随着中国网络世界的迅速发展,各种形式的大众文化在多样性的世界文化舞台上"围绕市场制造话题"[②],多元开放、争奇斗艳、众声喧哗。有的沦为市场的奴隶,将社会效益降格以求市场效益。如果大众文化,一味强调经济效益,忽视社会效益,从文化的角度而言,将导致文化安全危机,不但不能促进国家繁荣,反而影响国家安全。

反之,强调社会效益的首位原则,不是要放弃经济效益只抓社会效益,而是要在提高社会效益基础上,实现两个效益的统一。在市场经济条件下,文化企业也只有在市场上获利的情况下,才有资本来驱动大众文化的发展。当更多的优秀文化产品通过文化产业的大批量生产和以智能手机为终端的新型传播方式,被社会公众共享时,人的精神境界的提高、精神力量的增强才会有优质可靠的文化环境,以促进人民精神生活的共同富裕。可见,大众文化社会效益的实现,是离不开大众文化经济效益的获取的。

[①] 2000 年《中共中央关于制定国民经济社会发展第十个五年计划的建议》规定:"完善文化产业政策,加强文化市场建设和管理,推动有关文化产业发展。"详见:中共中央关于制定国民经济社会发展第十个五年计划的建议 [EB/OL].2021—11—15, www.gov.cn/gongbao/content/2000/content_60538.htm.

[②] 傅守祥.欢乐诗学:泛审美时代的快感体验与文化嬗变 [M]. 杭州:浙江工商大学出版社, 2016:30.

若从价值层面来讲的话，大众文化产品本身内在的良好价值有利于实现社会效益和经济效益的统一。具有良好价值的大众文化产品，如若没有受众和消费者的欣赏、消费，是不可能有经济效益的，同时也不具备相应的社会效益。可以说，大众文化产品内在的良好价值即内在价值，只是实现大众文化经济效益和社会效益的重要条件；大众文化产品还需要被人消费，大众文化只有被人消费才有高的市场占有率，才会有良好的经济效益；也只有被人消费了，才可能将文化产品内在的真善美价值影响、涵育消费者，促进人和社会的和谐发展和进步。通常情况下，优秀的文化产品相比一般的文化产品，通过市场化运作更能获取高额市场效益，并给人和社会带来益处。只有这样才能真正实现大众文化的社会效益和经济效益的统一。因此，中国大众文化的发展，一方面要追求经济效益，为大众文化发展提供物质保障；另一方面且更为重要的方面是追求社会效益，提高中国人民的整体素质和整个中华民族的精神品格。唯有如此，才能实现大众文化的社会、经济效益的统一。

（五）尊重差异、包容多样和文明互鉴的原则

我国的大众文化是在全球化发展进程中发展壮大起来的。在文化全球化背景下，虽然西方文化从一开始就占据主导地位并一直对外实施全球扩张，但文化全球化从一开始就没有完全被西方化，文化间的差异依然存在，且在不同文化的交流、交锋中，文化全球化日益呈现出多元并存的文化景观。随着全球互联网的发展，整个地球压缩为一个地球村，有人乐观地断言全球文明将从分散、对立、冲突、斗争走向和平、宽容、和谐、共存；有人悲观地提出"文明的冲突"，这种冲突虽然不像以往自由资本主义时期那样以直接的军事对抗进行，而更多地采用一种柔性的隐蔽的文化方式进行。但以文化这种没有硝烟的战争方式，其影响相比以往的军事暴力形式，更加深远，直接关系到国家民族安危及其文化安全。

在全球化背景下，我国大众文化不能排斥外来文化、闭关自守、故步自封，否则将在失去活力中自我消亡；也不能自我放逐、盲目崇外、"唯洋是从"、东施效颦。因为全球化不是一体化、趋同化，全球化是建立在多样性、差异性、矛盾性基础上的相互联系、相互影响、相互制约、相互借鉴、相互依存。我国在积极参与文化全球化过程中，要突出我国文化的主体意识和文化自觉、自信意识，积极参与国际文化间的交流与合作，尊重差异、包容多样、文明互鉴。坚持国家之

间、民族之间的文化平等地位，既尊重他国的文化习惯，又不失我国的文化主体地位和文化自觉意识，坚决反对文化霸权。在立足各国文化主权和安全基础上，平等往来，相互交流合作，既向世界积极展示我国文化的独特个性，又欢迎各国文化与我国文化平等交流，美美与共，相互借鉴吸收有益于自身的一切优秀文化成果，实现各种优秀文化和谐共生、共存共荣。在此大背景下，不断推进中华文化和我国大众文化的繁荣发展。

在我国文化主权范围内，坚持大众文化的价值引领，需要在突出主流文化、主流价值的共识性认同基础上，尊重差异、包容多样，在全社会凝聚最大的文化共识和价值共识。以价值共识引领大众文化的健康发展。大众文化早已成为人们生活中的除了粮食外的日常消费品，也是人们日常生活的一种反映。生活主体的多样性、人们价值观的多样性、人们文化需求和文化趣味的多样性多层次性等因素，决定了我们大众文化的多样性、丰富性和差异性。与此同时，大众文化在中国的兴起，本身就是文化打破一元结构走向多元的表现；但文化越是多元多样，越需要强调和壮大我国主流文化，推进先进文化建设，强化先进文化的引领作用，实现好和维护好我国文化的多元一体结构。因此，在新时代中国的同一时空背景下，弘扬主旋律、包容多样、尊重差异，文明互鉴，努力在多元多样中加强先进文化和社会主义核心价值观的引领，在多样化发展中谋共识，在共识引领下促进多样化，推进我国大众文化的繁荣发展。

在文化全球化过程中，尊重和包容，是引领的前提条件[①]。但是，对于施加在我国的文化霸权，我们不但不能包容和尊重，更要坚决反对。对于不益于人的精神健康和社会发展的任何落后腐朽文化，必须坚决反对和抵制，反对和抵制文化上与社会主义核心价值观和真善美价值背道而驰的庸俗低俗和媚俗之作，反对和抵制没有文化内涵和价值的过度娱乐化产品。换言之，我们的大众文化是在坚持公共理性、公共价值的底线共识基础上的文化多样性和差异性，是文明互鉴、见贤思齐而不是包庇野蛮落后和陈腐衰朽的文化多样性和差异性。我们应在多样文化共存发展中，提高人的价值判断能力和价值选择能力，促进人的提升和社会发展，实现文化的繁荣发展。

---

① 杨仁忠.论"以社会主义核心价值体系引领多样化社会思潮"的哲学意蕴[J].河南师范大学学报（哲学社会科学版），2008（5）.

第七章　新时代群众文化建设机制和实现途径

　　坚持大众文化价值引领的原则，为提高人民群众的精神境界提供了保障，大众文化如要对大众日常生活产生积极作用，还需要一定的引领机制建设和具体的引领途径的展开。其中，机制是中国改革开放以来被人们广泛使用的概念。新时代中国大众文化价值引领，既有内部实现机制，又存在外部制约机制。

一、新时代群众文化建设的内部实现机制

（一）文化认同机制

　　我国大众文化是在全球化的时空背景下兴起和发展的。全球化背景下，我国大众文化的繁荣发展，是中国文化现代化的重要表征，也是推进实现文化现代化、文化强国的重要一极。在实现文化现代化和文化强国过程中，既面对全球化背景下多元并存的他者文化，又面对我国数千年来厚重的传统文化和在革命、建设实践过程中形成的革命文化和社会主义先进文化。在这样一个现代时空模式中，个体生存面对无尽的他者和与自己同一的本土文化交往、碰撞，在陌生、熟悉、陌生的无尽"虚空"中，呈现出"个人的无意义感"[①]。作为我国文化建设的重要组成部分、且对人们日常生活影响最大最广泛的大众文化建设，将极其遥远的"世界生活"呈现在个体生活的有限时空境遇时，更需要结合新时代中的新精神、传统文化中的真价值、革命实践中的红色文化等，共同构筑起我国文化同一

[①]　[英] 安东尼·吉登斯. 现代性与自我认同 [M]. 赵旭东等译. 北京：生活·读书·新知三联书店 1998：9.

性和文化价值公共性^①，促进人们在接受我国文化价值中，增强人们的文化认同和价值认同。

"认同"，其英文名称是"identification"，是指"个人与他人、群体或模范人物在感情上、心理上趋同的过程"^②。中文里，认同泛指"个人与他人有共同的想法"^③。对个人来说，认同的过程就是一个归属的过程，是对自我身份的追问和确认，它是"作为反思性理解的自我"^④。对社会而言，认同"构成了他们自身明确的生活体系，我们可以称之为集体意识或共同意识"^⑤，即社会认同。可见，认同具有深刻的人文价值内涵，认同问题实质上就是文化认同。有了文化认同，"我"就扩展成"我们"，进而与"他们"相区别，确立相应的文化身份。无论从社会共同体的角度还是个体角度看，文化认同都是在面对文化"他者"时，对"他者"和"自我"的一种主动区分，自觉反思和把握自身的文化身份和地位。具体而言，文化认同是人们对本民族的文化、精神价值、伦理、制度等的承认、认可、接受、赞同，并由此形成一种文化归属感。有了这种文化认同，同民族成员形成了共同的价值观和思维方式，巩固民族共同体成员共有的精神家园，并与其他民族和国家区别开来，形成和巩固民族的文化个性。

中华民族历经千年，经过不断融合发展，形成中华民族文化。中华民族文化正如费孝通先生概括的那样，具有"多元一体"的性质，并得到人们的认同。多元一体的中华民族文化在强调文化多元性、差异性的前提下，各民族文化得到大家的承认和尊重，形成文化包容，在此基础上强调文化共识，产生多元一体的中华民族文化认同。多元一体的中华民族文化在历史长河的演变中占据主流，并不断扩大自己的文化版图，凝心聚力促进民族融合和国家统一。在全球化背景下，中国文化的多元化形式凸显，表现在大众文化领域的多元丰富和泥沙俱下，价值取向充满差异性、矛盾性。充满差异性的大众文化产品，适应了大众对文化多样性的需求，但另一方面又会带来大众文化的庸俗化倾向，解构我国主流价值观，不利于我国国民的社会化。要促进新时代中国大众文化的健康发展和繁荣，需要

① 袁祖社.《人是谁?》抑或《我们是谁?》[J].马克思主义与现实，2010（2）.
② 陈国强.简明文化人类学词典 [Z].杭州：浙江人民出版社，1990：68.
③ 辞海 [Z].上海：上海辞书出版社，2000：466.
④ [英]安东尼·吉登斯.现代性与自我认同 [M].赵旭东等译.北京：生活·读书·新知三联书店1998：58.
⑤ [法]埃米尔·涂尔干.社会分工论 [M].北京：生活·读书·新知三联书店2000：42.

突出时代性和价值导向，强调文化的公共价值认同。当前大众文化产品要融入如下公共价值：一是对民间被广泛认可的优秀传统文化及其社会伦理道德价值的认同，另一个是对中国共产党自上而下所倡导的主流价值观的认同。而不是用外来文化价值取而代之，也不是用我国传统的腐朽没落的文化价值取代。

当今中国，人们在日常生活中接触的文化形式最多的、受影响最深的是大众文化。大众文化在人们的日常生活中构建了一个庞大的大众文化环境，人们在其中受到这些文化宣扬的价值观影响，或完成人的社会化，或远离社会化不能形成"特殊的人格"①。价值观通过大众文化传播的春风化雨作用，让人们获得价值观认知，促成对某一价值观的认同并内化为普遍的社会心理，形成一定的道德思维方式，外化为自己的某种行为实践。如若文化产品内含的价值观是远离我国社会主流价值观的相关价值观，那么长期受此类文化产品影响的人们——尤其是青少年儿童——将不利于自己身心的健康成长，甚至会走向犯罪。但是大众文化产品的内容如若赋予先进文化的价值观，即将我国主流价值观融入其中，并以生动的形式、亲和的语言等贴近群众、贴近人们及其现实生活，对其进行情绪表达以模拟、再现生活中的感性和知性，增进人们的情感认同和文化认同、价值认同，提升国民的道德理性和道德素养。内含我国主流价值观的先进文化，也需要通过大众文化形式彰显自身，获得文化认同。"文化只有被大众认同并成为全社会行动的价值取向和道德准则，才能成为整合社会的主流意识形态"②，并通过传播，熏陶人，进而内化为人们自身的属性，提高人的道德人文素养和精神境界，最终实现人的精神自由和心灵秩序的和谐——随心所欲而不逾矩。

（二）道德自律约束机制

要实现大众文化的价值引领，需要确保大众文化自身价值的先进性，才能引领社会，提高人们的精神境界。这就需要有保障大众文化自身价值不偏离社会主流价值的一系列控制系统，比如法律制度规范系统、道德系统等进行有效规制和约束。相对法律制度规范系统的他律规制而言，道德系统主要是一种自律约束。

---

① 马克思指出："'特殊的人格'的本质不是它的胡子、它的血液、它的抽象的肉体的本性，而是它的社会特质。"具体参见：马克思恩格斯全集（第3卷）[M].北京：人民出版社，2002：29.
② 贾磊磊.流行文化是提升国家文化软实力的战略力量[J].西北大学学报（哲学社会科学版），2010（9）.

　　道德自律，是谁的道德自律。众所周知，大众文化是通过大众媒介进行传播的文化，因此有很多人直接称大众文化为传媒文化。传媒在大众文化的价值引领方面肩负着重要的社会责任——劝人向善向上与呵护大众心理免受伤害。媒体在传播大众文化时，选择传播哪些大众文化产品，不传播哪些大众文化产品，都会进行相应的价值判断、作出相应的价值选择：是选择对媒体自身有利的大众文化产品，还是选择对社会有利的大众文化产品。有些大众文化产品本身带有强烈的暴力叙事和不正当的情爱镜头，但是在没有相关时段限制和分级制度的情况下，这样的大众文化一经播出，无疑会伤害到青少年尤其是儿童特别是那些留守儿童的身心健康。若我们的儿童、青少年的精神健康受到损害，大众文化产品对一个国家、社会而言，难道仅仅是为了获取文化产业带来的经济增长，就没有其他了吗？当代中国大众文化，在中国共产党领导下，为真正坚持人民至上、保障人民文化权益，既要在市场经济中谋求自身利益，又要在遵守社会道德规范中维护好、实现好社会公众利益，不能为了市场利益放逐道德上的自我约束。

　　大众文化生产者、传播者在追求自身经济利益的市场驱动下，为大众文化发展提供经济动力。但也要遵守社会公共利益和道德规范，承担社会责任，促进人类社会的健康发展和人的发展进步。这就要求大众文化建设主体不断提高自身的综合素质和能力，将自己合目的性的价值要求和社会道德规范要求统一起来。如若只注重社会道德规范的约束，不追求经济利益的获得和经济发展，大众文化产业将没有发展的经济杠杆和动力而窒息生命。但为经济利益的获取而不顾社会效益的提升，甚至以损害社会公共利益、公众精神健康为代价，降格以求经济的单方面发展，大众文化的畸形发展将在媚俗、低俗、庸俗的发展中影响整个国家文化安全、公共文化安全和国家安全，最终不利于人的全面发展。一切文化发展都是为了人的发展和进步，损害人发展的文化产品最终将被人们弃之于历史的垃圾桶。

　　如何运用道德自律机制增进大众文化价值引领的实效性，确保大众文化真正在追求真善美过程中保持健康品格，促进人的向上向善和发展进步。从上文分析中我们可以看出，道德自律是道德主体建立在对社会合理的公共价值体系的正确理解和认同基础上的，强调道德自律主体自觉自愿的道德良心和道德义务与道德责任，最终将道德无意识地落实于自己的行动中。可见，道德自律机制的作用发挥，首先在于道德主体的主体性机制作用的发挥，强调道德主体的自觉自愿行为，而不是道德主体作为被动的客体在行政命令式或宣传动员式的被动接受。当今社会是一个自我主体意识超强的社会，这些主体不仅注重自我权益，还积极追求自我并努力实现自我价值。然而社会中的每个自我，各自具有自身的价值观，这就决定了追求自我和实现自我价值的途径和方式方法上的自为性、个体性、丰富性、多样性、差异性和矛盾性。在市场经济体制下，正是这些丰富多样且具有差异性和矛盾性特征，极易引发个体主体在追求和实现自我价值过程中的盲目性和随意性，损害社会公共利益和公共价值。为避免这种非理性的行为和由其产生的不良后果，需要道德主体充分发挥其道德自律主体机制，增强行为主体的自觉性。

其次，是要正确理解和认同社会合理的公共价值体系和道德要求，自觉遵守社会公德和有益的社会公共价值，这是社会给予个体的和群体的道德主体在道德意识上的统一要求。社会合理的公共价值体系和真善美的道德要求只有被道德主体正确认知理解和认同，才能内化于各个道德主体的内心，整合和引领分散多元的个体道德和群体道德，形成统一的道德意识和价值信念，并自主解决生活中的伦理道德问题。既然是整合引领社会中的多元道德，在大众文化实践中，文化生产者和传播者不能一味地俯就、迎合、顺应、媚悦人性中的弱点部分，跟着人的本能欲望走、寻求感官刺激，而是要勇于承担社会责任，遵守市场伦理和社会伦理，引领消费者向上向善。文化消费者要提高媒介素养，抵制庸俗的召唤，主动接受健康向上的大众文化产品。在市场经济大潮中，知识分子不能充当"三俗"文化产品传播的"吹鼓手"，不能纵容这类文化产品的流行，更不能失声，要自觉运用人文价值理性，自觉承担社会良心和把关人角色，以批评方式进行价值引领，为大众文化的健康发展提供正能量。

第三，通过道德自律机制，将社会公共价值和个体价值有机结合，实现道德主体个体性和社会性的有机统一。作为现实的个体，人总是处于特定社会关系中，占据相应的社会地位、拥有相应的社会权利和义务，成为一定社会生活中的权利、利益主体和相关义务承担者。与此同时，每个个体所进行的判断、选择、评价等都带有很强的个体性特征，但在现实形态上，那些最具个体性品格的情感、欲望、意向等，由于社会的价值规范、价值原则、价值理想等的渗入而带有该社会的特征。因此，人的个体性是永远离不开社会性而单独存在的，因此，它总是自觉不自觉地遵守和执行社会的相关道德规范而带有特定的社会性。作为反映人们日常生活形态的中国大众文化，只有具备中国特色社会主义的重要特征，其追求的价值才是契合了人的个体性的社会性。因此，通过道德自律机制，提高大众文化自身的品位和质量，促进大众文化在润物无声中满足人们对真善美的价值追求，实现道德主体个体性和社会性的有机统一。

二、新时代群众文化建设的外部制约机制

（一）制度规范约束机制

制度规范约束机制相对于道德约束的自律机制而言，是一种他律机制，带有制度的刚性和外在的强制性特征。大众文化的健康发展，既需要道德自律约束机制，又需要制度规范约束机制，以确保大众文化产品符合具有时代精神的社会主流价值，满足人民日益增长的精神文化需求，而不是主要满足人们的生理感官欲求。制度相对于人的内在道德和素质而言，是对社会秩序包括文化秩序的统一规范因素和权威制约力量。

如若没有相关制度的外在约束，尤其是法律法规和相关政策的强制性约束缺乏时，部分大众文化生产者、传播者面对具有不同层次性精神需求的消费者，在市场利益的诱惑下，往往突破道德自律机制，生产传播精神价值缺乏的文化垃圾，损害社会公德和公众的文化利益，危害国家文化安全。当我们的文化出现不安全因素的威胁时，国家和政府有责任通过管理和治理，维护文化秩序和安全。具体而言，在中国特色社会主义市场经济条件下，国家文化主管部门代表国家和政府行使文化管理和治理权，在积极转变政府职能中，需要采用制度规范约束机制进行底线设置，维护国家文化安全，确保社会主义核心价值观和真善美的人文道德审美价值对大众文化的积极引领。

大众文化价值引领过程中的制度规范约束机制，主要表现为一种法理调节。"依法治理是最可靠、最稳定的治理"[1]。法律是成文的道德，要以价值为支撑，增强法治的德性基础，形成良法之治，为大众文化的健康发展提供良善的制度环境。但是我国在很长一段时间里，有关大众文化的立法较少，主要是制定了相关

---

① 胡建淼. 依法治理是最可靠最稳定的治理 [N]. 光明日报，2020—01—15（11）.

的文化行政规章^①。这些行政规章虽然为防范大众文化的趋坏倾向、规范大众文化健康发展提供了一定的法治保障。但是这些文化规章"没有和缺乏一个从国家文化战略发展高度出发在法律上的顶层设计，没有和缺少一个最根本的关于国家文化法律的理论原理"^②。

社会主义核心价值观融入国家文化法律法规，可以为我国文化法律法规提供相应的价值支撑和德性基础，形成良法之治。与此同时，社会主义核心价值观的建设与弘扬，需要用法律的权威来保障和实现，通过引领和规范大众文化，将促进大众文化价值引领的实现，促成祖国文化昌盛。大众文化作为文化产业的重要组成部分，把社会主义核心价值观等主流价值融入相关文化产业的法律法规，增强大众文化相关企业、从业人员尤其是演艺界、体育界公众人物和网络大V的社会公共责任，生产传播内含社会主流价值的大众文化产品，抵制假恶丑，实现文化育人功能，从而"提高公民思想道德素质和科学文化素质"^③。当前大众文化立法方面，需要重点抓好文化产业、文化市场方面的法律法规体系。

第一，加强文化产业法律法规体系建设，促进大众文化价值引领的实现。为促进社会、经济效益的有机统一，党的十八届四中全会通过的"决定"部署"制定文化产业促进法"。^④ 随后《文化产业促进法》作为基本法写入国家立法规划，于2015年9月6日起草，之后于2019年6月28日、12月13日分别将"草案""草案送审稿"向社会公开进行为期各一个月的意见征求工作，开展民主立法。虽然《文化产业促进法》到目前还没有颁布实施，但从草案及其送审稿来看，重点抓住文化产品创作生产、文化企业和文化市场三个主要环节和关键问

---

① 相关的文化行政规章主要包括：《电影管理条例》（2001）、《广播电视管理条例》（1997年制定，分别于2013年、2017年、2020年修订）《音像制品管理条例》（2001年制定，分别于2011年、2013年、2016年、2020年修订）、《出版管理条例》（2001年制定，分别于2011年、2013年、2014年、2016年、2020年修订）、《娱乐场所管理条例》（2001年制定，分别于2011年、2013年、2014年、2016年、2020年修订）、《信息网络传播权保护条例》（2006年制定，2013年修订）、《有线电视管理暂行办法》（1990年制定，分别于2011年、2018年修订）、《广播电视广告播出管理办法》（2009制定，2020年修订）、《互联网上网服务营业场所管理条例》（2002）、《互联网视听节目服务管理规定》（2015）、《网络视听节目内容审核通则》（2017）、《网络短视频平台管理规范》（2019）和《网络短视频内容审核标准细则》（2021）等。
② 胡惠林.国家文化安全法制建设：国家政治安全实现的根本保障[J].思想战线，2016（5）.
③ 中央有关部门负责人就《社会主义核心价值观融入法治建设立法修法规划》答记者问[EB/OL].2021—11—15，cpc.people.com.cn/n1/2018/0508/c419242—29970236.html.
④ 中共中央关于推进全面依法治国若干重大问题的决定[EB/OL].2021—11—15，https://news.12371.cn/2014/10/28/ARTI1414492334767240.shtml.

题，为文化企业的健康发展、文化市场的规范有序和文化产品追求真善美的价值导向和社会道德责任等方面提供了基本法保障，为文化安全画出法治"红线"。虽然《文化产业促进法》还没有最终颁布，但《电影产业促进法》(2016) 与《网络安全法》(2016) 已制定实施，《广播电视法》已于 2021 年 3 月向社会公开征求意见。它们都强化了相关主体的法律责任和社会责任，强化了对社会公德、社会公序良俗和社会公共秩序等的尊重，为文化安全和文化主权提供了法治保障。这些法律在未成年人身心健康和合法权益保护方面都规定了原则性条款，但没有设立明确的分级制度。即使《广播电视法》(征求意见稿) 第二十三条规定了对未成年人开设专门的频率频段、时段、节目专区等防止出现商业化、成人化和过度娱乐化等保护未成年人的内容，但该法也没有明确广播电视节目分级的具体条款内容。鉴于此，我国应向韩国、美国等国家学习借鉴诸如广播电视节目、电影等分级制度的相关规定，探索我国相关大众文化的分级制度以及其他反低俗化的相关法律法规，确保我国大众文化的积极健康向上发展。因此，除了要坚决执行我国现有的相关法律法规外，需要制定和完善与《文化产业促进法》等相配套的法律、地方性法规和部门规章等法治体系。

总之，建立和完善文化产业法律法规体系，需要将"促进"作为重点，实现"两个统一"。既要促进文化健康发展和人民对文化需求的满足；又要促进社会、经济效益的提高，实现两个效益的统一。通过建立和完善文化产业法律法规体系，使得大众文化在人们的日常生活中产生广泛影响力，实现社会主义核心价值观凝聚社会价值共识、浸润人心的作用。

第二，加强文化市场法律法规建设，建构合理的精神秩序，保护公众精神利益。文化产业的繁荣发展不仅需要稳定的文化市场秩序为保障，还需要健全的市场机制作为动力。市场机制不健全将增加市场失灵的风险，出现劣币驱逐良币的"格雷欣现象"。劣质的大众文化充斥市场，影响公众的精神健康。要弥补因市场失灵带来的不足，实现大众文化的价值引领，保障人民文化权益和青少年的健康成长，需要对文化市场进行法律法规方面的规制和约束。

一是要规范文化企业行为，保障文化企业的合法利益和社会公众利益。国家通过建立健全文化市场的相关法律，理顺政府与文化企业、与市场的关系，以法律的强制性和规范性规定文化企业的权利、义务和责任，建立和完善产权清晰、权责明确的现代文化企业制度；增强文化企业的法律预期，规范、调节文化企业的生产、经营、营销和管理等行为，促进文化企业依法解决或避开文化市场中可能出现的风险，惩、防失信于市场和破坏市场的行为，从而保障文化企业的合法权益不受侵害或增进其合法利益。健全和规范文化行业组织，借助行业组织实现对文化企业的具体业务指导、市场行为监管，促进行业自律。

规范文化企业行为，尤其要规范文化生产传播和网络运营行为，对其采取强制性约束，确保从源头上保障优质文化产品的生产传播。对文化生产、传播企业和人员要设置一定的资质条件，建立和完善生产传播的市场准入机制，否则没有相关资质的企业和从业人员容易充当市场的奴隶，使生产传播的文化产品走向低俗，导致"三俗"产品泛滥于市。然而互联网尤其是以智能手机为终端的文化生产和传播活动，因其快捷便利和匿名性等特点，人人充当麦克风，约束机制缺乏，"三俗"产品和其他违法产品的泛滥更容易滋生。网络是一个高度技术化的虚拟世界，需要对技术后台进行规范约束，对网站经营者和管理者进行准入限制，对他们的运营活动进行监管，营造网络世界的气正风清。

二是规范文化要素市场，激活文化市场活力。打破市场壁垒，充分发挥市场的作用，促进文化要素、文化产品的竞争和流动，保障人民享有丰盛健康的精神食粮。大众文化市场的发展，既需要资本驱动，也需要技术驱动，更需要激发社会创新创造活力，促进文化产品市场的丰盛和健康。这就需要充分挖掘人力资源市场，破除不利于人才培养、成长和合理流动的体制机制，合理配置市场资源，促进文化的创新性发展，更好地为文化市场提供优质的大众文化产品。

三要完善文化管理、治理方面的法律法规建设，构建文化监管、执法部门的权责清单和运行机制，促进对文化市场的综合、协同治理。针对以往对文化市场的多头管理、重复管理带来的推诿扯皮和留下法律空白等弊病，建立文化执法机构，明确执法权限，以区别于文化主管部门的监管权限，有效履行行政监督和行政处罚权力，依法追究相关文化市场主体的责任，保障市场上流通的文化产品质量。文化主管部门需严格履行"在源头监管、审查审批、批后监管、执法业务指导等事前事中事后的监管职责"[①]。相关文化主管部门与相关综合执法机构要打破各自为政的部门壁垒和信息壁垒，做到共享文化审批环节、监管环节和执法环节的信息，形成相互信任的信息共享整合机制，形成文化市场监管和执法合力，切实提高违法成本，增强惩戒力度，坚决铲除低俗、媚俗、庸俗作品，制止大众文

---

① 祁述裕，贾世奇.加强文化制度建设促进文化市场繁荣[J].福建论坛（人文社会科学版），2020（3）.

化发展的泛娱乐化倾向，促进文化市场竞争有序健康协调发展。

文化市场的综合治理，还需要大众的共同参与，由管理向治理转变。这就需要拓宽大众文化监管渠道，建立一定的社会监督机制，给予人民群众一定的意见表达渠道，为其行使监督权提供条件。各级党委、政府、主管部门、媒体机构要建立和完善相应的对话沟通机制，听取公众的意见和建议，并及时回应和答复。处于网络时代的今天，要充分发挥网络新媒体的作用优势，构建社会公众合理合法、广泛参与的网络监督新格局。吸引社会公众合法参与社会监管，促进公众能及时发现并指出广播影视节目和网络产品等大众文化产品中有违真善美价值底线的文化现象，促使相关企业和从业人员及时纠正，最大限度降低相关文化产品带来的负面影响。

除了立法机构要完善法律法规体系促进文化治理的有法可依、执法机构要严格执法外，司法机构要坚持事实依据和法律准绳，公平公正司法外，全国上下还应该严格守法，这就需要政府、社会和学校加强文化法治宣传教育，不断增强法治意识。最终通过制度的规范约束机制，加强法治建设，促进大众文化价值引领的实现。

（二）舆论导向机制

具有不同文化需求和不同文化媒介素养的公众，通过大众媒介，消费某一特定大众文化产品过程中将形成不同认知。他们众说纷纭，对大众文化进行五花八门的讨论与评价，最终产生舆论，给社会与个人带来一定的压力。与此同时，文化市场上琳琅满目、成千上万的大众文化产品所承载的文化价值的多元性和差异性，致使相关公众意见更加杂多，呈现出一定的非理性、情绪性、自在性、分散性和相互矛盾的特征。不仅如此，一轮接着一轮的公众意见跟着大众文化的短暂流行而随波逐流，引起大大小小的一波接着一波的文化舆论振荡。从舆论的性质角度看，既有反映时代进步要求、提升人的精神境界、促进社会进步的先进舆论和正确舆论，又存在某些落后舆论和错误舆论。错误的、落后的舆论迎合大众文化的"三俗"现象和泛娱乐化，影响国民健康的审美趣味和健康的精神风貌的形成，危害公共精神健康。可见，公众意见在传播过程中，若不坚持以正确的舆论导向进行舆论引导，将影响安定的社会秩序和人们的心理秩序，带来社会公共安全隐患。因此，如何将这些杂多而差异的、矛盾的、具有不同价值取向的公众意见整合进社会主流价值体系统领下的大众价值体系之中，需要运用一定的舆论导向机制进行舆论引导，提高人们的文化消费品位，促进大众文化价值引领的实现，使社会公众在所倡导的价值观基础上调和相关价值冲突、形成符合社会主导价值观方向的积极健康向上的社会精神生活风貌。

舆论是"一种公众对共同关心的社会事件或问题公开表达看法最终形成较为一致意见的传播现象"①。大众文化是一种传媒文化，大众传播媒介向人们传播大众文化产品的同时，也向大家传播相关文化信息和价值观，形成舆论。因大众文化引起的舆论传播，在网络时代的今天，一方面是通过人际传播方式进行传播，一方面是通过传统大众传播媒介和电脑、网络、手机等新媒体进行传播。相对于人际传播，大众传播媒介信息量大且不易丢失等诸多优势，更便于承担引导舆论的职责。可见，网络时代中，大众传播媒体既是舆论形成的重要公共平台，又是引导舆论的重要力量。

首先，要有破有立，维护和传承正确的、进步的社会价值观。人们在消费大众文化产品时，往往容易受大众文化产品中所倡导的价值观的影响，将其价值倾向作为自己观点形成的方向。这就需要大众传播媒介有基本的价值立场，坚持正确的价值导向，倡导社会主导价值观和主流价值观，履行文化公共责任。但是，我们的大众媒介文化（大众文化）市场上鱼龙混杂，"三俗"现象和泛娱乐化现象常常扰乱正常的舆论走向。特别是那些负面倾向的舆论达到声势浩大的程度时，就会出现"沉默的螺旋"效应，使得那些持有正能量的人不敢发表自己的观点，影响舆论导向。面对这种境况，我们的大众传播媒介，尤其是其中的新闻性媒介要充分利用新闻报道和文化批评的利剑，"有破有立"，积极地引导舆论。通过舆论引导，影响社会公众对相关大众文化的看法，促进对公众利益、相关社会情感和社会价值观等形成正确的共识，维护和传承正确的、进步的社会规范和价值观念。同时也要保障对"某一大众文化产品的舆论不一律的自然状态"②，做到尊重差异、包容多样，逐渐使各种社会价值观统一于社会主导价值观，团结社会各界投身于中国特色社会主义现代化强国建设实践。

其次，通过新闻性报道，发挥"议程设置"的正向功能，引导公众关注美好

---

① 邵培仁.媒介舆论学：通向和谐社会的舆论传播研究 [M].北京：中国传媒大学出版社，2009：3—4.
② 陈力丹.当代大众文化消费与舆论引导 [J].现代传播（北京广播学院学报），1997（3）.

事物。新闻性媒介要强化社会公共责任意识和担当精神，坚守新时代的文化使命，善于挖掘、发现和报道那些能反映时代要求和人民心声的优秀大众文化产品，肯定和褒扬那些追求真善美、弘扬中华民族精神、讴歌奋斗人生、肯定崇高精神和良性行为的作品。通过新闻性报道，充分发挥"议程设置"的正向功能，引导公众关注真善美、关注符合时代特征和具有中国主体个性特征的美好事物，在全社会形成褒扬的态度和氛围，形成积极向上的社会追求，从而实现舆论引导，不断推进人类精神道德的提高和社会整体进步。新闻报道要通俗而不庸俗，报道大众文化时杜绝炒作，要坚持正确价值导向，弱化错误价值观，抵制假恶丑，不得为追求一时的轰动效应，以丑为美，化钱而不化人，甘当市场奴隶。

再次，坚定媒介批评立场，引导公众抵制假恶丑，形成正确的舆论导向。媒介的大众文化批评，是社会公众通过新闻媒介对影响公共精神健康消费权益等公共文化利益的不良大众文化发表批评性意见，以形成正确舆论导向，实现文化批评对大众文化的价值引领作用。对大众文化的健康发展和人的价值实现而言，大众文化不仅需要正面引导，还需要相关文化批评的引导（为了论述的需要，此处只论述媒介批评，下一节以"文化批评机制"对知识分子的文化批评进行专门论述），以批评实现对大众文化的价值引领。因为"大众文化常常以流行的方式蔓延，造成不正常的舆论趋同，它的非理性和盲目性在这种情况下可能膨胀而使消费大众失去冷静"①，因此，新闻媒介要态度鲜明地表明正确的立场，倡导什么，反对什么，实现舆论导向功能。只有我们的新闻媒介自身的立场正确了，才能自觉坚持社会主义核心价值观和文化的真善美价值导向，"才能引导公众在认知上和态度情感上抵制消极的社会价值观，促使其形成正确积极的社会价值判断"②。否则，如若新闻媒介没有正确立场，就会为揭露而揭露，充当相关大众文化的应声虫、吹鼓手，满足受众猎奇心理和感官娱乐等低级需求。如此一来，不但不能起到价值引领作用，还会恶化文化环境，给人和社会带来不利影响。

---

① 陈力丹.当代大众文化消费与舆论引导 [J].现代传播（北京广播学院学报），1997（3）.
② 程世寿.公共舆论学 [M].武汉：华中科技大学出版社，2003：261.

（三）批评引导机制

"引领是引导、牵引和批判的辩证统一"[①]，引领的过程也是激浊扬清、促进建设、推进发展的过程，批评引导机制的建立可以为我国大众文化的健康发展提供理论支撑。

现如今，大众文化早已成为人们日常生活中不可分割的重要生活方式。如果没有大众文化，人们的生活就会失去相应的乐趣，丢失相应的闲暇空间，让心灵无处安放。但如果"三俗"产品泛滥成灾，就如同"生活在精神垃圾场和思想毒品室中，这俨然成了一种灵魂上的'慢性自杀'"[②]。大众文化的健康发展，呼唤着文艺批评要激浊扬清、褒优贬劣、积极引导。然而，现实生活中，我们的一部分文艺批评没有自己的立场和明确的是非观，表现出价值尺度迷乱，价值导向错乱，价值评判功能和价值引领作用弱化，庸俗市侩地充当应声虫，合谋嬉戏、评功摆好，呈现出批评"失语""缺席""缺失"和"疲软"的态势，在一定程度上纵容、造就了浅薄、庸俗的大众文化产品。因此，"要让批评发出真正有力的声音，让批评有是非观、价值观和立场……是维护批评最高正义的唯一途径"[③]，也是实现其价值引领的重要手段。换言之，我们通过科学的文艺批评，去培养文明、机智的创作主体与欣赏群体，同时抵制浮躁、浅薄、低俗的社会文化氛围[④]。

新时代的大众文化批评，要做到科学批评，就不能像以往那样：要么采取完全的精英立场，漠视大众的文化需求，完全否定大众文化；要么采取完全的大众立场，对大众文化评功摆好、大唱赞歌、相互嬉戏、彼此合谋，或者无所适从，失落或拒绝了本该拥有的理性批判精神。当今时代是一个网络崛起的时代，这就决定了新时代的大众文化批评，既要依靠社会大众，贴近社会大众的生活、贴近他们的情感，聆听、吸纳他们的意见；又要关注网络"大V"和意见领袖的批评意见，这些批评意见与受众的互动性强，生产周期短、影响力大、作用突出；更要依靠知识分子等专家学者，听取文艺批评行家的意见。

---

① 邱仁富．引领：社会主义核心价值体系的关键词 [J]．桂海论丛，2010（1）．
② 李明．当代大众文化建设研究——基于科学发展观的视角 [M]．北京：中央编译出版社，2017：103.
③ 孟繁华．怎样评价这个时代的文艺批评 [J]．文艺研究，2008（8）．
④ 仲呈祥．文艺批评：增强文化自觉和文化自信 [J]．艺术百家，2013（2）．

新时代的文艺批评家，应当坚持思想性、艺术性和价值取向相统一的标准，以建设和引领健康的大众文化为己任，注重其历史的和美学的品格。在多样化的文化发展中，一方面要深入挖掘优秀大众文化产品的进步成分，促进其他文化生产者见贤思齐、超越自身创作的局限性，实现批评对创新、创作的价值引领作用；另一方面精心挑选推荐一批适合受众消费的优秀大众文化，在受众可接受的心理范围内，引导、提高受众的文化鉴赏水平和素养，提升受众的精神境界和精神力量。当消费优秀文化产品的人越多，经济效益越好；经济效益越好就越能调动生产者的积极性，不断推动和带动市场上文艺精品的创作涌流。如此循环，促进大众文化的健康发展，引领人的精神性生长和完善，实现文化产品的社会效益和经济效益的双赢。

文艺批评家不能仅仅停留在资本和市场的立场上，将商业市场标准凌驾于思想性标准和艺术性标准之上，放弃引领和建设大众文化的社会责任和历史担当，不惜突破价值底线，纵容大众文化的资本效应和过度娱乐化效应：片面追求电视收视率、电影票房、网络点击率、图书销售量和码洋量等文化 GDP（国内生产点值），甘当市场奴隶，被市场牵着鼻子走，促进"三俗"文化产品的创作生产和传播，不断迎合受众的低级需要和趣味。正如童世骏在《意识形态新论》中分析的那样："在文化市场逐步放开、'感官经济'和'体验经济'比重逐渐上升的背景下，缺乏精神价值的文化产品市场，缺乏精神追求的消费者群体，这两者之间很容易形成一个恶性循环，相互支持、相互强化。"[1] 换言之，只注重经济价值忽视精神价值的文化市场，将更加弱化文化产品消费者的精神追求，二者形成恶性循环。文化产品的商品化、欲望化和感官化的相互纠缠，将导致文化精神的沉沦、娱乐精神的泛化，文化追求退化为欲望刺激的低俗娱乐，"最后将造成民族精神的解体"[2]。因此，科学的文艺批评要坚持正确的价值导向和价值评判，讴歌推崇真善美，鞭挞抵制假恶丑，突出人文精神的时代性和时代精神的人文性，超越片面追求文化 GDP 带来的欲望诱惑。

① 童世骏. 意识形态新论 [M]. 上海：上海人民出版社，2006：169.
② 傅守祥. 仲呈祥的马克思主义文艺批评观 [N]. 中国社会科学报，2012—12—12（B05）.

三、新时代群众文化建设的实现途径

人们不仅需要丰富的文化生活，更需要优秀文化产品熏陶、塑造和提高。人民的文化生活需要优秀文化进行价值引领，需要先进的价值观引领。中国广大民众的文化生活是以大众文化为消费对象的，因而中国大众文化健康向上与否，直接影响我国广大民众的文化生活质量。因此，中国大众文化的发展需要在社会主义核心价值观引领下向先进文化方向发展，积极追求真善美，满足人们多方面的精神文化生活与娱乐需要，进而实现大众文化对人的价值引领功能，不断提升人的真善美相统一的精神境界和人格修为。这就决定了大众文化的生产与传播要健康向上，大众文化管理者要加强文化治理，大众文化的消费者需要自觉改善消费结构，提高道德审美能力。

（一）大众文化生产者：扎根生活实践，自觉为人民大众提供最好的精神食粮

大众文化生产作为一种文化生产，是人的本质力量的确证和对象化过程。大众文化生产者决定着消费方式、消费种类、消费数量、消费质量。文化生产决定文化消费，生产着文化消费，并通过生产出来的文化产品在消费者身上引起新的需要，进而为消费提供动力。从人的发展而言，文化生产同时生产、创造着消费主体，有什么样的消费材料，就会有什么样的消费者，文化产品创造出了适应产品的消费者。正如马克思所言，"生产不仅为主体生产对象，而且也为对象生产主体"[①]。

大众文化生产，是生产者反映生活时的一种对生活的认知和理解，其间无不寄托着生产者一定的情感、态度，所生产的产品无不蕴藏着生产者的价值选择和价值创造。大众文化的创作和生产是生产者在社会生活中结合自己的意图与价值观念，进行价值选择、价值创造和艺术创造的产物，具有一定的价值内涵。换言之，文化产品的生产过程，是生产者根据现实生活的加工，将自己的价值判断、价值选择和价值观"物化"到大众文化产品的过程，即大众文化产品价值生成的过程。在市场经济条件下，这种物化了人的价值观等本质力量的文化产品是一

---

① 马克思恩格斯全集（第30卷）[M]. 北京：人民出版社，1995：33.

种特殊的商品，具有文化价值，是人的价值观的凝结，是人类价值观的传承和升华。"庸俗的价值观，追求声色货利，崇拜金钱或权势"①。按此理解，那些由庸俗价值观凝结成的大众文化产品，是一种庸俗的文化产品，除了能给文化生产者带来短暂的经济效益、给文化消费者带来一时的感官刺激和娱乐快感外，对整个社会和消费者是没有多少好处的。不但不能养成人的公共精神气质，反而培养、创造出美丑不分的、不懂得艺术欣赏的大众。可见，优秀大众文化产品不仅能促进人的发展，还能消除不良风气，引领社会风尚。

根据马克思关于"生产决定消费"的相关理论②，大众文化生产者应坚持正确的价值导向，通过文化产品自觉传递正能量，做精神家园的构建者和大众精神健康的守卫者，实现文化育人、化人的作用。大众文化价值引领作用的实现，要求大众文化生产者：要扎根时代生活，有为人民创造更多更好的优秀文化产品、满足人民文化生活需要的文化自觉和价值自觉。文化上的自觉性越高，就越能减少文化创作活动的盲目性，实现文化上的进步和发展。

第一，大众文化生产者要增强文化自觉。费孝通认为，文化自觉是指"生活在一定文化中的人对其文化有'自知之明'，明白它的来历、形成的过程，所具有的特色和它的发展趋向"③。有"自知之明"是为了加强"文化转型的自主能力"④，做到"不忘本来、吸收外来、面向未来，在继承中转化，在学习中超越，创作更多"⑤优秀作品。

首先要正确对待自身文化，促进大众文化生产自觉。善于从自身的文化资源中挖掘生产大众文化的素材，提升大众文化的中国品位。在主动学习传统文化时，善于发现其中的优秀传统文化，将优秀传统文化作为新时代大众文化生产者创作灵感的源泉。大众文化生产者要认真品味优秀传统文化中的文化内蕴、思想主题、典型人物和典型故事及其相关叙事方式和审美风格等，借鉴转换为新时代大众文化生产的相关素材，在大众文化产品中合理吸收传统文化中符合当今时代

---

① 张岱年. 价值和价值观 [J]. 中国社会科学院研究生院学报，1992（6）.
② 生产决定消费：（1）是由于生产为消费创造材料；（2）是由于生产决定消费的方式；（3）是由于生产通过它起初当作对象生产出来的产品在消费者身上引起需要。因而，它生产出消费的对象，消费的方式，消费的动力。详见：马克思恩格斯全集（第30卷）[M]. 北京：人民出版社，1995：33—34.
③ 费孝通. 反思·对话·文化自觉 [J]. 北京大学学报（哲学社会科学版），1997（3）.
④ 费孝通. 反思·对话·文化自觉 [J]. 北京大学学报（哲学社会科学版），1997（3）.
⑤ 习近平谈治国理政（第2卷）[M]. 北京：外文出版社，2017：352.

特征的人文价值内核，升华大众文化的传统人文价值内涵。与此同时，对待传统文化要有敬畏之心，不得以所谓的"娱乐精神"想当然篡改、编造、歪曲、恶搞、戏弄历史与传统。否则，娱乐将会解构掉传统中的一切优秀的文化因素，破坏我们共有的精神家园，覆灭整个中华民族的文化根基，危及整个国家、民族和人民的安全。

文化生产者不仅要对传统文化有"自知之明"和敬畏之心，还要对我国文化的当下现实状况有"自知之明"。对当下现实态的文化乱象，大众文化生产者需要文化自觉，不能仅仅为了赢得经济价值和娱乐价值而忽视了文化本应有的坚守和发展趋势。大众文化生产者，要认识到大众文化作为当代中国文化体系中的一分子，在市场经济中不仅要重视娱乐价值，赢得经济利益和经济价值，更重要的是要坚持文化的人文属性和精神价值，感染、感动人心，赢得人心，促进人的发展。因此，新时代的大众文化生产者在文化生产中，要摒弃浮躁，增强独立的理性判断能力和深刻的社会文化反思能力，积极担当文化公共责任，以生产一种能触及民众心灵深处的先进的、优秀的大众文化。

其次，正确对待外来文化，既要海纳百川，文明互鉴，又要善于质疑、辨别和批判吸收。文化全球化不是美国化，而是世界各国各民族文化在平等基础上的相互交流和相互对话，文明互鉴而不是文明冲突。在与外来文化的交流、鉴赏、评鉴和借鉴中，维护国家文化主权和安全，增强文化主体性，不"以洋为尊""唯洋是从"，不能将借鉴变成替代，也不能故步自封，闭门造车；要在维护我国文化主权和安全基础上，把世界优秀文化成果作为文化资源进行改造、转换和创新，而非照搬照抄、东施效颦，以创造生产出具有我国审美风格的优秀大众文化产品。

再次，文化自觉不只是局限于大众文化生产者那里，要最大限度地扩大范围，培育和提升所有中国公民的文化自觉。大众文化生产者要通过生产优秀的大众文化，唤起全国人民的文化自觉意识，让人人都有文化自觉。尽管民众对文化自觉的理解各异，理解水平参差不齐，但对我国文化的认同感却是一致的。因此，大众文化生产者可以运用中国精神，融通中外文化资源，结合新时代特征，生产出民众有兴趣、能理解的优秀大众文化产品，进而通过优秀大众文化产品感召不同民众实现多层次的文化自觉。

第二，大众文化生产者要扎根人民生活实践进行创新。文艺作品不是神秘灵感的产物。因此，人民生活是文学艺术的源泉。

生活只是形成文艺的原料和寓所，任何生活在本质上是实践的，任何文化包括大众文化也都是人的实践的产物。优秀大众文化产品的生产，需要文艺工作者扎根人民的生活实践，去挖掘、提炼生活和创造生活而不是原原本本地照搬、复制生活。优秀大众文化产品的生产，也需要文艺工作者积极判断生活素材，赋予大众文化新的思想、主题、题材、内容、形式和正能量。与此同时，随着人民群众消费能力的不断增强，人民对大众文化品质、格调、品位、种类数量、形式等就有更高的需求。大众文化生产者就要主动适应社会和人民的这种积极变化，生产更多具有高品质、高品位、高格调的大众文化产品。在此基础上，进一步提振人民精神，提高人民文化素养、道德水平、审美能力，激发人民的文化创造性，促进人民的全面发展、实现中华民族伟大复兴。

第三，大众文化生产者自觉承担文化责任：满足人民日益增长的精神文化需求，实现文化化人、育人的价值引领功能，树立起我们的民族文化形象。本文认为大众文化生产者需要做好如下几个方面。

一是大众文化生产者需要以"小我"融入"大我"，满足人们多样化、多层次的文化需求。大众文化产品，虽然凝结了生产者创造性的艺术个性，但它不是生产者价值观的一厢情愿的个性化展示。这就要求大众文化生产者，既要用积极健康的文化内容和艺术形式向消费者提供喜闻乐见的文化产品，满足人们的文化审美需求；又要用我们时代的先进价值观即社会主义核心价值观和真善美相统一的审美理想来引领大众文化的发展，进而引领社会价值取向，促进人的发展。与此同时，当今消费者还是分众化较高的消费者，其欣赏层次和文化品位的分众化程度也较高。面对这种情况，大众文化生产者还要做好市场调查，精准分析消费者群体情况，提供丰富精良的文化产品，满足人们多样化、多层次的文化需求，在适应人中发展和提高人，最终实现社会效益和经济效益的双赢。

二是大众文化生产者要通过大众文化产品，合理引导而不是盲目迎合消费者，杜绝"三俗"和娱乐泛化。大众文化生产者不能缺乏正确的价值导向和美好情感追求，消极迎合、激发人性中的某些不正当、不健康的精神需求，错把庸俗当通俗、把"愚乐"当愉悦、把感官快感当精神美感，以丑为美，是非不分，善恶不辨。如若众多大众文化都出现价值导向错误，人们的价值取向就会偏离正常轨道，进而导致社会矛盾。大众文化生产者应该以高度的责任心和使命感进行创作生产，传承"文以载道""以文化人"的传统，反映时代精神和人民生活，传递真善美，引导消费者向善向上、积极进取。

三是大众文化生产者要通过大众文化产品，树立和展示我们的民族文化形象。当今中国早已成为世界第二大经济体，对外影响力日益扩大，中国文化吸引力随之增强。开放的世界更加关注开放的中国，也更加关注中国的文化形象。中华优秀传统文化是以五千多年的华夏文明为底蕴的，在世界有着高大巍峨的传统文化形象。当今中国文化的生产，也应该向世人生产出最好的精神食粮，树立和展示我们的民族文化形象。

第四，提升大众文化生产者的综合素养。首先，生产者要"崇德尚艺"，不断完善、提升自我。当今中国优秀的大众文化产品不仅能让文化生产者获得丰厚的经济效益，还能通过其承载的文化价值观影响受众的发展和社会价值取向。大众文化产品内含的价值观念与文化生产者的人格和价值选择有着天然的内在关系。因此大众文化生产者自身的真才实学、德行和品位等影响着所创作生产的文化产品是否优秀。其次，生产者要提高法治素养和修为，遵守国家宪法和法律，不得突破"法治底线"。再次，加强大众文化人才队伍建设，鼓励高等院校尤其是传媒、艺术类院校改善培养机制，将课程思政融入专业知识教育和第二课堂教育，提高教育质量。最后，借鉴吸收其他国家在大众文化人才培养方面的先进经验，采取"引进来""走出去"相结合的方针，对外引进各类优秀大众文化人才，鼓励国内相关人才出国进修、访学、交流、合作，促进人才积极成长。

（二）大众文化传播者：自觉增强文化主体性，积极履行文化公共责任

大众文化传播者在文化产业链条上介于生产者和消费者之间，是文化产业链条上的重要环节。优秀的大众文化传播者向消费者传播文化产品及信息，会让消费者获得知识、提升道德涵养和审美愉悦，反之，只能给消费者带来伤害。因此，传播者履行文化传播职能时，需要有鉴别是非、真假、好坏、正邪、美丑的能力。随着时代的进步和全球网络技术的升级换代，尤其是伴随着以智能手机为终端的网络传播事业的普及和兴旺发达，大众文化传播者时常充当了文化生产者和文化消费者，文化传播的重要性日益凸显。鉴于文化市场上，大众文化传播中存在的文化主体性不够和文化价值导向的疏离化、边缘化、他者化和娱乐泛化问题，以及国外文化产品的大量涌入和随之而来的影响——人们普遍对欧美影片等

大众文化产品评价高于国产影片评价的事实等^①，大众文化传播者需要自觉增强文化主体性，积极履行文化公共责任，选择传播具有价值引领力的文化产品，营造良好的文化传播环境。

第一，大众文化传播者要自觉增强文化主体性，积极维护我国国家安全和文化安全，促进我国大众文化的发展。在文化全球化大潮中，面对蜂拥而至的外来文化产品，我国传播者需要以开放的胸襟，正确对待外来大众文化，做到文明互鉴、取长补短，自觉维护我国国家形象，促进本国大众文化的健康发展。首先，大众文化传播者在对待外来文化产品方面，要保持自己的民族气节和文化发展的自主性，不能过分崇拜和过分宣扬外来文化，不能东施效颦。因为外来大众文化承载着他国的文化价值观念、表达着他国人民的生活方式和思维方式，人们尤其是青少年长时间地浸染其中，往往会对其产生一定的文化与价值观方面的影响，从而失去自己民族的自尊心、自信心和文化认同。并且外来大众文化尤其是很多西方大众文化，凭借其较高的发展技术和发展经验、较强的文化吸引力，通过文化渗透的方式，传播腐朽落后的价值观、解构我国主流价值观，形成对主流价值观的威胁。如若我国大众文化传播者对他国大众文化过分崇拜和宣扬，甚至东施效颦，将陷入西方文化帝国主义陷阱，有损我国国家安全和文化安全。因此，大众文化传播者要做好大众文化的鉴别工作，当好文化传播的"把关人"。尤其是在市场经济条件下，不能为了一时的经济利益忘记自己的民族气节，充当外来消极落后文化的传播者、崇拜者。另外，面对蜂拥而至的外来大众文化，我们应坚持"以我为主"的文化主体性原则，除了进行积极防御外，还需要充分借鉴、吸纳其合理成分，择优劣汰，择善而从，以社会主义核心价值观整合多样价值观，促进我国大众文化的创新发展。学习借鉴外来文化的传播技巧、传播方式方法和传播途径；注重传播的效果导向，增强我国大众文化传播的吸引力和传播效果，以文化人，打造相关文化品牌，促进我国人民对我国文化和社会主义核心价值观的认同。

第二，大众文化传播者要自觉发挥媒介传播功能，寓教于乐，而不是娱乐泛

---

① 陈燕. 当前中国影视文化在价值传播中的作用及其问题 [J]. 华中科技大学学报（社会科学版），2016（6）。湖北大学高等人文研究院社会调查中心 2015 年开展"中国文化发展状况调查"时，通过人们对欧美影片和国产影片的总体评价在全国进行调查发现，在 2931 份有效样本数中 2246 份对欧美影片的评价高于对国产影片的评价，435 份的评价与之相反，250 份认为旗鼓相当。

化。长久以来，为追求高票房、上座率、收视率、点击率等，大众文化传播尤其突出传播的娱乐功能，不断制造狂欢视听盛宴的"愚乐"。但大众文化传播依然是一种文化传播，不应仅限于娱乐功能，还应肩负正确的价值导向和以文化人、服务社会、引导舆论、监视环境等文化公共责任，传播积极向上、充满正能量的、富有价值内涵和文化品位、代表民众利益、被民众喜闻乐见的文化产品，实现寓教于乐，而不是泛化娱乐。大众文化的泛娱乐化将导致传媒文化的教育功能、审美功能等难以为继，使娱乐成为传递假恶丑等扭曲变态观念的工具，影响社会主义核心价值观对大众文化健康发展的积极引领，同时导致社会公众颠倒是非、正邪不分、善恶不辨的价值迷茫和价值相对主义的产生，影响社会共识的维持。如此循环往复，既不利于大众文化健康持续发展，又不利于社会和谐发展和人的发展进步。因此，大众文化传播者应为消费者提供风清气正的文化环境，遵守职业道德底线，切实担当净化文化环境的公共责任。

另外，网络运营商同样需要履行文化公共责任，维护网民的精神消费权益不受损害，接受法律规制的同时加强技术规制。网络运营商不能为了吸引眼球而不顾社会道德底线和法律红线。因为众多网民在享受网络红利的同时，也在遭受网络色情、网络暴力等垃圾信息的危害。为此，网络运营商除了要遵守职业道德底线和法律规制外，还需要提升网络自治能力，加强技术规制。网络运营商在网络平台经营中，开发或购买相关技术软件，提高网络平台的信息处理能力，进行内容分级制方面的技术规制，比如，采用加密技术、过滤技术、屏蔽、数字签名等。

第三，提高网民的媒介素养，争做文明网民。以智能手机终端为主的网络化时代，每一个网民既可以是文化信息的生产者，又可以是文化信息的消费者和传播者。由此导致不断刷新的、芜杂的、"愚乐"的网络信息充斥于网络生活空间，影响大众文化的健康发展和人的自我实现。因此，要加强对网民的媒介素养教育，增强对媒介负面信息的解读、反省、批判、防范能力，引导网民自觉遵守互联网的"七条底线"[①]，自觉抵制泛娱乐化的侵扰，争做文明网民。

---

① 2013年8月，国家互联网信息办公室举办"网络名人社会责任论坛"，参加论坛者就承担社会责任、传播正能量、共守"七条底线"达成共识。"七条底线"是：法律法规底线、社会主义制度底线、国家利益底线、公民合法权益底线、社会公共秩序底线、道德风尚底线和信息真实性底线。详见：光明日报评论员.坚守互联网"七条底线"[N].光明日报，2013—08—19（02）。

（三）大众文化消费者：自觉提高道德审美素养，养成健康文明的文化消费心理

大众文化消费者，是大众文化的欣赏者、接受者和享用者。大众文化消费过程，就是大众文化产品的价值实现过程——大众文化产品主体化的过程，即马克思所说的"在消费中，产品变成享受的对象……在消费中，物主体化"[①]。物的主体化，表现在主体把握消费品的规律，具有一定的修养；通过消费，满足消费者的生存、享受和发展需要，使消费品成为消费者心理结构的有机组成部分，促进消费者发展。马克思说："如果你想得到艺术的享受，那你就必须是一个有艺术修养的人。"[②] 否则优秀大众文化产品在没有相应素养的大众面前，是不能成为大众接受和同化的对象而遭受冷落，至多也只是被大众漫不经心地打量一番；为了娱乐，这些人往往选择其他文化产品进行消费。另外，如今网络时代的大众文化消费者，具有文化参与者、享用者、创作者、传播者、评价者、接受者等多重身份。可见，大众文化消费者的道德审美素养和文化趣味在一定程度上影响甚至决定了大众文化产品的价值内涵和精神品格。因此，无论是促进大众文化健康发展并形成优秀大众文化产品不断涌流的社会文化环境，还是对优秀大众文化产品的消费，都需要消费者有较高的道德审美素养和较好的文化趣味，需要"教育投入，社会氛围、审美培育和艺术习惯的养成"[③]。

首先，加强审美教育，提高民众的文化审美能力和文化趣味，增强文化消费的自觉性。当今时代，呈现在人们面前的大众文化产品，数量数不胜数、品种丰富多样、品质参差不齐。此种情况下，人们是否能消费优秀大众文化，关键要看人们是否具备较好的文化判断能力和文化选择能力。只有具备良好的文化判断能力和选择能力的人，才能自觉消费优秀大众文化产品，并在此基础上，促进优质大众文化的生产。然而，现实文化生活中，总有一些大众盲目选择、盲目消费大众文化，造成自身的低俗化。因此，需要加强教育，培育良好的文化趣味。"所谓好的趣味其要义在于感性与理性的统一"[④]，一方面提高感官感受美的能力，另一方面培养理性辨别力。针对部分审美低俗化问题，需要加强审美教育，提高消

---

① 马克思恩格斯全集（第30卷）[M]. 北京：人民出版社，1995：30.
② 马克思恩格斯文集（第1卷）[M]. 北京：人民出版社，2009：247.
③ 金元浦 . 我国文化消费的现状与发展趋势 [J]. 中国国情国力，2016（12）.
④ 姚文放 . 当代审美文化与审美教育新概念 [J]. 益阳师专学报，1998（1）.

费者的理性认知水平，提高消费者选择优秀大众文化进行消费的能力，增强消费优秀大众文化的自觉性。

其次，加强道德教育，提升民众的"道德价值自觉"[①]，引导民众积极追求真善美，不断完善道德人格。大众文化中关于人们的审美品位的降低、低级趣味的膨胀和对感官欲望的过度追求，正是社会道德失范现象在文化范畴内的体现。要提高大众的文化审美趣味，除了要加强审美教育外，还需要加强道德教育，提升民众的道德价值自觉。道德价值相对于道德规范而言，属于内在价值和目的性价值，而道德规范属于外在的功利性价值。道德价值和道德规范共同构成道德的两个向度。在道德教育中，人们往往强调道德规范，忽视道德价值，导致人们更加注重功利目标的牵引和利益驱使，在金钱、权力、利益等功利性目标的诱惑下，缺失了对人的生命意义和生活意义的追寻，疏离了人的全面发展这一目的价值，导致真善美合一的道德人格分裂。因此，要加强道德教育，特别是要重视和强调道德教育中的道德价值向度，相对淡化道德教育的功利向度，提升民众的道德价值自觉。

道德教育，不是纯粹的道德知识灌输，而是一项十分注重实践的教育方式，在道德实践中增强人的道德判断能力，激发民众对生命意义和生活意义的道德情感，积极追求真善美合一的高尚道德境界。按照马克思主义的理解，人既是生命的个体，又是共同体生活中的社会成员，拥有自然生命和社会生命的相关属性；人既需要拥有个体的私人生活，又需要参加社会共同体的公共生活。也就是说，个体的生存既不能以社会道德的名义扼杀个体的生命本质，又不能以个体的恣意妄为损害维系社会共同体生存的道德价值共识根基。换言之，在生活实践中，社会个体只有在遵守社会共同体的道德价值共识引导的条件下，坚持个人品德和社会公德的统一，才会拥有充分的自由，施展才华、发展自我。同理，社会共同体只有在充分尊重个体主体地位，并以人的全面发展为目的，才能激发社会发展动力，促进社会发展。当今中国，这一社会共同体的道德价值共识就是社会主义核心价值观。社会主义核心价值观既是当今中国公民个人的私德，又是国家和社会的公德，是一种大德。在社会主义核心价值观的引领下，在道德价值共识的牵引下，激发大众积极追求真善美的高尚道德境界，促进人的自由全面发展。

再次，积极培育健康与自洁的文化消费观念，打破审美局限，获得审美超

---

① 袁祖社. 文化本质的"伦理证成"使命与精神生活的道德价值逻辑 [J]. 道德与文明，2011（4）.

越。"健康合理的文化消费，是娱乐享受与精神提升的和谐统一"^①。这就要求大众文化消费者不能只是选择、沉浸在娱乐消遣的享受快感中，成为平庸的、低俗的、"娱乐至死"的物种；还需要关注、选择和追求具有审美超越性价值的大众文化以提升精神境界。尤其是在审美分众化显著增强的网络时代，网络世界给网络消费者提供了不限时空的无尽的网络文化资源和海量的网络文化产品。只要网络消费者有消费时间和消费精力，网络消费者就可以任凭自己的爱好和文化趣味支配，驰骋在网络的海洋世界里消费、享用任意一款网络文化产品。因此，面对如此多样海量的网络文化产品，需要加强对网络消费的价值引导，在娱乐人的同时不忘提升人的精神境界，在满足人的物欲的同时更要强调道义的指引，促使消费者选择那些能提升人的品质和能力、促进人的发展的文化产品进行消费。同时，保障相关技术安全、完善相关法律法规，为消费者选择有利于提升其精神境界的文化产品提供技术保障和法治保障。

第四，完善公共文化服务，提高民众素质。继续落实免费开放政策，吸引广大民众主动走进图书馆、科技馆、博物馆，接受公共文化服务，提高文化生活质量。推动精品文化进社区、进乡村、进校园等活动，让广大民众有更多机会触摸文化、感受文化魅力。向全国各地尤其为农村开展数字乡村服务提升工程，加强农村互联网建设和数字化改造，同网同速，按需开展信息化设施建设，逐步推动5G基站向农村延伸，提升网络质量。与此同时，加强网络文明建设和不良信息防控教育，促进民众文明上网、丰富网络文化生活。发挥民间艺人的作用，促进群众性文化活动更加符合民众需求。

（四）大众文化管理部门：自觉加强文化治理，促进文化事业和文化产业协调发展

为有效防治文化市场乱象的发生，保障大众文化消费者能够消费到最好的精神食粮，大众文化产品从生产、传播到消费的每一个环节，都需要相关文化管理部门进行有效治理。关于文化治理，有两种理解。一种是以胡惠林为代表，认为文化治理是"利用和借助文化的功能用以克服与解决国家发展中问题的工具

---

① 李西建.重塑人性：大众审美中的人性嬗变 [M].武汉：湖北人民出版社，1998：255.

化"①，其要义是将文化作为治理的手段和工具。另一种以吴理财为代表，认为文化治理是"透过文化和以文化为场域达至治理"②，它突破了传统文化管理模式的刚性和条块分割，强调文化的柔性管理和多方主体参与的协同合作。此处采用文化治理的第二种含义，认为文化治理是中国特色社会主义建设"五位一体"战略布局中文化建设的一个组成部分，对文化艺术中的大众文化领域进行治理。

第一，加强文化领域的顶层设计，深化文化管理体制改革。改革开放四十多年以来，我国文化管理系统虽然有了很大变化，但相对于推动社会主义文化的繁荣发展和人民对美好生活的向往目标，文化管理体制改革需要从国家层面加强顶层设计并不断深化改革。文化管理体制改革从属于文化体制改革。新时代的文化体制改革，不仅要从我国经济体制改革实践中合理吸收成功经验；还要根据我国的文化国情，有益借鉴国外的典型做法。换言之，不论是我国经济体制的成功经验还是国外现行的文化体制机制，都不能简单套用到我国文化体制改革中来。因此，我国文化体制改革，要依据中国国情，依据文化事业和文化产业发展现状和城乡之间、东西部与南北部等地区之间的文化发展差异和差距等因素，通盘考虑，做好顶层设计。从顶层设计上，我国文化体制改革，要服从并服务于我国"五位一体"总体布局，并与我国经济、政治、社会和生态等方面的体制改革相衔接和协调，统筹规划、统筹设计和战略协同，推动文化创新、多出精品、多出人才，推进国家治理现代化。

第二，积极转变政府文化职能，激发文化市场活力和社会创新动力，提高政府文化治理效能。自21世纪以来，为不断推进文化繁荣发展，我国文化建设开始了公益性文化事业建设（公共文化服务体系建设）和经营性文化产业建设（文化市场体系建设）并举的建设格局。这种建设格局，迫切需要我国继续推进政府由以往的具体"操办、包办文化"向宏观的"管文化"转变，积极提升政府文化治理效能。推进政府由单一的行政管制向文化法治转变，不断完善文化市场、文化产业、公共文化服务、知识产权等相关文化法律法规，提高文化法治化水平，保障市场、社会、公民等各方主体权益，激发社会和市场的创造性活力，有效维

---

① 胡惠林.国家文化治理：发展文化产业的新维度 [J].学术月刊，2012（5）。胡惠林在该文中，将新中国国家治理分成三个阶段：政治治理（"以阶级斗争为纲"）阶段、经济治理（"以经济建设为中心"）阶段和文化治理（"建设社会主义文化强国"）阶段，认为文化治理是继政治治理和经济治理之后的第三个阶段。
② 吴理财.文化治理的三张面孔 [J].华中师范大学学报（人文社会科学版），2014（1）.

护文化市场秩序，为文化繁荣发展提供法治保障。通过法治建设，严厉查处有损国家文化安全和人民合法权益的行为，保障人民的合法权益免受不良文化的影响和侵害；坚决取缔低俗丑陋、不健康的文化活动，并追究相关文化生产者、经营者、传播者的法律责任。通过法治建设，保护知识产权，改善"文化民生"，促进人民文化自由和文化权益的充分实现，激发社会活力，为大众文化创新发展提供动力。

大众文化建设发展过程中，充分尊重文化建设规律和文化市场特点，积极构建政府主导，市场、公民、企业等多方参与的治理模式。活跃大众文化市场，激发社会活力，创新大众文化创作方式，丰富大众文化内容，满足和提高人民的精神文化需要。换言之，通过政府弹性管理、市场机制的优胜劣汰和包括公民、各类社会组织在内的社会力量的广泛参与相结合，积极协调好政府、市场和社会三者之间的关系，实现三者之间的有机整合、互动。比如，通过税收杠杆、财政补贴等激励机制建设调节文化生产，对文化精品，适当减免税收并予以相关奖励进行激励，引导社会多出精品，构建积极健康向上的社会文化环境。通过公平竞争的市场准入和市场退出机制建设，依法吸纳社会资本和境外资本进入文化市场，激发社会参与活力和创造活力，在国内形成多方主体"办文化"的格局。在此基础上，通过激烈的市场竞争，促进了优质大众文化产品在市场中涌流，阻断有害文化产品的传播渠道，从而有效增进我国市场活力，促进文化繁荣发展，实现国家文化利益。如若没有一个完善的市场准入和市场退出机制，文化市场的"格雷欣法则"就会让优秀大众文化产品没法生存，而劣质产品大行其道，进而影响文化安全和整个社会精神秩序的合理建构。文化市场在全球化背景下，还不只是国内文化市场，还包括国际文化市场。在国际文化市场上，遵守我国加入世贸组织议定书的相关承诺和世贸组织的相关规定以及我国有关市场准入和市场退出机制、文化审查等相关法律规定，防止外来不良文化产品的侵蚀和危害，以维护我国文化主权和安全。另一方面通过引进优秀的外来文化产品和我国大众文化积极走出去的方式，平等参与国际市场竞争，在优胜劣汰中激发我国大众文化发展的内生动力和实力，促进我国大众文化健康发展。

第三，加强分类分层管理，协调发展文化事业和文化产业。自 21 世纪以来，为不断推进文化繁荣发展，我国文化建设开始了公益性文化事业建设（公共文化服务体系建设）和经营性文化产业建设（文化市场体系建设）并举的建设格局。文化事业由政府主导，坚持服务导向，注重社会公益，满足群众精神文化需求。

文化产业坚持市场导向，注重市场效益，满足广大民众多样性的精神文化需求。

国家要不断完善发展文化事业的保障性政策和措施。理顺图书馆学会、博物馆学会等文化团体和个人之间的关系，建立健全相关责任机制，提高公益性文化单位开门服务社会的效能。国家要积极探索对部分文化事业单位的企业化改制，依据现代企业制度进行企业化管理，建立科学有效的内部运营机制。通过市场化和产业化运作方式，在市场平等和自由竞争中，承担市场经济中的经济责任和事业单位应有的文化责任，确保我国文化资产的保值和增值。坚持和维护马克思主义指导下的我国主流文化的主导地位，维护和增进最广大人民群众最根本的文化公共利益。可见，文化事业的发展能为文化产业发展提供稳定健康的文化环境。

结　论

当代中国大众文化是现代意义上的大众文化。从形式上讲，虽然 20 世纪二三十年代以上海为中心，就有工业化生产的具有商业性、娱乐性和消费性的文化产品，但是因受众并不具有广泛性，因而不是本文所研究的大众文化。另外，从延安时期文艺大众化运动一直到改革开放之前，大众的文化虽然从受众方面看拥有广泛性，但因它不具商业性，也非本文研究的大众文化。本文认为当代中国大众文化是在改革开放后的特殊条件下才逐步兴起和发展的，除了具有大众文化的一般特征外，更强调其文化性、社会主义性和人民性。改革开放以来中国大众文化主要经历了自发传入，引进模仿外来大众文化，本土化发展和扩张，产业化发展与开启新时代等五个阶段，并有效促进了文化的多样化、民主化发展，促进了我国文化产业的发展。但在发展中的当代中国大众文化出现了程度不同的价值取向问题，表现在文化产品中的人的主体性问题，疏离化、边缘化政治价值，过于追求功利性价值和审美娱乐表层价值，忽视甚至排除道德审美价值；文化生产不惜突破真善美的价值底线，资本逻辑带来人格物化的危险；文化传播中价值导向弱化、虚化和泛娱乐化与文化主体自我迷失；文化消费中出现娱乐和消费的后现代式"自由"以及思考阙如的旁观与参与。大众文化在价值取向方面表现出的这些问题，说明当代中国大众文化要实现对人的价值引领功能是异常艰巨的。

要实现大众文化的价值引领功能，需要认真查找并分析相关问题产生的原因。文化的发展就是人的发展。中国大众文化的健康发展需要遵循其发展规律，坚持社会主义核心价值观和真善美价值理想的引领。在中国共产党的领导下，在政府的调控下，在知识分子的引导下，坚持社会主义先进文化的前进方向，坚持党管媒体、坚持社会效益为首位和两个效益相统一、尊重差异包容多样文明互鉴等原则，促进大众文化健康向上发展。

建设健康向上的大众文化，除了原则引导外，还需要建立具体的机制。加强文化认同机制，解决全球化时代我们的文化归属和文化主体性问题，促进人民大众对社会主义核心价值观的认同，提升国民的价值理性和人文素养。加强道德自律约束机制，促进文化产业过程中生产、传播、消费等相关主体的发挥主体性的道德机制，自觉遵守社会公德和社会公共价值，实现道德主体个体性和社会性的有机统一。加强制度规范约束机制，把社会主义核心价值观融入文化法律法规，完善文化产业、文化市场、文化管理等方面的法律法规制度，设置行为底线，抵制假恶丑，实现文化育人的价值引领功能。加强舆论导向机制，充分发挥传媒的重要作用，有破有立，维护和传承正确的、进步的社会价值观；通过新闻报道，发挥"议程设置"的正向功能，引导公众关注美好事物；坚定媒介批评立场，引导公众抵制假恶丑，形成正确的舆论导向。加强批评引导机制，充分发挥文艺批评家的作用，坚持思想性和艺术性标准，以建设和引领健康的大众文化为己任，不断引领人的精神性生长和完善，实现文化产品的社会效益和经济效益的双赢。

在具体的实现途径上，大众文化生产者需要有文化自觉意识，不断提高自身素养，坚持扎根人民生活实践进行创新，担当为人民大众提供最好精神食粮的责任，促进消费者合理消费，实现文化化人功能。大众文化传播者要自觉增强文化主体性，积极履行文化公共责任，提高群众媒介素养，促进我国大众文化健康向上发展。大众文化消费者要自觉提高道德审美素养，养成健康文明科学的文化消费心理。大众文化管理部门要加强文化治理，协同发展文化事业和文化产业，具体而言就是要加强文化顶层设计和文化体制改革，积极转变政府职能，加强分类分层管理，激发社会和市场活力。

总之，大众文化的发展，体现了中国文化发展的底色和人民大众的基本文化素养和社会精神风貌。从价值实现的角度看，价值观扭曲的大众文化，不能承担文化化人的价值引领功能。从价值生成的角度看，只有在社会主义核心价值观引领下，积极追求真善美的价值理想，大众文化才能健康向上发展。也只有健康向上发展的大众文化，才能在新时代的中国发挥价值引领功能，促进人的自我实现和社会进步。这些研究基本达到预期目的。但是本文从价值生成（价值创造）和价值实现的角度，对当代中国大众文化价值引领开展学术性研究，还只是一个初步尝试。文中的观点和论证还有许多不足和浅薄之处。比如新时代中国大众文化还有哪些新特征、新时代中国大众文化价值引领的实现机制和实现途径问题等还需要进一步思考和研究。

后 记

　　我最初是以《当代中国公共文化安全研究》作为博士论文选题。虽然之后，断断续续地阅读了有关伦理学、美学、哲学、文艺学、传播学、公共管理学和有关大众文化等方面的文献，但终因公共文化安全研究方面资料太少（全国研究的人非常少），加上自身原因，该选题最终没有成为我的研究"对象"。于是选择了《当代中国大众文化价值引领研究》作为博士论文选题。此间，最大的感受是，从事学术研究，需要多读书，需要耐心、时间，切忌浮躁，切忌不花功夫。

　　新的选题确定后，导师韩源教授多次叮嘱，大众文化的定义和文化定义一样，至今没有统一定论，为研究需要，选择其中之一开展研究；另外视角主要是价值论方面的视角。于是，我在海量的文献中"众里寻他千百度"。突然有一天，我从安徽大学李明教授的书籍《当代大众文化建设研究：基于科学发展观的视角》中，找到了本论题需要的大众文化定义。有了大众文化定义，接下来主要从价值论的视角进行研究。但是对于我而言，本科学的是法学，研究生学的是思想政治教育专业，工作后主要从事事务性的党建和干部工作，价值论方面的书籍看得非常少。当时手里只有一本李德顺教授的《价值论（第2版）》。其间，还曾发生了一件趣事。在一个全国高校教师QQ群里，我咨询、索要价值哲学方面的相关书籍时，一名老师竟然回复，价值论是经济方面的，不属于哲学。当然这位老师说的也有一定道理。之后，群里有老师给我开了几本书单，于是我在学校图书馆借了一箱子相关书籍和其他书籍，扛回绵阳。后来，经过阅读才知道，价值论、价值学和价值哲学竟然都是价值哲学，只是相互之间的称谓不一样而已。其中袁贵仁教授的《价值学引论》中关于价值的本质的论述，给了我莫大的启发，最终我以"价值的生成和价值实现"两个方面作为研究视角，开启了对本论题的研究之旅。

　　所幸的是新的选题确定后，我被学校组织部调到二级学院做学生工作。时间上比以往宽裕，因此有机会"恶补"相关知识包括马克思主义的经典文献，也有时间进行深入思考、阅读和写作。按照马克思的说法，生产的过程是人的本质力量对象化的过程。由最初的读不懂，到后来能够阅读；由最初的接受性阅读，到后来的对话式阅读。阅读、写作的过程，也是不断修身的过程。自己所带班级的学生，当他们出现心理问题时，我会耐心地开导；当深更半夜接到辅导员电话说学生不见了时，我二话不说，穿起衣服就走，驱车20来公里，赶到学校找人，然后做心理安抚。与同学们相处的过程，也是我们都得到锻炼和提高的过程。

在写作过程中，导师韩源教授常常耐心指导，把握文章的关键点，不断地进行纠偏，提供建议和意见，一直到定稿。

虽然在研究过程中，查阅了无数资料，也从孔夫子旧书网、当当、京东等购物平台购买书籍，从相关QQ群上索要并下载了很多书籍来阅读，在中国知网上下载阅读了无数文献，但是因为思考不周到、知识结构欠缺等，导致论文存有诸多不足。有些方面还需要进一步完善。恳请学界专家和同人不吝赐教！谢谢！

行文至此致谢处，心受感动泪潸然。几年来的坚持，无数给予我诸多关心、指导、鼓励和帮助的恩人，涌现脑海。感谢、感激、感恩你们！

首先要感谢我的导师韩源教授，是韩教授的严谨打动了我，也是韩教授的鼓励激励了我。千里之行始于足下。韩教授讲，做学问必须严谨踏实，切忌浮躁，不认真阅读至少上千的文献，根本没法做学问。在韩教授指导下，我海量阅读，恶补相关知识；并在韩教授悉心指导下，完成了本论文的写作。

感谢西南财经大学马克思主义学院的所有老师！感谢唐晓勇院长的悉心指导和平时的关心、帮助！感谢段江波老师、吴玉平老师、任志江老师、杨楹老师对我写作方面的指导！感谢辜堪生老师、曾狄老师、俞国斌老师、刘世强老师、陈宗权老师、邓天雄老师、刘芳老师、龚松柏老师、谭亚莉老师、李春梅老师、张小波老师、都兰军老师、胡军方老师、鲁长安老师……你们的授课让我受益匪浅，得到启迪。感谢王磊师兄、杨奇才师兄和同学李椿、曾朝夕以及王征老师的帮助和支持！感谢图书馆孙卫平老师的热心帮助。

感谢校外专家和校外评审专家！感谢四川大学的黄金辉教授、电子科技大学的吴满意教授和王让新教授、西南交通大学的刘占祥教授、成都体育学院王民康教授在论文开题、写作和答辩过程中提出的宝贵意见！感谢中央民族大学邹吉忠教授、陕西师范大学袁祖社教授、安徽大学李明教授对我论文写作方面的悉心指导和建议！感谢袁贵仁教授和李明教授等提供的宝贵文献，让我得以在这些文献基础上完成本论题的研究。

感谢我的同学武丽丽对我写作方面提供的有益建议和帮助，感谢李忠伟、张华春、郭开强、张欢、吴俊蓉、张建东、李姗姗、叶长安、张林、王卓欣、白中英等同学的帮助！感谢我单位的领导对我工作上的指导、生活上的关心和其他帮助！感谢同事的支持和帮助！感谢我的学生宋万翠、杨鹤鸣、杨昌勇、王珊珊、唐可、王瑶瑶、毕丹、张继丹等平时为我分担工作。

感谢我的家人！感谢我的爱人对论文进行辛苦的校对工作，并提出相关修改建议和平时无怨无悔的付出！感谢我儿子的安慰、鼓励和鞭策！

最后，要感谢我的父母和兄长！感谢父母把我带到这个世界，倾其所有地疼我、爱我！感谢兄长，长期以来对父母的照顾，以及在母亲生命最后旅途中的守护和陪伴！感谢兄长对我一直以来的关心、疼爱和鼓励！感谢我所有的亲人们！

参考文献

一、中文著作

[1] 韩源 . 国家文化安全论：全球化背景下的中国战略 [M]. 北京：社会科学文献出版社，2013.

[2] 袁贵仁 . 价值学引论 [M]. 北京：北京师范大学出版社，1991.

[3] 李德顺 . 价值论（第 2 版）[M]. 北京：中国人民大学出版社，2007.

[4] 王玉樑 . 当代中国价值哲学 [M]. 北京：人民出版社，2004.

[5] 邹吉忠 . 制度与价值观 [M]. 北京：北京出版社，2008.

[6] 邹吉忠 . 自由与秩序：制度价值研究 [M]. 北京：北京师范大学出版社，2003.

[7] 孙美堂 . 文化价值论 [M]. 昆明：云南人民出版社，2005.

[8] 张耀灿 . 思想政治教育学前沿 [M]. 北京：人民出版社，2006.

[9] 李明 . 当代大众文化建设研究：基于科学发展观的视角 [M]. 北京：中央编译出版社，2018.

[10] 陶东风等 . 当代大众文化价值观研究：社会主义与大众文化 [M]. 沈阳：辽宁教育出版社，2014.

[11] 陈培永 . 当代中国马克思主义为什么是对的 [M]. 北京：人民出版社，2018.

[12] 王一川 . 大众文化导论 [M]. 北京：高等教育出版社，2015.

[13] 邹广文 . 当代中国大众文化论 [M]. 沈阳：辽宁大学出版社，2000.

[14] 赖大仁 . 当代文学批评的价值观 [M]. 北京：社会科学文献出版社，2013.

[15] 赵勇，杨玲 . 大众文化理论新编 [M]. 北京：北京师范大学出版社，2016.

[16] 傅守祥 . 欢乐诗学：泛审美时代的快感体验与文化嬗变 [M]. 杭州：浙江工商大学出版社，2016.

[17] 孟繁华. 传媒文化与文化领导权：当代中国的文化生产与文化认同 [M]. 济南：山东教育出版社，2003.

[18] 宋革新. 当代中国大众文本价值考：兼从商业杂志变迁管窥文化产业前途 [M]. 北京：社会科学出版社，2013.

[19] 孙占国. 当代中国大众文化研究 [M]. 长春：吉林人民出版社，1999.

[20] 贾雪丽. 大众文化价值论：以伦理学为视角 [M]. 北京：中央编译出版社，2017.

[21] 周宪. 中国当代审美文化研究 [M]. 北京：北京大学出版社，1997.

[22] 潘知常. 反美学：在阐释中理解当代审美文化 [M]. 上海：学林出版社，1995.

[23] 潘知常. 美学的边缘：在阐释中理解当代审美观念 [M]. 上海：上海人民出版社，1998.

[24] 赵勇. 整合与颠覆：大众文化的辩证法 [M]. 北京：北京大学出版社，2005.

[25] 李西建. 重塑人性：大众审美中的人性嬗变 [M]. 武汉：湖北人民出版社，1998.

[26] 周宪. 文化表征与文化研究 [M]. 上海：上海人民出版社，2015.

[27] 梁漱溟全集（第1卷）[M]. 济南：山东人民出版社，1989.

[28] 梁漱溟全集（第3卷）[M]. 济南：山东人民出版社，1990.

[29] 冯天瑜. 文化守望 [M]. 武汉：武汉大学出版社，2006.

[30] 邹广文. 当代文化哲学 [M]. 北京：人民出版社，2007.

[31] 姚文放. 论审美文化学导论 [M]. 北京：社会科学文献出版社，2011.

[32] 王晓德，张晓芒. 历史与现实——世界文化多元化研究 [M]. 天津：天津人民出版社，2007.

[33] 陶东风. 大众文化教程 [M]. 南宁：广西师范大学出版社，2008.

[34] 金民卿. 文化全球化与中国大众文化 [M]. 北京：人民出版社，2004.

[35] 刘自雄，闫玉刚. 大众文化通论 [M]. 北京：中国广播电视出版社，2007.

[36] 孟繁华. 众神狂欢：世纪之交的中国文化现象 [M]. 北京：中国人民大学出版社，2009.

[37] 戴锦华. 隐形书写：90年底的中国文化研究 [M]. 南京：江苏人民出版社，1999.

[38] 朱效梅.大众文化研究：一个文化与经济互动发展的视角 [M].北京：清华大学出社，2003.

[39] 胡惠林.文化产业发展的中国道路：理论·政策·战略 [M].北京：社会科学出版社，2018.

[40] 孙正聿.人的精神家园 [M].南京：江苏人民出版社，2014.

[41] 乔山.文艺伦理学初探 [M].北京：高等教育出版社，1997.

[42] 何怀宏.伦理学是什么 [M].北京：北京大学出版社，2002.

[43] 凌继尧.西方美学史 [M].北京：北京大学出版社，2004.

[44] 李醒尘.西方美学史教程 [M].北京：北京大学出版社，1994.

[45] 刘锋.伦理美学：真善美研究 [M].天津：百花文艺出版社，1998.

[46] 黄力之著.中国话语当代审美文化史论 [M].北京：中央编译出版社，2001.

[47] 陆扬.马克思主义文化理论发展史 [M].南昌：百花洲文艺出版社，2018.

[48] 衣俊卿.文化哲学十五讲 [M].北京：北京大学出版社，2004.

[49] 黄力之.马克思主义与资本主义文化矛盾 [M].开封：河南大学出版社，2010.

[50] 陈新汉，冯溪屏.现代化与价值冲突 [M].上海：上海人民出版社，2003.

[51] 廖小平.价值观变迁与核心价值体系的解构和建构 [M].北京：中国社会科学出版社，2013.

[52] 黄会林，尹鸿.当代中国大众文化研究 [M].北京：北京师范大学出版社，1998.

[53] 陈刚.大众文化与当代乌托邦 [M].北京：作家出版社，1996.

[54] 黄力之.中国话语：当代审美文化史论 [M].北京：中央编译出版社，2001.

[55] 金兆钧.光天化日之下的流行：亲历中国流行音乐 [M].北京：人民音乐出版社，2002.

[56] 王晓明.人文精神寻思录 [M].上海：文汇出版社，1996.

[57] 韩震.社会主义核心价值体系研究 [M].北京：人民出版社，2007.

[58] 王德峰.哲学导论 [M].上海：上海人民出版社，2014.

[59] 潘维，玛雅.聚焦当代中国价值观 [M].北京：生活·读书·新知三联书店，2008.

[60] 徐贲. 走向后现代与后殖民 [M]. 北京：中国社会科学出版社，1996.

[61] 时华蓉. 社会心理学 [M]. 杭州：浙江教育出版社，1998.

[62] 李佑新. 走出现代性道德困境 [M]. 北京：人民出版社，2006.

[63] 李春华. 文化生产力与人类文明的跃迁 [M]. 北京：中国社会科学出版社，2016.

[64] 何怀宏. 良心论 [M]. 北京：北京大学出版社，2009.

[65] 何怀宏. 底线伦理 [M]. 沈阳：辽宁人民出版社，1998.

[66] 童世骏. 意识形态新论 [M]. 上海：上海人民出版社，2006.

[67] 李建华. 多元文化时代的价值引领——社会主义核心价值体系与社会思潮有效引领研究 [M]. 北京：人民出版社，2012.

[68] 陶文昭. 精英化世纪：现代知识阶层与社会发展 [M]. 北京：中国发展出版社，2000.

[69] 余英时. 士与中国文化 [M]. 上海：上海人民出版社，2013.

[70] 方世南，范俊玉. 先进文化与小康社会 [M]. 苏州：苏州大学出版社，2003.

[71] 金民卿. 大众文化——当代中国大众文化分析 [M]. 北京：中共中央党校出版社，2002.

[72] 郭庆光. 传播学教程 [M]. 北京：中国人民大学出版社，1999.

[73] 程世寿. 公共舆论学 [M]. 武汉：华中科技大学出版社，2003.

[74] 邵培仁. 媒介舆论学：通向和谐社会的舆论传播研究 [M]. 北京：中国传媒大学出版社，2009.

[75] 胡键. 强国策：中国和平崛起进程中的软实力建设 [M]. 北京：新华出版社，2013.

[76] 易桂娇. 新形势下高校宣传思想工作研究 [M]. 北京：光明日报出版社，2016.

[77] 冯刚，张晓平，苏洁. 中国共产党高校思想政治教育发展史 [M]. 北京：人民出版社，2021.

[78] 苏国勋. 全球化：文化冲突与共生 [M]. 北京：社会科学文献出版社，2006.

[79] 朱立元. 当代西方文艺理论 [M]. 上海：华东师范大学出版社，2005.

二、外文译著

[1]［英］塞缪尔·斯迈尔斯. 品格的力量［M］. 宋景堂，刘曙光译. 西安：陕西师范大学出版社，2009.

[2]［德］霍克海默，阿多诺. 启蒙辩证法［M］. 渠敬东，曹卫东译. 上海：上海出版集团、上海人民出版社，2005.

[3]［美］约翰·费斯克. 理解大众文化［M］. 王晓珏，宋伟杰译. 北京：中央编译出版社，2001.

[4]［英］爱德华·泰勒. 原始文化［M］. 连树声译. 上海：上海文艺出版社，1992.

[5]［德］恩斯特·卡西尔. 人论［M］. 甘阳译. 上海：上海译文出版社，1985.

[6]［英］奥利弗·博伊德—巴雷特，克里斯·纽博尔德. 媒介研究的进路：经典文献读本［M］. 汪凯，刘晓红译. 北京：新华出版社，2004.

[7]［美］弗雷德里克·杰姆逊. 后现代主义与文化理论［M］. 唐小兵译. 西安：陕西师范大学出版社，1987.

[8]［美］塞缪尔·亨廷顿，劳伦斯·哈里森. 文化的重要作用——价值观如何影响人类进步［M］. 程克雄译. 北京：新华出版社，2002.

[9]［爱沙尼亚］斯托洛维奇. 审美价值的本质［M］. 凌继尧译. 北京：中国社会科学出版社，2007.

[10]［美］尼尔·波兹曼. 娱乐至死［M］. 章艳，吴燕莛译. 桂林：广西师范大学出版社，2009.

[11]［美］兹比格纽·布热津斯基. 大棋局——美国的首要地位及其地缘战略［M］. 中国国际问题研究所译. 上海：上海人民出版社，1998.

[12]［古希腊］柏拉图. 文艺对话集［M］. 朱光潜译. 北京：人民文学出版社，1963.

[13]［美］丹尼尔·贝尔. 资本主义文化矛盾［M］. 严蓓雯译. 南京：江苏人民出版社，2012.

[14]［英］阿诺德. 文化与无政府状态［M］. 韩敏中译. 北京：三联书店，2002.

[15]［英］约翰·斯道雷. 文化理论与大众文化导论［M］. 常江译. 北京：北京大学出版社，2010.

[16]［美］赫伯特·马尔库塞. 单向度的人：发达工业社会意识形态研究［M］.

刘继译 . 上海：上海译文出版社，2014.

[17][英]吉姆·麦克盖根 . 文化民粹主义 [M]. 桂万先译 . 南京：南京大学出版社，2001.

[18][美]约瑟夫·奈 . 软力量：世界政坛成功之道 [M]. 吴晓辉，钱程译 . 北京：东方出版社，2005.

[19][英]特里·伊格尔顿 . 理论之后 [M]. 商正译 . 北京：商务印书馆，2009.

[20][德]马克斯·韦伯 . 新教伦理与资本主义精神 [M]. 苏国勋，覃方明，赵立玮，秦明瑞译 . 北京：社会科学文献出版社，2010.

[21][俄]A.X. 沙瓦耶夫 . 国家安全新论 [M]. 魏世举，石陆原译 . 北京：军事谊文出版社，2002.

[22][法]让·鲍德里亚 . 物体系 [M]. 林志明译 . 上海：上海人民出版社，2019.

[23][英]迈克·费瑟斯通 . 消费文化与后现代主义 [M]. 刘精明译 . 上海：译林出版社，2000.

[24][美]爱德华·W. 萨义德 . 东方学 [M]. 王宇根译 . 北京：三联书店，1999.

[25][美]塞缪尔·亨廷顿，彼得·伯杰 . 全球化的文化动力：当今世界的文化多样性 [M]. 康敬贻等译 . 北京：新华出版社，2004.

[26][英]戴维·莫利，凯文·罗宾斯 . 认同的空间：全球媒介、电子世界景观与文化边界 [M]. 司艳译 . 南京：南京大学出版社，2001.

[27][法]布尔迪厄 . 关于电视 [M]. 许钧译 . 南京：南京大学出版社，2011.

[28][美]斯坦利·J. 巴兰 . 大众传播概论——媒介素养与文化 [M]. 何朝阳译 . 北京：中国人民大学出版社，2016.

[29][德]康德 . 道德形而上学基础 [M]. 孙少伟译 . 北京：九州出版社，2007.

[30][意]葛兰西 . 狱中札记 [M]. 曹雷雨，姜丽，张跣译 . 北京：中国社会科学出版社，2000.

[31][古罗马]贺拉斯 . 诗艺 [M]. 杨周翰译 . 北京：人民文学出版社，1962.

[32][法]埃米尔·涂尔干 . 社会分工论 [M]. 渠东译 . 北京：生活·读书·新知三联书店，2000.

[33][英]丹东尼·吉登斯 . 现代性与自我认同 [M]. 赵旭东等译 . 北京：生活·读书·新知三联书店，1998.

[34][美]沃尔特·李普曼 . 公众舆论 [M]. 阎克文，江红等译 . 上海：上海人

民出版社，2006.

[35][美]塞缪尔·亨廷顿.文明的冲突与世界秩序的重建[M].周琪等译.北京：新华出版社，2010.

[36][加拿大]马歇尔·麦克卢汉.理解媒介：论人的延伸[M].何道宽译.南京：译林出版社，2011.

[37][澳大利亚]约翰·多克尔.后现代与大众文化[M].王敬慧，王瑶译.北京：北京大学出版社，2011.

三、外文文献

[1]John Storey (ed.), Cultural Theory and Popular Culture: A Reader.

[2]A. Girard, "Culture Industries: A Handicap or a New Opportunity for Culture Development?" in Cultural Industries, Paris: UNESCO, 1982.

[3]Joseph S. Nye, Jr., The Changing Nature of World Power, Political Science Quarterly, vol. 105, No. 2, 1990.

[4]JosephS. Nye, "The Rise of China's soft Power", The Wall Street Journal Asia, December29, 2005.

[5]Charles Taylor, Sources of the Self: The Making of the Modern Identity, Cambridge, Harvard University Press, 1989.

四、中文期刊和论文

[1] 韩源.从电脑游戏"红色警戒"看美国的文化渗透[J].思想理论教育导刊，2004（7）.

[2] 韩源.国家文化安全引论[J].当代世界与社会主义，2008（6）.

[3] 袁祖社."人是谁？"抑或"我们是谁？"[J].马克思主义与现实，2010（2）.

[4] 袁祖社，董辉."文化公共性"的实践与现代个体优良心灵秩序的养成[J].西安交通大学学报（社会科学版），2014（7）.

[5] 袁祖社．文化本质的"伦理证成"使命与精神生活的道德价值逻辑 [J]．道德与文明，2011（4）．

[6] 邹吉忠．自由与秩序的文化解答 [J]．江海学刊，2002（3）．

[7] 祁述裕，贾世奇．加强文化制度建设促进文化市场繁荣 [J]．福建论坛（人文社会科学版），2020（3）．

[8] 孟繁华．怎样评价这个时代的文艺批评 [J]．文艺研究，2008（8）．

[9] 仲呈祥．文艺批评：增强文化自觉和文化自信 [J]．艺术百家，2013（2）．

[10] 毕日生．大众文化与文学理论知识生产的"合法性"危机 [J]．社会科学论坛，2018（6）．

[11] 王一川．数字时代艺术批评的三个圈 [J]．陕西师范大学学报（哲学社会科学版），2018（4）．

[12] 张岱年．价值和价值观 [J]．中国社会科学院研究生院学报，1992（6）．

[13] 孙美堂．从价值到文化价值——文化价值的学科意义与现实意义 [J]．学术研究，2005（7）．

[14] 金元浦．我国文化消费的现状与发展趋势 [J]．中国国情国力，2016（12）．

[15] 姚文放．当代审美文化与审美教育新概念 [J]．益阳师专学报，1998（1）．

[16] 胡惠林．国家文化治理：发展文化产业的新维度 [J]．学术月刊，2012（5）．

[17] 傅铿．大众文化和中学生社会化问题 [J]．社会，1985（3）．

[18] 陶东风．欲望与沉沦——大众文化批判 [J]．文艺争鸣，1993（6）．

[19] 张汝伦．论大众文化 [J]．复旦学报（社会科学版），1994（3）．

[20] 郭凤志．中国特色大众文化研究 [J]．东北师范大学学报（哲学社会科学版），2002（6）．

[21] 蒋述卓，李石．当代大众文化的发展历程、话语论争和价值向度 [J]．杭州师范大学学报（社会科学版），2019（2）．

[22] 王沪宁．作为国家实力的文化：软实力 [J]．复旦学报（社会科学版），1993（3）．

[23] 赵甲明．大众文化给精神文明建设提出的课题 [J]．社会科学辑刊，1997（3）．

[24] 王彬．大众文化对青少年的影响 [J]．青年研究，2001（1）．

[25] 蒋述卓．流行文艺与主流价值观关系初议 [J]．文学评论，2013（11）．

［26］王晓德．美国大众文化的全球扩张及其实质［J］．世界经济与政治，2004（4）．

［27］曾庆瑞．国家文化安全必须重视：从进入 WTO 前后的影视动态看文化安全的迫切性［J］．朔方，2003（1）．

［28］陈春萍．网络文化的道德维度［J］．湖南科技大学学报（社会科学版），2005（2）．

［29］张九海．当前十大"三俗文化"现象评析［J］．编辑之友，2014（9）．

［30］李占伟．论文艺"三俗"的界定、成因及救赎之途［J］．文艺评论，2015（7）．

［31］韩升，毕腾亚．大众文化发展的"泛娱乐化"倾向及其批判［J］．思想教育研究，2020（2）．

［32］靳琰，孔璐璐．新媒体语境下的网络泛娱乐化机理探究［J］．现代传播，2016（12）．

［33］隗辉，严语，白玉洁．网络直播泛娱乐化乱象解读与有序治理［J］．湖北社会科学，2018（2）．

［34］张恂，吕立志．祛魅与消解：网络泛娱乐主义的资本逻辑批判［J］．思想教育研究，2020（6）．

［35］王娟，刘文雅．泛娱乐主义的审视与超越［J］．思想教育研究，2020（11）．

［36］陈开和．跳出"网络泛娱乐"怪圈［J］．人民论坛，2019（20）．

［37］邢国忠．泛娱乐主义对青年价值观的影响研究［J］．中国特色社会主义研究，2018（6）．

［38］豆勇超．泛娱乐主义的基本症候、生成机理与治理路径［J］．西北民族大学学报（哲学社会科学版），2021（12）．

［39］肖飞，徐慧萍．媒体功能泛娱乐化与社会责任的反思［J］．新闻界，2008（8）．

［40］姜正君，邹智贤．当代中国大众文化的逻辑悖论与价值引领［J］．伦理学研究，2017（4）．

［41］王庆，廖继超，唐山请．关于以主流文化引导大众文化健康发展的思考［J］．学术论坛，2012（6）．

［42］童庆炳．人文精神：为大众文化引航［J］．文艺理论研究，2001（5）．

［43］周思明．价值引领是视听文艺不可缺失之魂——以近年央视大型综艺文化

节目为例 [J]. 长江文艺评论，2018（4）.

[44] 李明 . 以社会主义核心价值体系引领我国当代大众文化价值观建设 [J]. 天府新论，2014（1）.

[45] 梅萍，张艳斌，韩静文 . 论社会主义核心价值观对大众文化的有效引领 [J]. 思想理论研究，2016（10）.

[46] 杨秋菊 . 大众文化泛娱乐化的价值危机及对策分析 [J]. 社会主义核心价值观研究，2017（5）.

[47] 王丽，辛全明，夏莹 . 应对大众文化精神缺失的对策探讨：基于人学视角 [J]. 山西省委党校学报，2012（1）.

[48] 冯立刚，邓建兴 . 社会主义核心价值体系引领大众文化发展的方式与机制探究 [J]. 广西社会科学，2013（7）.

[49] 詹明鹏 . 社会主义核心价值观引领大众文化发展机制的内在机理与外在运行 [J]. 延边党校学报，2018（10）.

[50] 邹广文 . 寻求文化价值与时代视野的融合 [J]. 理论学刊，1996（4）.

[51] 刘跃进 . 文化就是社会化——广义文化概念的逻辑批判 [J]. 北方论丛，1999（3）.

[52] 陶东风 . 畸变的世俗化与当代中国大众文化 [J]. 探索与争鸣，2012（5）.

[53] 陶东风 . 为什么盛行比坏哲学 [J]. 北京纪事，2018（9）.

[54] 黄力之 . 资本主义文化逻辑的双重性：论马克思的资本文化哲学 [J]. 天津行政学院学报，2010（5）.

[55] 马晓燕，单连春 . 论精神文化发展的动力 [J]. 东北师大学报（哲学社会科学版），2007（3）.

[56] 金盛华，辛志勇 . 中国人价值观研究的现状及发展趋势 [J]. 北京师范大学学报，2003（3）.

[57] 贾磊磊，何晓燕 . 历史光影中的波诡云谲：当代中国古装历史影片的文化价值观 [J]. 电影艺术，2013（4）.

[58] 肖鹰 . 中国文化的问题在精英文化取向的下滑——兼论精英文化与大众文化的互动 [J]. 探索与争鸣，2012（5）.

[59] 邹广文 . 科技时代的人文关怀 [J]. 昆明理工大学学报（社会科学版），2013（4）.

[60] 张岱年 . 精神生活与精神境界 [J]. 甘肃社会科学，1994（5）.

[61] 邱仁富.引领：社会主义核心价值体系的关键词 [J].桂海论丛，2010（1）.

[62] 刘潇.价值引领与实践内化：重新认识青少年价值观教育的两个基本维度 [J].湖南行政学院学报，2017（5）.

[63] 董学文.如何发挥文艺的价值引领作用 [J].求是，2014（20）.

[64] 杨仁忠.论"以社会主义核心价值体系引领多样化社会思潮"的哲学意蕴 [J].河南师范大学学报（哲学社会科学版），2008（5）.

[65] 董学文.毛泽东文艺思想的历史地位和当代价值——献给中国共产党成立九十周年 [J].文艺理论与批评，2011（4）.

[66] 俞吾金.葛兰西的文化观及启示 [J] 复旦学报（社会科学版），1986（4）.

[67] 陈慧平.伯明翰学派"大众文化"的三大特征及其借鉴意义 [J].国外社会科学，2014（3）.

[68] 王文慧.习近平文化建设思想的三个维度及其理论创新性 [J].理论学刊，2017（7）.

[69] 金元浦.大众文化兴起后的再思考 [J].河北学刊，2010（5）.

[70] 王一川，冯雪峰.从中国美学兴味蕴藉传统看通俗艺术品位提升——以赵本山作品为个案 [J].北京师范大学学报（社会科学版），2011（1）.

[71] 陶东风.畸变的世俗化与当代大众文化 [J].文学评论，2015（4）.

[72] 陈晓明.填平鸿沟，划清界限——"精英"与"大众"殊途同归的当代潮流 [J].文艺研究，1994（2）.

[73] 滕进贤.增强责任感，为提高影片的思想艺术质量而努力——在 1989 年全国故事片创作会议上的讲话 [J].当代电影，1989（2）.

[74] 王晓明等.旷野上的废墟——文学与人文精神危机 [J].上海文学，1993（6）.

[75] 王一川.流动回溯的现代性影像——21 世纪头二十年中国影视潮 [J].南方文坛，2020（6）.

[76] 彭耀春.走向繁茂：新时期电视剧回眸 [J].江苏社会科学，1997（4）.

[77] 张颐武."小时代"的新想象：消费与个体性 [J].当代电影，2013（10）.

[78] 彭利.垃圾电影何以大行其道？影片《小时代3》感言 [J].艺术评论，2014（9）.

[79] 王晓德.软实力与美国大众文化的全球扩张 [J].历史教学，2007（10）.

[80] 陈燕．当前中国影视文化在价值传播中的作用及其问题 [J]．华中科技大学学报（社会科学版），2016（6）．

[81] 胡惠林．论文化产业的公共责任 [J]．社会科学，2009（10）．

[82] 熊黎明．大众文化批评及其价值取向 [J]．云南社会科学，2003（3）．

[83] 邹智贤．人文经济学何以可能？[J]．哲学研究，2013（8）．

[84] 陶东风．回到发生现场与中国大众文化研究的本土化 [J]．学术研究，2018（5）．

[85] 赖大仁．用积极的文艺批评引导文艺健康发展 [J]．创作评谭，2012（1）．

[86] 蒋述卓，洪晓．从春晚看当代大众文化的审美变迁 [J]．南方文坛，2018（3）．

[87] 贾磊磊．流行文化是提升国家文化软实力的战略力量 [J]．西北大学学报（哲学社会科学版），2010（9）．

[88] 陶东风．从精英化到去精英化——新时期文学三十年扫描 [J]．首都师范大学学报（社会科学版），2014（2）．

[89] 陈力丹．当代大众文化消费与舆论引导 [J]．现代传播（北京广播学院学报），1997（3）．

[90] 张三元．资本逻辑与现代性文化 [J]．江汉论坛，2019（3）．

[91] 彭越．论自我意识与人的现代化 [J]．广东社会科学，1988（4）．

[92] 焦丽萍．个体自我意识与文化认同 [J]．理论学刊，2008（8）．

[93] 周志强．奢侈品·性·自由——当前中国大众财富价值观的另类观察 [J]．探索与争鸣，2012（4）．

[94] 袁祖社．文化的伦理本质与现代德性生活的价值真理 [J]．北京大学学报（哲学社会科学版），2011（4）．

[95] 王朔．我看大众文化港台文化及其他 [J]]．天涯，2000（2）．

[96] 饶曙光．当下中国电影的市场建设与创作发展 [J]．文艺研究，2010（6）．

[97] 韩震．大众传媒、大众文化与民族文化认同 [J]．马克思主义与现实，2010（4）．

[98] 晏辉．现代性的哲学面孔 [J]．现代哲学，2020（2）．

[99] 许纪霖．世俗社会的中国人精神生活 [J]．天涯，2007（1）．

[100] 邹定宾．走出"泛娱乐化"的审美误区 [J]．当代电视，2004（10）．

[101] 王敏．"三俗"背后是什么作怪——专访上海大学胡惠林教授 [J]．社会

观察，2010（9）.

[102] 高冠钢. 大众文化：当代文化的主角 [J]. 复旦学报（社会科学版），1988（3）.

[103] 陶东风. 去精英化时代的大众娱乐文化 [J]. 学术月刊，2009（5）.

[104] 邹诗鹏. 现时代精神生活的物化处境及其批判 [J]. 中国社会科学，2007（5）.

[105] 任剑涛. 消费社会的精神生活匮乏与改革困境 [J]. 中国改革，2008（3）.

[106] 刘泽溪，邹韵婕.《花木兰》的他者化想象和东方主义困境 [J]. 电影文学，2021（5）.

[107] 丰子义. 当代文化发展的新特征 [J]. 北京大学学报（哲学社会科学版），2018（2）.

[108] 李春华. 文化生产力：丰富和发展马克思生产力理论的新视角 [J]. 马克思主义研究，2009（9）.

[109] 田丰. 论文化生产力 [J]. 广东社会科学，2006（5）.

[110] 胡鞍钢. 全面发展以人民为中心的五大生产力 [J]. 清华大学学报（哲学社会科学版），2018（2）.

[111] 贾磊磊. 确立文化产业评价的文化维度 [J]. 电影艺术，2010（5）.

[112] 廖仲毛. 该拯救的岂止是乳房 [J]. 文化时空，2003（8）.

[113] 胡惠林. 文化国情：新时代中国文化发展的逻辑前提与决策基点 [J]. 中华文化论坛，2018（5）.

[114] 赖大仁. 文艺"三俗"现象背后的观念误区 [J]. 创作评谭，2010（6）.

[115] 许纪霖. 中国知识分子死亡了吗？[J]. 出版参考，2003（15）.

[116] 花建. 文化产业竞争力的内涵、结构和战略重点 [J]. 北京大学学报（哲学社会科学版），2005（2）.

[117] 陆杰荣. 后现代·知识分子·当代使命——论利奥塔的"知识分子之死"的理论实质 [J]. 哲学动态，2003（6）.

[118] 詹世友. 道德价值的生存哲学阐释 [J]. 唐都学刊，2014（5）.

[119] 石中英，余清臣. 论良心及其可教性 [J]. 集美大学学报，2005（6）.

[120] 彭松乔. "当代性"：建构当代形态马克思主义文艺学的核心命题 [J]. 学术论坛，2010（8）.

[121] 陶东风. 什么是文化强国？文化强国从哪里来？[J]. 当代文坛，2012

（1）.

[122]费孝通. 反思·对话·文化自觉 [J]. 北京大学学报（哲学社会科学版），1997（3）.

[123]傅才武，齐千里. 坚定文化自信，是对当代中国文化现代化道路问题的科学回应 [J]. 华中师范大学学报（人文社会科学版），2020（1）.

[124]沈壮海. 社会主义和谐文化建设的若干思考 [J]. 马克思主义研究，2007（5）.

[125]胡海波，郭凤志. 马克思恩格斯文化理论的革命性变革 [J]. 学术交流，2009（6）.

[126]马晓燕，单连春. 论精神文化发展的动力 [J]. 东北师大学报（哲学社会科学版），2007（3）.

[127]胡惠林. 国家文化安全法治建设：国家政治安全实现的根本保障 [J]. 思想战线，2016（5）.

[128]仲呈祥. 文艺批评：增强文化自觉和文化自信 [J]. 艺术百家，2013（2）.

[129]吴理财. 文化治理的三张面孔 [J]. 华中师范大学学报（人文社会科学版），2014（1）.

[130]庞立生，王艳华. 精神生活的物化与精神家园的当代建构 [J]. 现代哲学，2009（3）.

[131][德]西奥多·W. 阿多诺. 文化工业述要 [J]. 赵勇译. 贵州社会科学，2011（6）.

[132]张妍. 中国现代化进程中的大众文化及其内在矛盾研究 [D]. 哈尔滨师范大学，2018.

[133]王涛. 当代中国大众文化的实践研究 [D]. 清华大学，2005.

[134]王娜. 大众文化的"三俗"现象研究 [D]. 西南财经大学，2012.

[135]苏威. 当代中国人的精神生活困境及其超越研究 [D]. 东北师范大学，2018.

[136]姚崇. 大众文化与社会心态——基于现代民众优良人格的培育 [D]. 陕西师范大学，2015.

[137]尹辉. 当代大众传播视域下的我国意识形态安全研究 [D]. 兰州大学，2015.

五、报纸

[1] 李德顺. 为什么精神生产要按规律办事 [N]. 北京日报，2010-08-23（17）.

[2] 金元浦. 定义大众文化 [N]. 中华读书报，2001-07-25（20）.

[3] 张颐武. 网络文学走过 20 年 [N]. 文汇报，2017-05-11（11）.

[4] 傅守祥. 仲呈祥的马克思主义文艺批评观 [N]. 中国社会科学报，2012-12-12（B05）.

[5] 贾磊磊. 中国电影的文化价值观 [N]. 人民日报，2013-11-01（024）.

[6] 仲呈祥，张金尧. 以先进文化引领大众文化 [N]. 人民日报，2011-08-02（024）.

[7] 朱相远. 三析"三俗"[N]. 团结报，2010-09-18（5）.

[8] 肖鹰. 大众品位低俗化？[N]. 人民日报，2013-02-05（14）.

[9] 周志强. 让文艺回到"人民的地面"[N]. 社会科学报，2014-10-30（06）.

[10] 赖大仁. 文化世象：守住消费文化价值底线 [N]. 人民日报，2015-01-29（24）.

[11] 贾磊磊. 中国电影文化取向不容偏差 [N]. 光明日报，2013-06-24（014）.

[12] 肖鹰. 文化生产不可失去底线坚守 [N]. 辽宁日报，2011-08-22（11）.

[13] 胡建淼. 依法治理是最可靠最稳定的治理 [N]. 光明日报，2020-01-15（11）.

[14] 刘琼. 大时代和小时代 [N]. 人民日报，2013-07-15（024）.

[15] 刘阳. 2019 年全国票房 642.66 亿元，国产片份额达 64.07% 中国电影稳健前行 [N]. 人民日报，2020-01-02（012）.

[16] 光明日报评论员. 坚守互联网"七条底线"[N]. 光明日报，2013-08-19（02）.

[17]2012 年票房：国产片首次不敌进口片 [N]. 四川日报，2013-01-17（12）.

六、电子文献

[1] 党的十九届四中全会《决定》（全文）[EB/OL]. 2022-01-05，https://china.huanqiu.com/article/9CaKrnKnC4J.

[2] 中共中央关于繁荣发展社会主义文艺的意见 [EB/OL]. 2021-11-15，www. gov. cn/xinwen/2015-10/19/content_2950086. htm.

[3] 中央有关部门负责人就《社会主义核心价值观融入法治建设立法修法规划》答记者问 [EB/OL]. 2021-11-15，cpc. people. com. cn/n1/2018/0508/c419242-29970236. html.

[4] 中共中央印发《社会主义核心价值观融入法治建设立法修法规划》[EB/OL]. 2021-11-15，www. gov. cn/zhengce/2018-05/07/content_5288843. htm.

[5] 中共中央关于制定国民经济社会发展第十个五年计划的建议 [EB/OL]. 2021-11-15，www. gov. cn/gongbao/content/2000/content_60538. htm.

[6] 中共中央关于坚持和完善中国特色社会主义制度、推进国家治理体系和治理能力现代化若干重大问题的决定 [EB/OL]. 2021-11-15，www. xinhuanet. com/politics/2019-11/05/c_1125195786. htm.

[7] 中共中央、国务院印发《新时代公民道德建设实施纲要》[EB/OL]. 2021-11-15，www. xinhuanet. com/politics/2019-10/27/c_1125158665. htm.

[8] 中共中央、国务院印发《新时代爱国主义教育实施纲要》[EB/OL]. 2021-11-15，www. gov. cn/zhengce/2019-11/12/content_5451352. htm.

[9] 中国互联网络信息中心. 第7、11、19、31 次中国互联网络发展状况统计报告 [EB/OL]. 2021-11-15，www. cac. gov. cn/sjfw/hysj/More. htm.

[10] 中国互联网络信息中心. 第49次《中国互联网络发展状况统计报告》[EB/OL]. 2022-03-11，www. cnnic. net. cn/hlwfzyj/hlwxzbg/hlwtjbg/202202/P020220311493378715650. pdf.

[11]2019 年全国广播电视行业统计公报 [EB/OL]. 2021-11-15，culture. people. com. cn/n1/2020/0709/c1013-31776961. html.

[12]2018 电影总票房持续走高产业发展迎来新机遇 [EB/OL]. 2021-11-15，http://www. xinhuanet. com/ent/2018-12/28/c_1123917462. htm.

[13]2020 年全国电影总产量共计 650 部国产电影票房占比超 80%[EB/OL]. 2021-11-15，https://baijiahao. baidu. com/s?id=1688108422406614194&wfr=spider&for=pc.

[14]21 部知名动画片查出 1465 个问题！评论区却吵起来了…[EB/OL]. 2021-11-15，https://new. qq. com/omn/20210409/20210409A0EY6W00. html.

[15] 该如何评价唐人街探案3[EB/OL]. 2021-11-15，https://movie. douban.

com/review/13212900/.

[16] 韩媒：《功夫熊猫3》中国首日票房1.52亿超美国两倍 [EB/OL].2021-11-15，korea.xinhuanet.com/2016-02/03/c_135069801.htm.

[17]@家长，娃看的动画片你筛选没？[EB/OL]2021-11-15，www.xinhuanet.com/local/2021-04/07/c_1127301957.htm.

[18] 杨佳薇.30年记忆：曾经首家舞厅经理被"请"进公安局 [EB/OL].2021-11-15，http://www.chinanews.com/sh/news/2008/11-28/1466988.shtml.

[19] 刘复兴.1949—2019：教育跨越式发展的70年 [EB/OL].2021-11-15，news.china.com.cn/2019-06/06/content_74860958.htm.

[20] 图表：2014年中国电影总票房跃升至296亿元同比增长超过36%[EB/OL].2022-02-05，www.gov.cn/xinwen/2015-01/01/content_2799349.htm.

[21]2015年全国电影票房突破300亿元 [EB/OL].2022-02-05，www.gov.cn/xinwen/2015-09/10/content_2928263.htm.

[22]2016年中国电影票房457亿元观影人次超过13亿 [EB/OL].2022-02-05，www.gov.cn/xinwen/2016-12/31/content_5155313.htm.

[23]2017年中国电影票房559亿元同比增长13%[EB/OL].2022-02-05，www.gov.cn/xinwen/2017-12/31/content_5252077.htm.

[24]2018年中国电影票房首破600亿元 [EB/OL].2022-02-05，www.gov.cn/xinwen/2019-01/01/content_5353909.htm.

[25]2019全国电影票房年报 [EB/OL].2022-02-05，https://www.chinafilm.com/xwzx/8726.jhtml.

[26] 国家电影局：2020年全国电影市场票房204.17亿元 [EB/OL].2022-02-05，https://ent.sina.com.cn/m/c/2021-01-01/doc-iiznctke9624254.shtml.

[27] 全年总票房和银幕总数保持全球第一 [EB/OL].2022-02-05，https://www.chinafilm.gov.cn/chinafilm/contents/142/4075.shtml.